"十三五"普通高等教育汽车服务工程专业教材

汽车服务理论

储江伟　主　编
李世武　主　审

人民交通出版社股份有限公司
北京

内 容 提 要

本书是"十三五"普通高等教育汽车服务工程专业教材。全书共十章,主要内容包括:概论、服务经济学的基本原理、汽车服务分类及其体系、汽车服务产品生产过程、汽车服务价值及其价格、汽车服务市场供需分析、汽车服务产品消费行为、汽车服务产品营销方法、汽车服务生产率及其效益和汽车服务质量评价及控制。

本书适合汽车服务工程、车辆工程、交通运输等相关本科专业使用,也可供汽车服务工程领域相关理论研究、服务管理等人员参考。

图书在版编目(CIP)数据

汽车服务理论/储江伟主编. —北京:人民交通出版社股份有限公司,2020.5
ISBN 978-7-114-16309-8

Ⅰ.①汽… Ⅱ.①储… Ⅲ.①汽车工业—销售管理—商业服务 Ⅳ.①F407.471.5

中国版本图书馆 CIP 数据核字(2020)第 014173 号

书　名:	汽车服务理论
著 作 者:	储江伟
责任编辑:	李　良
责任校对:	赵媛媛
责任印制:	刘高彤
出版发行:	人民交通出版社股份有限公司
地　址:	(100011)北京市朝阳区安定门外外馆斜街3号
网　址:	http://www.ccpcl.com.cn
销售电话:	(010)59757973
总 经 销:	人民交通出版社股份有限公司发行部
经　销:	各地新华书店
印　刷:	北京市密东印刷有限公司
开　本:	787×1092　1/16
印　张:	14.75
字　数:	367 千
版　次:	2020 年 5 月　第 1 版
印　次:	2020 年 5 月　第 1 次印刷
书　号:	ISBN 978-7-114-16309-8
定　价:	38.00 元

(有印刷、装订质量问题的图书由本公司负责调换)

"十三五"普通高等教育汽车服务工程专业教材编委会

主任委员: 许洪国(吉林大学)

副主任委员:

张国方(武汉理工大学) 储江伟(东北林业大学)
简晓春(重庆交通大学) 王生昌(长安大学)
李岳林(长沙理工大学) 肖生发(湖北汽车工业学院)
关志伟(天津职业技术师范大学) 付百学(黑龙江工程学院)

委员:

杨志发(吉林大学) 杜丹丰(东北林业大学)
赵长利(山东交通学院) 唐　岚(西华大学)
李耀平(昆明理工大学) 林谋有(南昌工程学院)
李国庆(江苏理工学院) 路玉峰(齐鲁工业大学)
周水庭(厦门理工学院) 宋年秀(青岛理工大学)
方祖华(上海师范大学) 郭健忠(武汉科技大学)
黄　玮(天津职业技术师范大学) 邬志军(皖西学院)
姚层林(武汉商学院) 田茂盛(重庆交通大学)
李素华(江汉大学) 夏基胜(盐城工学院)
刘志强(长沙理工大学) 孟利清(西南林业大学)
陈文刚(西南林业大学) 王　飞(安阳工学院)
廖抒华(广西科技大学) 李军政(湖南农业大学)
程文明(江西科技学院) 鲁植雄(南京农业大学)
钟　勇(福建工程学院) 张新锋(长安大学)
彭小龙(南京工业大学浦江学院) 姜连勃(深圳大学)
陈庆樟(常熟理工学院) 迟瑞娟(中国农业大学)
田玉东(上海电机学院) 赵　伟(河南科技大学)
陈无畏(合肥工业大学) 左付山(南京林业大学)
马其华(上海工程技术大学) 王国富(桂林航天工业学院)

秘书处: 李　斌　李　良

前言 Qianyan

服务业是国民经济的重要组成部分,是衡量现代社会经济发达程度的标志之一。汽车服务行业不仅延长了汽车产业链,也扩大了汽车产业规模。目前,我国已成为全球最大的汽车消费市场,新的消费模式不断呈现并且衍生出各式各样的服务需求。2014年,交通运输部、发展改革委、教育部、公安部、环境保护部、住房城乡建设部、商务部、工商总局、质检总局、保险监督管理委员会等部委联合发布了《关于促进汽车维修业转型升级、提升服务质量的指导意见》(交运发〔2014〕186号),明确提出汽车维修业"是重要的民生服务业"。汽车维修作为汽车服务行业的重要组成部分,其发展必须"以最大限度地服务经济社会发展,不断改善人民群众汽车生活品质为宗旨,以转变行业发展方式、提升行业服务能力和治理体系为主线,尊重市场规律,锐意改革创新,优化市场结构,激发市场活力,推进汽车维修业规范、健康、可持续发展"为指导思想,以促进汽车服务行业转型升级和改善提升服务质量,同时也对汽车服务工程专业人才的培养提出更高要求。

汽车服务是以汽车产品进入市场时满足来自汽车制造商和使用者的各种服务需求为目的,它涉及汽车市场营销、汽车技术服务和汽车消费权益保护等诸多方面。因此,汽车服务工程专业人才的知识结构应具有理工和人文知识的交叉性。对于汽车服务工程专业人才来说,知识结构主要有以下三方面:即基础素质知识、工程技术知识和人文社科知识。《普通高等学校本科专业目录(2012)》中对汽车服务工程专业提出的人才培养目标是:本专业培养具备扎实的汽车服务理论基础,掌握现代信息技术和经营管理知识,熟悉相关法律法规,具备"懂技术、会经营、善服务"的基本素质和能力,能够在汽车技术服务、汽车营销服务、汽车金融保险服务、汽车相关产品规划等领域从事技术或管理工作的复合型工程技术人才。由此可见,汽车服务工程专业的人才培养的定位是"从事技术或管理工作的复合型工程技术人才"。所以,汽车服务工程专业人才的知识结构中应具备服务理论知识,以开拓研究视野和提升理论素养,并更好地满足汽车服务消费需求。

汽车服务理论是应用服务经济学、服务营销学以及服务管理学等知识,阐述汽车服务过程中所产生的服务活动性质及规律的知识体系。作为汽车服工程专业知识的新内容，目的在于了解汽车服务理论的知识体系，通过汽车服务实践过程的验证，理解并运用汽车服务理论知识，为提高专业能力与培养专业素质打好基础。本教材在对国内外服务理论相关研究文献进行分析总结、归纳整理的基础上，形成汽车服务理论知识体系框架。主要内容包括：

（1）理论基础，主要是服务经济学、服务营销学等；

（2）基本概念，包括服务、服务产品、服务价值、服务营销、服务技术、服务心理、服务文化、服务竞争、服务质量等；

（3）基本规律，主要是对汽车服务发生、发展规律及内部要素之间的相互关系进行系统论述；

（4）服务分析，包括汽车服务心理分析、服务市场竞争分析、服务管理分析、汽车服务绩效分析以及服务质量评价体系等；

（5）方法应用，在汽车服务实践活动中应用汽车服务理论并进行验证，包括抽样调查、实验验证等。

本书由东北林业大学交通学院储江伟主编，由吉林大学交通学院李世武主审。其中，东北林业大学储江伟编写第一章至第三章及第四章第一、二、三节，第五章第四节；东北林业大学陈萌编写第四章第四、五节、第十章；东北林业大学詹长书编写第五章第一、二、三节；江苏理工学院韩冰源编写第六章；东北林业大学李宏刚编写第七章；东北林业大学于迪编写第八章；南通大学李洪亮编写第九章。此外，东北林业大学交通学院博士研究生李红参与编写第八章部分内容，硕士研究生马荣影、赵晓婷等参与了资料收集、图表处理、文字排版及相关整理工作。

本书在编写过程中，参考和引用了相关的文献和资料，列出了主要参考文献，在此向其作者致以诚挚谢意！

限于编者水平，书中难免有错误和不足，恳请读者指正并提出宝贵意见和建议，以便及时修改。

编　者

2019 年 10 月

目录
Mulu

第一章 概论	1
第一节 我国汽车产业发展概况	1
第二节 我国汽车服务行业发展现状	7
第三节 汽车服务活动范畴及其作用	10
第四节 汽车服务理论体系及研究意义	14
复习思考题	17
第二章 服务经济学的基本原理	19
第一节 服务及服务产品	19
第二节 服务产品使用价值及其服务价值	22
第三节 服务产品的生产与价格	23
第四节 服务产品的其他问题	27
复习思考题	30
第三章 汽车服务分类及其体系	32
第一节 服务分类及服务业简介	32
第二节 汽车服务特点及分类	37
第三节 汽车服务体系的结构	39
第四节 汽车服务网点规划简介	48
复习思考题	51
第四章 汽车服务产品生产过程	52
第一节 汽车服务产品分析	52
第二节 汽车服务产品生产要素	57
第三节 汽车服务产品生产体系	62
第四节 汽车服务运营过程管理	70
第五节 汽车服务创新及其产品	77
复习思考题	83
第五章 汽车服务价值及其价格	84
第一节 服务产品的使用价值	84
第二节 服务产品的价值分析	87
第三节 服务产品价值量及价格	90

第四节　汽车维修费用及工时定额 …………………………………… 96
　　复习思考题 …………………………………………………………… 102

第六章　汽车服务市场供需分析 …………………………………………… 103
　　第一节　供求理论简述 ………………………………………………… 103
　　第二节　汽车产品与服务消费需求 …………………………………… 107
　　第三节　汽车产品及服务需求预测方法 ……………………………… 112
　　第四节　汽车产品及服务消费需求特点 ……………………………… 115
　　复习思考题 …………………………………………………………… 120

第七章　汽车服务产品消费行为 …………………………………………… 122
　　第一节　消费行为及其影响因素 ……………………………………… 122
　　第二节　服务消费购买决策过程 ……………………………………… 130
　　第三节　消费者选择及权益相关理论 ………………………………… 138
　　第四节　汽车服务消费行为与分析 …………………………………… 144
　　复习思考题 …………………………………………………………… 147

第八章　汽车服务产品营销方法 …………………………………………… 149
　　第一节　服务营销简介 ………………………………………………… 149
　　第二节　汽车服务营销规划 …………………………………………… 152
　　第三节　汽车服务营销组合 …………………………………………… 157
　　第四节　汽车服务市场定位 …………………………………………… 161
　　第五节　汽车服务品牌策略 …………………………………………… 164
　　第六节　汽车服务产品展示 …………………………………………… 167
　　复习思考题 …………………………………………………………… 174

第九章　汽车服务生产率及其效益 ………………………………………… 176
　　第一节　汽车服务生产能力 …………………………………………… 176
　　第二节　汽车服务生产率 ……………………………………………… 179
　　第三节　汽车服务产品利润 …………………………………………… 186
　　第四节　汽车服务生产效益 …………………………………………… 189
　　复习思考题 …………………………………………………………… 194

第十章　汽车服务质量评价及控制 ………………………………………… 196
　　第一节　服务质量及测定方法 ………………………………………… 196
　　第二节　汽车服务满意度评价 ………………………………………… 203
　　第三节　汽车服务质量要素 …………………………………………… 206
　　第四节　服务蓝图编制及其应用 ……………………………………… 211
　　第五节　感知蓝图模型及服务质量控制 ……………………………… 217
　　复习思考题 …………………………………………………………… 227

参考文献 ……………………………………………………………………… 228

第一章 概论

第一节 我国汽车产业发展概况

一、相关概念释义

1. 产业

产业一般泛指一切生产物质产品和提供劳务活动的集合体,包括农业、工业、交通运输业、邮电通信业、商业饮食服务业及文教卫生业等。产业是社会分工和生产力不断发展的产物,它随着社会分工而产生,并随着社会分工而发展。

产业的主要特点是由利益相互联系的、具有不同分工的、由各个相关行业所组成的业态。尽管它们的经营方式、经营形态、企业模式和流通环节有所不同,但是,它们的经营对象和经营范围是围绕着共同产品而展开,并且在构成业态的各个行业内部完成各自的循环。其特点主要表现在:

(1)产业是社会分工的产物;
(2)产业是社会生产力不断发展的必然结果;
(3)产业是具有某种同类属性的企业经济活动的集合;
(4)产业是介于宏观经济与微观经济之间的中观经济;
(5)产业的含义具有多层性;
(6)随着社会生产力水平不断提高,产业的内涵不断充实,外延不断扩展。

20世纪20年代,国际劳工局最早对产业作了比较系统的划分,即把一个国家的所有产业分为初级生产部门、次级生产部门和服务部门。后来,许多国家在划分产业时都参照了国际劳工局的分类方法。我国对产业的划分是:第一产业为农业,包括农、林、牧、渔各业;第二产业为工业,包括采掘、制造、自来水、电力、蒸汽、热水、煤气和建筑各业;第三产业分为流通和服务两部分。其中,流通和服务分为4个主要方面:

(1)流通部门,包括交通运输、邮电通信、商业、饮食、物资供销和仓储等业;
(2)为生产和生活服务的部门,包括金融、保险、地质普查、房地产、公用事业、居民服务、旅游、咨询、信息服务和各类技术服务等业;
(3)为提高科学文化水平和居民素质服务的部门,包括教育、文化、广播、电视、科学研究、卫生、体育和社会福利等业;
(4)为社会公共需要服务的部门,包括国家机关、政党机关、社会团体以及军队和警察等。

2. 行业

行业是指从事国民经济中同性质的生产或其他经济社会的经营单位或者个体的组织结构体系，如汽车业、银行业及林业等。一般是指其按生产同类产品或具有相同工艺过程或提供同类劳动服务划分的经济活动类别，如饮食行业、服装行业、机械行业等。

产业与行业的区别主要表现在：

(1) 定义不同。产业是指具有某种同类属性的经济活动的集合体；而行业是指具有高度相似性和竞争性的企业群体。

(2) 层次不同。产业与行业从层次上是由高到低，概念上涉及的范围是由大到小；产业体现的是生产力布局上的以产业为单位的社会分工，产业由行业组成；行业体现的是产品生产上的以行业为单位的社会分工，行业由企业或组织组成。

(3) 行业、产业存在着从属的关系。首先，一个产业包括多个行业，但一个行业只能从属于一个产业，产业是行业的总和；其次，经济活动是产业的总和，例如，信息产业包括媒体、出版及互联网等行业，但后者只属于信息产业，不属于其他产业。

3. 产业链

产业链是产业经济学中的一个概念，是各个产业部门之间基于一定的技术经济关联，并依据特定的逻辑关系和时空布局关系客观形成的链条式关联关系形态。产业链有价值链、企业链、供需链和空间链四个维度，在相互均衡过程中形成"对接机制"，其本质是描述一个具有某种内在联系的企业群结构。产业链中大量存在着上下游关系和相互价值的交换，上游环节向下游环节输送产品或服务，下游环节向上游环节反馈信息，具有结构属性和价值属性。

产业链是对产业部门间基于技术经济联系而表现出的关联关系的形象描述，是分析各产业部门之间的分工合作、互补互动、协调运行等问题的基础。产业链是产业层次、关联程度、资源加工深度及满足需求程度的表达。

产业链有狭义和广义概念之分。狭义产业链是指从原材料一直到终端产品制造的各生产部门的完整链条，主要面向具体生产制造环节；广义产业链则是在面向生产的狭义产业链基础上尽可能地向上下游拓展延伸。产业链向上游延伸一般使得产业链进入到基础产业环节和技术研发环节，向下游拓展则进入到市场拓展环节。产业链的实质就是不同产业的企业之间的关联，而这种产业关联的实质则是各产业中的企业之间的供给与需求的关系。按行业划分的汽车产业链结构，如图 1-1 所示。

二、我国汽车产业发展现状

1. 汽车整车制造业

进入 21 世纪以来，我国汽车产业快速发展，形成了种类齐全、配套完整的产业体系。整车研发能力明显增强，产品质量水平稳步提高，中国品牌迅速成长，国际化发展能力逐步提升。特别是近年来在商用车和运动型多用途乘用车等细分市场形成了一定的竞争优势，新能源汽车发展取得重大进展，由培育期进入成长期。2016 年，我国汽车产销突破 2800 万辆，连续 8 年位居全球第一，其中中国品牌汽车销量占比 50% 左右，市场认可度大幅提高。汽车产业不断发展壮大，在国民经济中的地位和作用持续增强，对推动经济增长、促进社会就业、改善民生福祉作出了突出贡献。汽车相关产业税收占全国税收比、从业人员占全国城镇就业人数比、汽车销售额占全国商品零售额比均连续多年超过10%。与此同时,我国汽车产业大而不强的问题依然突出,表现在关键核心技术掌握不足,产业链条存在短板,创新体系仍需完善,国际品牌建设滞缓,企业实力亟待提升,产能过剩风险显现,商用车安全性能有待提高。汽车保有量的增长带来的能源、环保、交通等问题日益凸显。因此,汽车产业发展形势面临重大变化,产品形态和生产方式将深度变革。

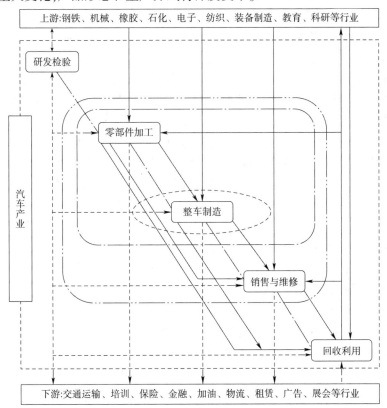

图1-1 按行业划分的汽车产业链结构

随着能源革命和新材料、新一代信息技术的不断突破,汽车产品加快向新能源、轻量化、智能和网联的方向发展,汽车正从交通工具转变为大型移动智能终端、储能单元和数字空间,乘员、车辆、货物、运营平台与基础设施等实现智能互联和数据共享。汽车生产方式向充分互联协作的智能制造体系演进,产业上下游关系更加紧密,生产资源实现全球高效配置,研发制造效率大幅提升,个性化定制生产模式将成为趋势。

新兴需求和商业模式加速涌现,表现在互联网与汽车产业的深度融合。安全驾乘、便捷出行、移动办公、本地服务、娱乐休闲等需求充分释放,使用户体验成为影响汽车消费的重要因素。互联网社交圈对消费的导向作用逐渐增强,消费需求的多元化特征日趋明显,老龄化和新生代用户比例持续提升,共享出行、个性化服务成为主要方向。

产业格局和生态体系深刻调整,促使产业升级战略、产业创新和融合发展加快推进。例如,发展中国家利用成本、市场等优势加紧布局汽车产业,积极承接国际产业和资本转移;我国深化改革全面推进,汽车产业国际化发展进程提速。互联网等新兴科技企业大举进入汽车行业,使产业边界日趋模糊。传统企业和新兴企业竞合交融发展,价值链、供应链、创新链发生深刻变化,全球汽车产业生态正在重塑。

新能源汽车和智能网联汽车有望成为抢占先机、赶超发展的突破口，我国建设汽车强国具备较好基础和有利条件。随着我国新能源汽车技术水平大幅提升，产业规模快速扩大，产业链日趋完善；支撑汽车智能化、网联化发展的信息技术产业实力不断增强，互联网产业在全球占有一定优势，信息通信领域技术和标准的国际话语权大幅提高，北斗卫星导航系统实现全球组网，潜力巨大、层次丰富的市场需求为汽车产业发展提供持续动力和上升空间。同时，随着新型工业化和城镇化加快推进，维修、金融保险、二手车等后市场规模将快速扩大。同时，差异化、多元化的消费需求，将推动企业在技术、产品、服务、标准等多维度创新发展。

制造强国战略实施和"一带一路"建设也为汽车产业发展提供重要支撑和发展机遇。智能制造将有力推动产业转型升级，逐步夯实共性技术基础；"一带一路"建设将使海外发展通道更加畅通，沿线市场开发更为便捷，汽车产业协同其他优势产业共谋全球布局、国际发展的机制加快形成。建设汽车强国，必须抓住当前难得的战略机遇，积极应对挑战，加强统筹规划，强化创新驱动，促进跨界融合，完善体制机制，推动结构调整和转型升级。

汽车行业是推动新一轮科技革命和产业变革的重要力量，是建设制造强国的重要支撑，是国民经济的重要支柱。汽车产业健康、可持续发展，事关人民群众的日常出行、社会资源的顺畅流通和生态文明的全面跃升。当前，新一代信息通信、新能源、新材料等技术与汽车产业加快融合，产业生态深刻变革，竞争格局全面重塑，我国汽车产业进入转型升级、由大变强的战略机遇期。随着全球经济一体化及产业分工的日益加深，我国汽车产业发展迅速。由于汽车工业对经济有巨大的拉动作用，因此社会经济的持续发展是汽车工业持续增长的决定性因素，主要体现在以下方面：

(1) 我国人均可支配收入水平呈现持续、平稳增长的态势。

(2) 在改善性、强制性报废及个性化购车需求驱动下，SUV、豪华车和新能源汽车等中高端细分市场增长高于行业平均水平，汽车消费升级趋势将会越发明显。以 SUV 为例，我国 SUV 销量由 2007 年 35.74 万辆增长至 2016 年 893.53 万辆，10 年年均复合增长率为 43.00%。

(3) 从 2002 年开始，我国逐步建立新能源汽车产业化及市场化的基础；2015 年新能源汽车市场开始启动，销量大幅增长；2016 年全年销量呈现平稳增长，2017 年上半年由于开始执行新的补贴政策销售市场受到影响，下半年又逐步恢复。

借助汽车智能产业化窗口开启的契机，计算机、电子、互联网、汽车零部件等行业纷纷融入汽车智能化大潮中，产业融合大趋势为各路企业提供了非常广阔的市场前景。当前阶段，汽车智能化仍处于产业化初期阶段，受益最为明显的是车联网和高级辅助驾驶相关产品，一类是直接与汽车智能化相关联的行业，如毫米波雷达、车载摄像头、车载 T-BOX、车载智能中控等单体产品以及专业汽车智能系统模块，一类则是作为执行层面的传统汽车零部件的智能化，以及汽车智能化必需的汽车零部件电子化，汽车智能执行层面主要集中于智能转向、智能制动、智能驱动等方向领域。

随着汽车智能化需求的不断提升，传统机械方法难以满足车辆性能进一步完善和提升的需求，越来越多的电子产品会应用到汽车零部件的设计和制造。汽车将借助电子化实现车辆功能精确控制，获得更好的车辆操控性能、更优异的安全体验，更清洁的汽车排放，以满足世界各国日益严苛的汽车技术法规，满足社会对汽车产品节能、环保、安全的更高诉求。同时，随着人们生活水平不断提高，汽车消费持续升级，人们亦更加追求车辆乘坐的舒适性和操控的便利性，更多追逐兼具交通、娱乐、办公、通信、居家等多种功能的汽车应用场景，丰富多元的电子化配置成为市场消费追逐的新热点和汽车新产品的新卖点。

在终端市场竞争更趋激烈的大背景下,汽车制造商也将持续加大汽车电子技术的研发和应用,满足日益多元化的市场消费需求,以取得更好的产品竞争优势。在智能化、新能源汽车等多重因素刺激下,汽车电子化进程将加速推进,汽车电子相关产业将迎来战略机遇期。我国汽车电子产业与国际平均水平相比仍存在较大差距,未来在汽车整车成本中的比例将快速增加,拥有广阔的市场空间。

2. 汽车零部件行业

汽车零部件行业是汽车工业发展的基础,是支撑汽车工业持续稳步发展的前提条件。随着经济全球化和市场一体化进程的推进,汽车零部件行业在汽车工业体系中的市场地位逐步得到提升。与此同时,国际汽车零部件供应商正走向独立化、规模化的发展道路,原有的整车装配与零部件生产一体化、大量零部件企业依存于单一汽车厂商以及零部件生产地域化的分工模式已出现变化。

随着通用、福特、丰田等跨国汽车公司生产经营由传统的纵向一体化、追求大而全的生产模式逐步转向精简机构、以开发整车项目为主的专业化生产模式,其在扩大产能规模的同时,大幅降低了零部件自制率,取而代之的是与外部零部件企业形成基于市场配套供应关系。

(1)采购全球化。欧美、日本等发达国家的劳动成本较高,导致其生产的汽车零部件产品缺乏成本优势。20世纪90年代以来,为有效降低生产成本,开拓新兴市场,发达国家汽车零部件企业积极向低成本国家大规模转移生产制造环节,并且逐渐延伸到研发、设计、采购、销售和售后服务环节。

(2)供货系统化。世界各大汽车厂商纷纷改革供应体制,由向多个汽车零部件供应商采购转变为向少数供应商采购;由单个零部件采购转变为模块采购。汽车厂商采购体制的变革,要求零部件供应商不断与之相适应,不但要求零部件供应商扩大自身实力、提高产品开发能力,做到系统化开发和供应,同时还要求其缩短开发周期,提供质量出色的产品。模块化供应使零部件厂商依附于单个汽车厂商的产业组织方式逐渐弱化,汽车零部件企业正走向独立化、规模化的发展道路。

(3)整车轻量化。是指汽车在保持原有的行驶安全性、抗振性以及舒适性等性能不降低,且汽车本身造价不被提高的前提下,有目标地减轻汽车自身的质量。汽车轻量化是设计、材料和先进的加工成形技术的优势集成。可见汽车轻量化实际上是汽车性能提高、质量降低、结构优化、价格合理四方面相结合的一个系统工程。轻量化对于民用车型的意义,集中在两点:提升对能源消耗的经济性与车辆性能的优化。相关资料显示:当汽车质量降低10%时,燃油效率可提高6%~8%;汽车整车质量每减少100 kg,百公里油耗可降低0.3~0.6L。在油气煤资源的不可再生及大气环境保护的需求背景下,轻量化、绿色环保化已成为世界汽车发展的潮流。可以说,在汽车产品同质化愈加严重的当下,轻量化技术将成为未来汽车及汽车零部件行业发展的突破口。

近年来,我国汽车零部件行业由于下游整车市场的需求驱动零部件行业实现较快发展。随着汽车工业整体的快速发展,在近10余年间不论是规模还是技术,或是管理水平等方面都获得了长足的进步。

我国汽车零部件制造业的区域集中度较高,且往往与整车制造业形成周边配套体系。我国目前已形成六大汽车产业集群:即以长春为代表的"东北产业集群",以上海为代表的

"长三角产业集群"、以武汉为代表的"中部产业集群"、以北京、天津为代表的"京津冀产业集群"、以广东为代表的"珠三角产业集群"、以重庆为代表的"西南产业集群"。

由于汽车消费市场对安全性、可靠性具有极其严格的要求，国际组织、国家和地区汽车行业协会推行相应的零部件质量管理标准，即零部件供应商必须通过上述机构的第三方评审，方可有资格参与汽车厂审核。上述通过第三方审核的供应商只有通过由汽车厂主导的第二方评审，才可被汽车厂商确定为潜在供应商，并在被汽车厂授予项目后成为合格供应商。只有具备供货业绩，并在经过一定的时间和业绩积累后，合格供应商才有可能成为汽车厂的核心供应商或全球供应商。作为汽车厂和上一层级零部件供应商，其通常不会采用独家配套的供应模式，而会选择供应商多元化模式，以为其提供稳定、可靠的产品。

3. 汽车产业发展政策

为支持和鼓励我国汽车整车、零部件及其相关行业的发展，政府相关部门制定颁布了一系列政策。

2004年6月，国家发改委颁布了《汽车产业发展政策》（国家发展改革委令2004年第8号，工业和信息化部、国家发展改革委令2009年第10号），对于我国汽车产业包括汽车零部件产业的结构调整、产业升级以及国际竞争力的提高提出了一系列鼓励政策。

2009年3月，国务院颁布了《汽车产业调整和振兴规划》，进一步明确了汽车产业调整和振兴的任务以及振兴汽车工业及其零部件工业所应采取的政策措施。

2012年6月，国务院颁布了《节能与新能源汽车产业发展规划（2012—2020年）》，明确指出：汽车产业是国民经济的重要支柱产业，在国民经济和社会发展中发挥着重要作用。随着我国经济持续快速发展和城镇化进程加速推进，今后较长一段时期汽车需求量仍将保持增长势头，由此带来的能源紧张和环境污染问题将更加突出。加快培育和发展节能汽车与新能源汽车，既是有效缓解能源和环境压力，推动汽车产业可持续发展的紧迫任务，也是加快汽车产业转型升级、培育新的经济增长点和国际竞争优势的战略举措。

2014年以来，新能源汽车相关支持政策陆续出台，目前主要以补贴政策为主，预计在2020年前后退出。2016年底发布的《关于调整新能源汽车推广应用财政补贴政策的通知》，规定2017、2018年补贴按照新制定的标准执行，2019退坡20%。2019年双积分政策开始考核，2019年和2020年分别达到10%、12%。

2014年9月，交通运输部、国家发改委、教育部、公安部等10部门发布了《关于促进汽车维修业转型升级、提升服务质量的指导意见》（交运发〔2014〕186号），明确指出：汽车维修业关系道路交通安全，关系大气污染防治，关系社会公众生活质量，关系汽车产业健康、可持续发展，是重要的民生服务业。

近年来，我国汽车维修业取得了长足发展，较好地适应了汽车产业和汽车社会发展、满足了广大消费者的汽车维修需求，但是也存在市场结构不优、发展不规范，消费不透明、不诚信等问题。随着我国全面建成小康社会，汽车维修业将获得更为广阔的发展空间，也必将在服务人民群众平安、便捷、舒适汽车生活方面发挥更大作用。为促进汽车维修业向着现代汽车服务业转型升级、不断提升服务质量，应以最大限度地服务经济社会发展，不断改善人民群众汽车生活品质为宗旨，以转变行业发展方式、提升行业服务能力和治理体系为主线，尊重市场规律，锐意改革创新，优化市场结构，激发市场活力，推进汽车维修业规范、健康、可持续发展。

第二节　我国汽车服务行业发展现状

一、汽车服务释义

汽车服务是根据汽车制造商为实现汽车产品的商品价值,或汽车用户为维护汽车使用价值以及保障权益价值等,相关企业或机构提供的能满足汽车制造商需求或汽车用户消费意愿的活动过程。

例如,汽车维修服务是为维持和恢复汽车正常技术状况而进行的生产活动。根据使用目的不同,汽车作为从事道路运输营运或生产过程运输的工具有生产装备的属性;而作为个人出行的代步工具有个人消费品的特点。此外,汽车还具有在公共环境下使用的特点,在用汽车的各项使用性能指标必须符合公共管理的要求和技术法规标准。因此,对营运车辆进行维修是使运输生产过程持续进行的技术保障方式,具有维持或恢复车辆运输生产力的作用,能使在用营运车辆创造出更多的商业价值,即使在运输企业内部进行的车辆维修活动也可以产生间接的经济效益。而对作为个人交通工具而使用的私家车辆,尽管车辆的使用不为所有者直接创造价值,但是对其进行的维修可以使汽车所有者保持车辆使用价值。汽车维修企业所进行的维修生产活动,可以直接形成服务产品,在取得产生经济效益的同时还具有满足市场需求的社会效益。其次,车辆维修作为运输企业(或车辆所有者)投资的一种选择的方式,可以使固定资产具有的生产力(或使用性能)继续保持下去。这与投资购买新车辆形成生产力一样,可以继续使用车辆产生经济效益。如果将新车辆的购置称为一次投资,那么维修投入则是一种再投资。

二、汽车消费需求

全球汽车保有量的增加及消费者需求的多样化,促进全球汽车市场的快速发展。根据德国汽车市场调研机构(R. L. POLK MARKETING SYSTEMS)的预测分析,全球汽车保有量的快速增长和车龄老化将直接促进全球汽车后市场的快速发展。随着我国汽车销量的增长,汽车消费主体呈现年轻化趋势,特别是 80 后和 90 后逐渐成为汽车市场消费主体。有着极强个性的年轻车主,开始追求彰显个性、性能独特的车型,汽车改装等售后服务逐渐成为一种消费时尚。随着汽车文化的传播、消费者认知水平的不断提高,汽车售后消费需求对实用、品质、品牌的要求将会加强,"高端化、品牌化、品质化、个性化、定制化"已成为未来汽车售后市场的主流方向。

目前我国乘用车仍处于普及阶段。2010—2016 年我国乘用车销量保持了快速增长,千人保有量从 2010 年 44 辆/千人增长到 2017 年上半年 121.7 辆/千人。根据国外统计数据显示,千人保有量从 44 辆/千人到 200 辆/千人,美国大概经历了 20 年的时间,德国经历了 15 年,日本经历了 15 年,韩国经历了 13 年。

近年来,我国汽车消费的主要趋势是:
(1)在产品结构上,SUV 增速持续领先行业平均水平;
(2)在整车动力上,小排量、涡轮增压发动机满足动力大和环保性的双重要求;
(3)在变速性能上,自动变速器需求明显,市场供给不足;
(4)在消费群体上,"90 后"的个性化消费与品牌重要性凸显。

目前，新能源乘用车的消费动力来自3个方面：一是限购城市牌照优惠，二是双积分政策，三是供给端车型创新与改善。2016年新能源乘用车销售36万辆左右，主要来源于有牌照优惠政策的城市，其中，北京、上海、深圳等限牌城市销量约14万辆，占比38.8%左右。根据统计，2016年个人用户销量前10城市中，限牌城市占了6个。2017年9月28日，《乘用车企业平均燃料消耗量与新能源汽车积分并行管理办法》正式发布；要求对传统能源乘用车年度生产量或者进口量达到3万辆以上的企业，从2019年开始设定新能源汽车积分比例要求。汽车制造企业加速新能源汽车产品布局，车型的丰富和性价比的提升有望推动新能源汽车的推广。各车企在已有新能源汽车的基础上，积极规划新车型，新车型在续航里程、性价比等方面将不断提升，供给端的变化是新能源汽车进一步发展的重要因素。

截至2017年6月，我国汽车保有量已超过2亿辆，仅次于美国。汽车保有量水平促使国人汽车消费理念日渐成熟，我国汽车市场进入刚性消费与消费升级并行阶段。一方面国内汽车消费水平与成熟市场仍有相当差距，首次购车仍是消费主流，汽车消费仍属于"刚性消费"；同时，伴随居民收入不断提高以及消费群体日趋年轻，近几年我国汽车消费也体现出明显升级的特点。人们更加关注品牌和高颜值，更加注重空间的舒适性和操纵便利性，更多个性化车型进入消费视野。自动挡车型消费比重日益提高，豪华车市场消费需求也稳步高速增长。"数字化座舱"概念方兴未艾，甚至作为生产资料的商用车，其新产品设计理念亦呈现"乘用化"趋势，更加关注内饰品质以及操纵便利性和乘坐舒适性。

三、我国汽车服务业现状

随着汽车保有量的不断增加，汽车后市场的发展机遇广阔。据统计，在汽车后市场的利润分配中，整车销售占20%，零部件供应占20%，而汽车服务业占50%~60%。随着人们生活水平的提高，对汽车的要求也更加注重享受和舒适。汽车已不再是人们身份和地位的象征，而是成为车主对个性化、多元化文化取向的集中体现。在这种大环境下，汽车后市场的消费时代正在崛起，汽车服务市场前景无限。

服务业的本质特征在于其提供的产品的不可储存性。汽车服务业则是在汽车产业价值链中连接生产和消费的支持性的、基础性的业务及这些业务的延伸业务。在一个成熟的汽车市场中，汽车服务业已成为国外汽车制造商的主要利润来源，也构成了汽车产业可持续发展的重要支柱。

自2000年以来，中国汽车业发展被称为"井喷"。近年来，我国进入汽车服务市场一个快速增长期，汽车服务产业已经进入国民经济主流，成为一个战略性支柱行业。目前，相对于整车销售的利润缩水，中国的汽车服务市场利润率高达40%。据中国产业调研网发布的中国汽车服务业市场现状调研与发展前景分析报告(2015—2022年)显示，中国汽修业进入了发展的黄金时期，汽车维修业和汽车保修设备行业在市场的洗礼中形成了利润丰厚的汽车后市场，仅汽车保修设备行业目前的年销售额就已经超过了60亿元人民币。

汽车维修业在维修观念、维修制度、维修力量、作业方式方面都发生着巨大的变化。2014年9月18日，交通运输部会同国家发展改革委等九部委联合印发《关于促进汽车维修业转型升级 提升服务质量的指导意见》(简称《指导意见》)，旨在加快促进汽车维修业转型升级，提升维修服务质量。以建设"安全、绿色、优质、诚信"的机动车维修服务业为目标，加快推进机动车维修服务业向现代服务业转型升级，让人民群众享有更加放心、安全、便捷、舒适的高品质汽车生活。

随着汽车社会的到来和全社会机动化水平的提高,机动车维修业的影响日益提升。大力发展机动车维修业,是交通运输业向现代服务业转型的重要抓手,是稳增长促改革调结构惠民生的重要举措,是提升我国汽车产业链整体水平的有力支撑,要在加快发展中满足不断增长的民生需求,在转型发展中适应不断升级的服务要求,为改进和提升交通运输服务质量和水平作出新的更大贡献。

随着汽车保有量的增加,机动车维修业的市场规模迅速壮大,行业法规标准基本完善,服务能力明显增强,较好地满足了不断增长的汽车维修需求,同时在发展水平、服务质量、市场环境和监管方式等方面还存在问题和不足。因此,要努力提升机动车维修业管理水平,不断完善法规标准体系,创新市场监管方式,建立行业自我约束机制。要把大力发展机动车维修业,作为改进和提升交通运输服务的重点领域,统筹协调,强化政策引导,促进机动车维修业持续健康发展。应积极鼓励连锁企业扩展网络;要鼓励连锁企业在大型社区、公共停车场、高速公路服务区及旅游景点服务区布设连锁网点。建立企业经营行为和服务质量动态监管和评价网络平台。建立健全汽车维修救援体系。坚决破除汽车维修配件和技术垄断。继续推动实施汽车维修紧缺人才培养工程、专业技术人员知识更新工程。充分运用互联网、大数据、云监管等技术手段,不断创新机制和模式,构建多层次、多切入点、各具特色的行业监管和服务平台。

截至2013年底,全国共有机动车维修业户44万家、从业人员近300万人,完成年维修量3.3亿辆次,年产值达5000亿元以上,约占全国GDP的1%。交通运输部先后制定实施各类国家标准、行业标准83项,制修订了《汽车维修业开业条件》《机动车维修服务规范》等一系列影响面广、指导性强的标准规范。建立健全了一整套管理制度,为确保维修作业流程规范,维修质量达标提供了有力的制度保障,连续多年确保全国汽车维修质量稳定并处于较高水平。建立实施了维修从业资格、职业资格以及关键岗位持证上岗制度,持证上岗比例不断提高。2006年,交通运输部实施《机动车维修企业质量信誉考核办法》以来,企业自愿参评的积极性不断提升,诚信企业比例逐年提高。另外,各级交通运输部门不断加大政策创新,有效提升了行业治理能力。

由交通运输部牵头,联合国家发展改革委、教育部、公安部、环境保护部、住房城乡建设部、商务部、国家工商总局、国家质检总局、中国保监会,共计十个部委参与审批的《指导意见》规定,自2015年1月1日起,汽车生产企业要在新车上市时,以可用的信息形式、便利的信息途径、合理的信息价格,无歧视、无延迟地向授权维修企业和独立经营者(包括独立维修企业、维修设备制造企业、维修技术信息出版单位、维修技术培训机构等)公开汽车维修技术资料;要在汽车产品说明书中,明确车辆型式核准证书信息,规定排放维修技术要求,说明排放控制关键零部件生产厂家、型号以及有效使用寿命等信息。如果不愿公开信息,交通运输部将会同环保部、质检总局按《汽车维修技术信息公开实施办法》,定期组织对汽车生产企业车型维修技术信息公开情况进行抽查,新车型上市3个月未能有效公开车型维修技术信息的,将撤销该车型有关《公告》和CCC认证证书。汽车维修技术信息的公开,意味着不仅是4S店,消费者也可到其他维修渠道进行维修,汽车维修市场的竞争将会加剧。

我国汽车服务业现状的主要表现是:

(1)法规方面。汽车服务业的法律法规不健全、服务标准体系不完善。

(2)管理方面。管理理念落后,没有真正地认识"服务"的内涵;管理不够规范,随意性较大,既损害消费者利益,也对品牌带来伤害;在维修、美容、配件企业中缺少必要的及完善的管理制度。

（3）人才层面。对汽车服务人才的培养缺乏远见，偏重于培养技能人才，对专业的汽车服务人才的培养没有引起足够的重视。

（4）竞争层面。从参与国际竞争的角度，我国汽车服务业比汽车制造业还要落后，在很多方面处于不利的竞争位置。

（5）消费层面。国内汽车消费者普遍认为汽车企业服务流程不规范、服务内容不透明、服务信息不对称、服务诚信度不高等。

我国汽车服务业发展的主要趋势是：
(1) 汽车服务业管理规范、法规将逐步完善。
(2) 汽车服务企业提高效益的重心是诚信和优质服务。
(3) 汽车服务业正向"连锁店"和"一站式服务店"两个方向发展。
(4) 服务市场竞争日趋激烈。

第三节 汽车服务活动范畴及其作用

一、汽车服务范畴

1. 汽车服务范畴界定

狭义的汽车服务是指汽车产品销售后，从开始使用直至回收报废各个环节所涉及的以技术服务为特征的生产活动，其主要目的是保障汽的使用价值。

广义的汽车服务是指汽车产品出厂进入销售流通领域，直至其使用后回收报废各个环节所涉及的全部技术的和非技术的服务，甚至还延伸至汽车生产领域和使用环节的其他服务。

2. 汽车服务技术内涵的演变

随着我国国民经济的迅速发展，交通运输能力对其影响的程度越来越突出。在道路、铁路、水路、航空及管道运输方式中，道路运输所完成的客货运输量和周转量居于五种运输方式的首位。并且，随着我国公路、交通枢纽及物流中心等建设力度的加大，道路运输网不断完善，基础设施的建设质量和水平进一步提高，为道路运输业的发展提供了更强有力的支持和打下了良好的基础。

道路运输的生产过程的实现需要两大系统提供支持，即为运输过提供程服务的营运支持系统和为运输装备提供保障的技术支持系统。其中，汽车作为主要的道路运输装备，应能安全、低耗、环保、舒适、高效、及时与可靠的为运输生产提供运力，这需要依靠汽车运用技术提供相应的支持保障。

20世纪90年代中期以前，我国汽车的总产量还较低，保有量较少，大部分车辆是由汽车运输企业集中管理与使用。在这种运输生产组织模式和车辆运用方式下，汽车运用技术所涉及的相关核心活动是"管、用、养、修"，即生产性技术管理与技术服务。

"管"即车辆的技术管理，其主要任务是全面的组织、协调车辆合理使用的各项技术性工作，目的是保持车辆处于良好的技术状况，保证运行安全，提高运输效能，降低运输成本及减少环境污染。车辆的技术管理是从车辆选型直至报废回收利用的全寿命过程的管理，坚持预防为主,技术与经济相结合的原则;对车辆实行择优选配、正确使用、定期检测、强制维护、视情修理、合理改造、适时更新和依法报废,具有全过程与综合性的管理特点。

"用"即车辆的合理使用,其主要任务是使汽车的使用性能得到充分与有效的发挥,目的是提高运输生产效率与效益。汽车的使用性能主要包括:装载质量、动力性、燃料经济性、安全性、环保性、使用方便性、可靠性、维修性、耐久性等,它们是由设计、制造所决定,但对汽车运用指标有直接的影响。汽车运用指标是一系列数量化的评价汽车运输效率与效果的指标体系,包括综合性指标、时间利用指标、速度利用指标、行程利用指标、装载质量利用指标和动力利用指标等。采用汽车运用指标可以对运输企业车辆的技术状态、运输成本及运输效果进行综合评价。

"养"即对车辆的定期维护,其主要任务是制定合理的维护工艺及技术要求,按计划定期维护。其目的是通过清洁、润滑、紧固和安全检视等作业,能使车辆保持良好的技术状况。目前,由于在用车辆的大多数为个人所有,对车辆及时定期维护的意识弱和主动性差,因此造成车辆的技术状况较差,对车辆的动力性、燃料经济性、环保性等产生了不利的影响。

"修"即车辆的计划修理,其主要任务是制定科学的修理标准,编制合理的修理工艺,采用先进的修理技术,根据汽车的行驶里程,按计划进行主要总成修理或整车大修。其目的是修复汽车零部件因磨损、腐蚀、疲劳、变形及老化等造成的损坏,以恢复汽车的使用性能和减少故障率。过去,由于汽车生产能力和技术水平较低,以及汽车零部件主要是机械性损伤,所以,维修是保持企业运力、减少固定资产投资的方式之一。

1)汽车服务技术范畴拓展

进入21世纪,我国的汽车产能不断提高使在用车辆的保有量迅速上升,而且私人轿车的数量占有较大的比例。为了使在用车辆能保持良好的技术状况,除对车辆进行安全技术状况检验和环保检测外,还对营运车辆进行综合性能检验。通过强化对车辆技术状况的监督,目的是使车辆保持良好的安全技术状况,控制汽车排放性能的劣化,促使对车辆进行及时的维护和修理。另外,随着汽车科技的进步以及设计、制造水平的不断改进和各类材料性能的不断提高,汽车的使用寿命得到了延长。汽车零部件的机械故障减少,修复量下降,使"以换代修"成为汽车维修方式的主流。同时,在用汽车的所有权者不仅是企业,而且占有较大比例的车辆还是个人所有,形成了"集中管理"与"分散自用"的在用车辆的保有形态,且其对车辆的运用能力和服务需求有很大差异。

汽车作为当代道路运输的主要工具之一,根据使用目的具有不同的属性。作为从事道路运输营运或生产过程运输的工具,利用其可以创造运营和生产效益,是生产装备;而作为个人出行的代步工具,主要是解决个人交通需求的方便性,是个人消费品。而且,汽车还具有在公共环境下使用的特点,各项性能必须符合公共管理的要求和技术法规标准。

由于汽车运用技术的应用领域不仅是针对车辆集中使用的企业,而且也面对个人所有车辆的技术服务需求。因此,目前汽车运用技术范围已经扩大并且内涵也在增加,其所涉及的相关核心工作由原来的"技术管理、合理运用、正确维修、强制检验"的运输企业生产过程的车辆技术管理,扩大到了包括"旧车评估、事故鉴定、理赔定损、信息咨询"等个人消费服务需求。汽车运用技术的研究内容和实际应用领域扩展,形成了广义的汽车运用技术范畴,即"管、用、维、检、评、鉴、定、咨"。因此,广义的汽车运用技术演变成为以汽车运用工程相关理论与技术为基础的汽车服务工程。

2)汽车服务相关的技术活动

(1)汽车维修。由于汽车整体设计、制造水平的提升,使车辆的可靠性和使用寿命增加。通过专业再制造企业提供质量符合技术要求的零部件产品,即可以减少维修成本,也使汽车维修企业的修理作业量大幅度减少。重视车辆的维护,提高维护作业质量,减少修理工作量,是目前维修企业生产与经营的主要特点,也是汽车运输企业在车辆维修生产组织方式上的主要选择。因此,目前汽车运用工程所指"维"的内涵是强制维护和视情修理的统一。

(2)信息咨询。主要是指利用现代信息技术及其网络,提供车辆技术性能、管理法规、使用方法、维修技术等方面的信息,为运输企业和消费个人为车辆购置、使用、维修等方面提供咨询服务等。

(3)汽车检验。以车辆检测技术为基础,为加强对公共管理效能提供的技术支持。目前,我国从公共管理层面上强制对机动车进行安全、环保以及综合性能等检验,以强化对车辆技术状况变化的监控。其目的是预防技术状况变化可能导致的各类故障,以减少交通事故发生和降低汽车排放污染程度。

(4)状态评估。主要是指对二手车的评估,是指依法设立,具有执业资质的二手车鉴定评估机构和二手车鉴定评估人员,接受国家机关和各类市场主体的委托,按照特定的目的,遵循法定或公允的标准和程序,运用科学的方法,对经济和社会活动中涉及的二手车所进行的技术鉴定。随着汽车保有量的增加,二手车的交易量不断增加。由于交易的双方一般不具备对车辆技术状况判断的专业技能和设备条件,需要第三方中介机构提供相关的技术服务,以保证交易的公平性。因此,进行二手车评估即需要有汽车运用工程技术知识,又需要具备财产评估理论基础。

(5)理赔定损。主要是指对保险范围内车辆损失的确定。保险公司或交通事故责任人的赔偿额度,主要是依据车辆相关损失费用和责任比例来确定。

(6)事故鉴定。主要是指对交通事故鉴定。目前,国家允许有资质的第三方中介机构从事交通事故鉴定。交通事故鉴定作为汽车服务市场的需求之一,需要具有汽车技术、事故工程和法律知识的复合型人才和专业机构开展鉴定工作。以技术分析为基础,在查明事故原因的前提,依据法律法规确定相关人员责任。

(7)汽车召回。是针对汽车缺陷由公共管理规定的强制性服务,目的是消除缺陷汽车的危险隐患和给全社会带来的不安全因素,维护公众利益。汽车缺陷是指由于设计、制造等方面的原因而在某一批次、型号或类别的汽车产品中普遍存在的具有同一性的危及人身、财产安全的不合理危险,或不符合有关汽车安全的国家标准的情形。发现缺陷后,汽车制造商应向主管部门报告并实施召回,应采取有效措施消除相应的汽车缺陷。

(8)运行监控。汽车运行监控平台是随着信息技术的普及应用,主要是对营运车辆在运行中的全程监控,特别是对大型客运车辆、危险品运输车辆等。车载运行监控系统可实现无线远程监控、车辆实时定位、行驶轨迹回放、语音对讲、录像存储、报警联动、运行区域管理等。汽车运行监控系统主要由管理中心、转发服务器及客户端三个部分组成。

3.汽车服务的广义范畴

20世纪50年代,英国经济学家克拉克第一次提出"第三产业"的概念,并将其称为"服务产业"。主要包括运输、通信、商业、金融、教育、卫生、文化、艺术、科学、行政、国防、个人服务等。除了第一产业(通常指广义农业)和第二产业(通常指广义工业)以外的其他各业,包括流通部门,为生产服务和生活服务的部门,为提高居民素质和科学文化服务的部门,为社会公共需要服务的部门等。第三产业与其他产业的区分主要表现在:产品无形、生产与消费同时进行、生产者与消费者距离最近等。

1977年,霍尔(T. P. Hill)提出了理论界公认的定义:服务是指人或隶属于一定经济单位的物在事先合意的前提下,由于其他经济单位的活动所发生的变化。服务产品是服务劳动者生产的非实物劳动成果,具备价值和使用价值,可用于交换。服务产品的价值是一般劳动的凝结,其使用价值具有以下基本特点:

(1)非实物性。通过消费后果感知到服务产品的存在。

(2)同时性。生产与消费同时进行。

(3)潜在性。服务供给创造服务需求。

产品寿命周期是指从设计、制造、销售、使用、维修及回收利用的全过程,汽车后市场是指从销售开始为汽车消费所需提供的各种服务构成的市场,汽车服务业是与汽车消费相关联的服务行业总称。按汽车消费过程,汽车服务的广义范畴为:

(1)购销服务。整车销售、配件销售、旧车交易、金融贷款、广告宣传、购车咨询、汽车展览等。

(2)使用服务。燃料供应、维护修理、美容装饰、回收利用、车辆租赁、导航支持、意外救援、保安防盗、驾驶学校、管理代理、汽车旅馆等。

(3)权益服务。保险理赔、法规咨询、检测仲裁、事故鉴定等。

广义的汽车服务还延伸至汽车开发设计与生产领域的相关服务,如原料供应、外包设计、产品测试、产品质量认证及新品研发前的市场调研等。汽车服务既有技术性服务,也有非技术性服务。技术性服务的内容属于机械电子工程的范畴,而非技术性服务的内容属于管理工程范畴。此外,还有可称之为"文娱服务"的活动,如汽车俱乐部,是以某品牌或者车型的汽车文化为主题,组织有共同爱好进行活动的服务;汽车赛事服务,是由相关机构组织进行的以某项汽车运动为主题的竞技活动。

二、汽车服务的作用

汽车产品的价值链并不是在销售环节上就已终结,相反它在更大的范围内延伸。汽车服务已经成为同开发、制造并列的行业,是实现汽车使用价值的重要组成部分。激烈的市场竞争已经使制造环节的利润降至最低,汽车服务成为汽车产业链上不可忽视的环节。目前,在成熟的国际化汽车市场中,汽车销售利润仅占整个产业链利润的20%,零部件供应占20%,而汽车服务占50%~60%。

汽车服务的作用主要表现在:

(1)实现汽车产品的商品价值,获得制造效益;

(2)实现汽车产品的使用价值,满足社会需求;

(3)实现汽车产品的消费价值,争取权益保障;

(4)实现汽车产品的文化价值,丰富人们生活;

(5)实现可持续发展理念,为汽车使用的"安全、节能、环保"目标提供技术保障。

随着汽车市场的扩大,我国汽车产业价值链亦将逐渐转向产品质量和售后服务。我国汽车后市场的前景备受国内外瞩目,蕴含着巨大的发展空间。国内汽车保有量的私家车占70%以上,正逐渐成为主要服务群体,这对汽车后市场乃至整个汽车产业都将产生深远影响。一般情况下,汽车服务需求是在车辆使用4~9年之间最大。

随着汽车制造技术的发展和汽车应用的普及,人们对汽车服务作用的认识也在不断深入。在对汽车维修服务具有排除汽车故障的直接效果以及可以预防汽车故障发生的明显作用等技术层面的认同基础上,又形成了汽车服务是未来"汽车化社会"不可缺少的服务性行业的一致共识。这种认识主要是基于以下三方面原因。

(1)满足汽车消费需求。2009年,我国汽车产销量分别完成1379.10万辆和1364.48万辆,成为世界汽车生产和销售第一大国。2011年,我国汽车售后市场产值约为4000亿人民币,而美国汽车售后市场产值每年稳定在2800亿美元左右。我国用十几年的时间就达到了发达国家几十年的"汽车化社会"进程。"汽车进入家庭"作为小康生活的时尚,使我国的汽车保有量迅速增加。目前,在我国的汽车保有车辆种类的构成中,车型已由原来的"生产运输装备"为主体转变为"私人交通工具"为主体。由于车辆所有制和用途的变化,使汽车消费服务的内容和范围不断扩大,而且要求和方式也发生了明显变化。同时,由于各种高新技术在汽车上的广泛应用,使汽车成为机—电—液高度集成的具有高技术特征的产品。在"汽车进入家庭"的时代,需要能提供与汽车消费有关的各种服务,汽车维修服务就是这种需求之一。汽车维修服务不仅在汽车合理使用寿命期内具有保持和恢复汽车正常技术性能的作用,而且也使车辆所有者获得使其财产"保值"的服务,这满足了消费者对"行"的市场需求。

(2)具有多元社会效益。汽车维修服务在减少汽车排气污染,保障汽车运行安全和节约汽车消耗等方面具有明显的社会效益。这是因为:第一,汽车保有量的迅速增,给交通安全带来了巨大的压力;第二,汽车排放总量的增加造成大气污染的加剧,使环境保护面临着更为艰巨的任务;第三,汽车燃油消耗总量的增加,加快了有限的能源消耗速度。因此,尽管汽车技术的进步是以安全、环保和节能为主题,但是,汽车维修服务对解决上述三大问题也起到了不可低估的作用。所以,汽车维修服务在"汽车化社会"中的作用不可忽视。此外,随着循环经济的发展,汽车维修也是汽车再生资源以再使用和再制造方式进行利用的重要领域。

(3)增强厂商竞争能力。汽车工业和它上下游的各个行业形成了一个相互依存、密不可分的汽车产业链,上游涉及钢铁、石化、有色金属、橡胶、塑料、玻璃、皮革、纺织、涂料、机械、电子、电器等行业,下游延伸到汽车销售、汽车维修、汽车配件、汽车金融、汽车保险、汽车美容以及交通运输、物流等诸多行业。汽车工业的发展需要上下游产业的支持,汽车服务是市场经济条件下汽车制造企业实现产品销售和保持与提高市场占有率的关键环节。汽车服务作为其下游行业,对汽车产品销售市场的占有率有着直接影响,即汽车服务可为汽车产品保持稳定的市场占有率提供有效的市场支持。

第四节 汽车服务理论体系及研究意义

一、汽车服务理论概述

1. 关于科学和理论概念的内涵

"科学"是反映自然、社会、思维等的客观规律的分科的知识体系。科学知识不仅以确凿的事实和对它的描述为前提,而且还解释在该科学概念的整个体系中所认识的事实。因此,科学不仅回答发生这种或那种现象是怎样的和为什么的问题,而且也确立了控制它们的规律。任何科学知识的重要标志是系统性,即在一定的理论原则基础上被系统地推论出来的那些知识的总和。因此,理论是科学建立的基础。

"理论"狭义上讲是关于某些对象的确切的、科学的知识形态,是相互联系的论点和论据的体系,这些论点和论据包括解释方法和对该学科范围内各种现象的推论。因此,在理论中主要的是相互联系的论点和论据的体系,利用它可以解释现象的本质并推论发展的特点和预测发展的途径。理论通常是由以下基本内容构成:

(1)事实结果。包括大量记载的事实和进行的大量实验结果,虽然它们已经得到了某些描述,但还有待于系统的解释,即理论上的阐明。

(2)基础理论。即假设、公理、公设和普遍定律。

(3)逻辑运用。在理论范围内被允许的大量逻辑论断和论据规则。

(4)公认结论。在理论上所做出的结果、定理、具有论据的论点的总和。

在上述基本内容中,后几部分是最大的和主要的,也是理论的主体。理论依据结构分为三种,即叙述性、数学化和演绎推理性。

叙述性理论的特点在于这种理论中所表达的一般规律乃是经验材料的普遍化,它们是根据理论扩展的需要而建立。通常在其中没有明显的方式来说明所使用的逻辑规则,也不检验所提出证明的正确性。这类形式的理论带有定性的性质,且具有相当的局限性。

数学化的理论利用了数学模型。在数学模型中建立了专门的理想对象以代替和描述某个实际对象。对现代理论知识而言,理论的这类形态具有代表性,然而也有某些缺点,从而引起了推断性理论体系的产生。严格建立的推断性理论满足了现代科学方法论的全部要求。

现在人类活动的一切方面都立足于科学知识,立足于相应的理论总结。由于汽车使用所带来的服务问题在生产和生活中产生了影响,所以就产生了建立科学的汽车服务理论的要求。在国内外已经发表的关于汽车服务的论著中,绝大多数是叙述性的。其中,最主要的是服务技术方法和服务组织管理,理论概括和规律性的结论还很缺少。此外,为了使汽车服务理论知识具有清晰的概念,需要确立它在一般科学体系中的地位、对象和方法。

2.汽车服务理论研究的对象与主题

任何科学只有完全明确地决定了研究对象和研究方法才能进行清晰地描述。应用科学是建立在自然科学、社会科学和哲学这些基础科学之上,汽车服务理论是属于管理科学理论。

现代方法论区别了研究对象和研究主题,这时在研究中所观察到的某些对象的任何方面或某种性质均可理解为研究主题。当然,这样理解研究主题时,每个对象可以由许多学科来分析,从而取决于该门学科是分析研究对象的哪些方面和哪些性质。如果从这个观点出发来分析汽车服务理论的话,那么显然它是某些理论的综合。所以,每一个方面都应研究汽车服务过程的任何特殊性质,即具有自己的研究主题。因此,汽车服务理论是应用服务经济学、服务营销学以及服务管理学等知识,阐述汽车服务过程中产生现象的规律及性质的知识体系。

对汽车服务理论的术语和概念的精确定义极为重要,但是目前条件还不充分,特别是对其进行研究和考察所获得的认识深度方面。考察对象所具有的现象的各方面的密切联系,是辩证逻辑的要求之一。研究对象的特点的方面越多,对它的了解也越深。

汽车服务作为对象可以而且需要从许多观点出发来进行研究,如从技术学科、心理学、经济学和社会学的观点出发来进行研究,只有这样汽车服务所具有的本质特征才能被揭示出来。对于汽车服务理论研究而言,需要选择某些最基本的观点,以便对研究条件做某些限制。同时,还不能丧失研究的完整性。

汽车服务是作用于对象(车辆、人)的特定生产活动的综合。这些活动的进行要有一定的条件,以保证活动的效果。因此,多方面的见解不仅对于对象需要,而且对于实现服务工作的条件也需要。汽车服务工作的质量与效果取决于工作条件,所以对于完成服务工作的条件也需要做多方面的研究处理。

根据汽车服务理论主题的定义,应从服务经济学、服务营销学、服务管理学、系统论、信息论和控制论的观点出发来研究汽车服务问题。甚至那些狭义的见解也揭示了对象的许多方面特征,这对汽车服务理论来说也是需要的。

3.汽车服务理论知识体系结构

汽车服务理论是汽车服务工程专业知识的新内容,目的在于通过研究探讨、归纳总结汽车服务理论的知识体系,通过汽车服务的实践过程验证、融合提炼,逐渐上升为理论知识,从而丰富并完善汽车服务工程专业知识体系,为提高专业人才能力与素质打好基础。鉴于此,在对国内外服务学相关研究文献进行分析的基础上,提出初步的汽车服务理论知识体系框架。

(1)理论基础。主要是相关学科理论知识,包括经济学、管理学、社会学、心理学、服务经济学、服务营销学等与汽车服务活动相关的论述,以及在此基础上的融合和提炼确立汽车服务理论知识体系的基础。

(2)主要概念。包括服务、服务产品、服务价值、服务营销、服务技术、服务心理、服务文化、服务竞争、服务质量等,进行规范化与标准化的概念内涵和外延概括式阐述。

(3)基本规律。主要是对汽车服务发生、发展规律及内部要素之间的相互关系进行系统论述,包括作为技术性的汽车服务(方法、技能等)和作为功能性的汽车服务(意识、观念、态度等)。

(4)服务分析。主要说明应提供什么样的服务和如何提供服务,包括汽车服务的心理分析,主要是运用心理学的相关理论和知识,分析汽车服务经营者的服务心理和顾客的消费心理;服务市场竞争分析,在市场经济条件下,服务既是一种手段又是企业经营目的,科学分析和把握服务市场状况以及竞争态势是汽车服务企业生存和发展的必要条件;汽车服务管理分析,如果服务市场竞争分析是面向企业外部开放的市场状况,而汽车服务管理则把重点放在内部服务要素的合理配置和服务结构的优化上,包括服务作业的标准化和体系化,服务程序的规范化和合理化,服务手段的标准化和个性化等;汽车服务绩效分析,管理需要科学的评价标准,因此服务质量评价体系的建立和完善是汽车服务理论的重要内容,包括评价原则、评价指标的确立和评价的具体运作方式等。

(5)方法应用。对汽车服务中具有代表性的典型案例进行分析点评;将汽车服务理论应用到汽车服务实践活动中进行验证,包括抽样调查、具体服务实验完成等方法。

二、汽车服务理论研究的意义

服务业是国民经济的重要组成部分,服务业发展水平也代表了市场经济的成熟和发达程度,也是综合竞争力的体现,高水平的服务业更是衡量现代社会经济发达程度的重要标志。《国务院关于加快发展服务业的若干意见》(国发〔2007〕7号)和《国务院办公厅关于加快发展服务业若干政策措施的实施意见》(国办发〔2008〕11号)的相继出台实施,使我国服务业发展迎来了新的机遇期。

随着经济社会不断发展,服务业的外延不断拓宽。就服务业分类而言,目前的分类方式主要有两种:一种是将服务业分为传统服务业与现代服务业。传统服务业是指为人们日常生活提供各种服务的行业,如商贸业、餐饮业、住宿业、旅游业;而现代服务业是在国民经济发展具有重要地位的新型服务业体系,发展上呈现出新技术、新业态、新方式的"三新"态势,具有资源消耗少、环境污染小的优点。另一种是将服务业分为生产性服务业与生活性服务业。生产性服务业是指那些为生产活动提供的服务,一般包括对生产、商务活动和政府管理而非直接为最终消费者提供的服务,主要包括金融、物流、会展、中介咨询、信息服务、软件外包、科技研发、创意、教育培训等行业;生活性服务业主要是指直接满足人们生活需要的服务行业,主要包括商贸、旅游、房地产、社区养老服务、就业服务、家政、物业管理服务、医疗、休闲娱乐、体育健身服务等。汽车服务既要为生产提供服务,也要为民生出行需求提供服务。

随着第三产业在国民经济产值比重的日益增加,社会形态将从制造业向服务业占主导地位的转型。因此,以服务经济学或服务学为对象的学术研究引起重视,并取得了一系列理论成果。汽车服务业是典型的服务性行业,不仅延长了汽车产业链,也扩大了汽车产业规模。在满足汽车消费者各种需求的前提下,各式各样的汽车服务联成一体并有机结合而形成新型的带有明显服务性质的产业。因此,汽车服务业的发展不仅需要理论指导,而且还要在理论与实践相结合的研究基础上不断创新汽车服务模式,以丰富理论研究内容并促进更快发展。

我国汽车工业在近些年的发展中已经取得了辉煌的成绩,而且已成为全球第一的汽车消费市场,因此,我国汽车服务行业也需要不断适应新的消费服务需求。汽车服务最早体现在汽车售后相关的服务及与汽车维修的相互结合,从而衍生出各式各样的汽车服务要求,并需要更多的人才投入于汽车服务行业之中。所以,汽车服务专业人才的知识结构中应具备服务学相关理论知识,以开拓研究视野和提升理论素养,并更好地满足汽车服务消费需求。

复习思考题

1. 名词解释:
①产业;②行业;③产业链;④汽车服务;⑤狭义的汽车服务;⑥广义的汽车服务;⑦汽车后市场。

2. 产业的主要特点及其表现是什么?
3. 我国对产业是如何分类的?
4. 产业与行业的区别主要表现在哪些方面?
5. 汽车产业链包括哪些行业?上下游的关系是什么?
6. 我国汽车工业技术的发展特点及其主要趋势是怎样的?
7. 我国汽车产业发展政策有哪些?
8. 交通运输部、国家发改委、教育部、公安部等部门在 2014 年 9 月发布的《关于促进汽车维修业转型升级、提升服务质量的指导意见》(交运发〔2014〕186 号)的主要内容有哪些?

9. 我国汽车消费需求有何特点？
10. 简述我国汽车服务业现状。
11. 简述汽车服务技术范畴的扩展内容。
12. 简述汽车服务的作用。
13. 汽车服务理论研究的对象与主题是什么？
14. 简述汽车服务理论知识体系结构。

第二章 服务经济学的基本原理

第一节 服务及服务产品

一、服务概念辨析

有关服务概念的研究是从经济学领域开始,最早可追溯到亚当·斯密的时代。不过,由于服务产业包罗万象,很难界定其范围。所以,对于服务的定义一直没有被各方面都接受的权威性表述。在归纳相关文献资料的基础上,对服务的定义综述如下。

市场营销学界对服务概念的研究大致是从20世纪50~60年代开始。区别于经济学的研究,市场营销学者把服务作为一种产品来研究。

1960年,美国市场营销协会(AMA)最先给服务下定义为:用于出售或者是与产品连带出售的活动、利益或满足感。后又定义为:服务是通过交换,为顾客提供有价值的利益或者满足的一切行为。

1963年,美国著名学者William J. Regan把"服务"定义为:直接提供满足(交通、租房)或者与有形商品或其他服务一起提供满足的不可感知活动。

1966年,Rathmal认为,服务是一种行为、一种表现、一项努力。

1974年,William J. Stanton进一步进行解释,认为服务是"可被独立识别的不可感知活动,为消费者或工业用户提供满足感,但并非一定要与某个产品或服务连在一起出售"。Gummesson认为,服务是一种不能自产自用,只能买卖交易的东西。

1976年,B. J. Lalonde 和 P. H. Zinszer 认为,顾客服务是一种活动、绩效水平和管理观念,这是一个过程,它以低廉的方法给供应链提供了重大的增值利益。

1984年,Lehtinen对服务的定义提出以下观点:服务是与某个中介人或机器设备相互作用并为消费者提供满足的一种或一系列活动。

1990年,北欧学者Christian Gronroos在总结前人定义的基础上,把服务的定义概括:服务是由一系列或多或少具有无形特性的活动所构成的一种过程,这种过程是在顾客与员工、有形资源的互动关系中进行的,这些有形的资源(有形产品或有形系统)是作为顾客问题的解决方案而提供给顾客的。

1992年,英国学者Adrian Payne在分析了各国营销组织和学者对服务的界定之后,对服务做出的界定:服务是一种涉及某些无形性因素的活动,它包括与顾客或他们拥有财产的相互活动,它不会造成所有权的更换。条件可能发生变化,服务产出不一定与物质产品紧密相关。

1997年,美国西北大学的Philip Kotler在《营销学导论》中,将服务定义为:一项服务是一方能够向另一方提供的任何一项活动或利益,它本质上是无形的,并且不产生任何东西的所有权问题,它的产生可能与实际产品有关,也可能无关。James Brian Quinn、Jordan J. Baruch和Penny Cushman Paquette曾经给服务下了一个广泛的定义:包括所有产出为非有形产品或构建品的全部经济活动,通常在生产时被消费,并以便捷、愉悦、省时、舒适或健康的形式提供附加价值,这正是其第一购买者必要的关注所在。

2000年,美国两位营销专家Valarie A. Zeithnal和Mary Jo Bit-ner认为:简单地说,服务是行动、过程和表现。

除了以上较为有影响的对服务的定义之外,还有从质量管理角度对服务的定义。

《质量管理和质量保证术语》(GB/T 6583—1994 ISO 8402:1994)中对"服务"的定义是:为了满足顾客的需要,供方和顾客之间接触的活动以及供方内部活动所产生的结果。

《质量管理体系 基础和术语》(ISO 9000:2000)中对于"服务"的解释:产品是过程的结果,包括四大类:服务、软件、硬件和流程性材料。服务通常是无形的,并且是在供方和顾客接触面上至少需要完成一项活动的结果。服务的提供可涉及:在顾客提供的有形产品上所完成的活动(如汽车维修);在顾客提供的无形产品上所完成的活动(如为事故鉴定所需的检验报告);无形产品的交付(如提供咨询服务);为顾客创造氛围(如汽车销售展厅、汽车维修接待室的环境)。

美国市场营销协会(AMA)在1960年定义的基础上进一步补充完善了服务的定义,认为服务是"可被区分界定,主要为不可感知,却可使欲望获得满足的活动,而这种活动并不需要与其他产品或服务的出售联系在一起。生产服务时可能需要或不需要利用有形产品,而且即使需要借助某些有形产品协助生产服务,这些有形产品的所有权也不涉及转移的问题"。这个定义丰富了原有定义的内容,能更清楚地认识服务同产业用品及消费品的区别。

关于服务的含义,可以说是各抒己见、众说纷纭,各自从不同角度揭示服务的本质和特点,都有其独特之处,但也存在着一定的片面性。这不仅是因为服务作为一种看不见、摸不着的经济活动难以为人们所感知,从而无法准确地进行研究。而且,随着服务在国民经济生活中的地位越来越重要,其范围也越来越宽广,很难从整体上予以概括。

综合以上各种定义可以将服务描述为:服务是指能够给人们带来某种利益或满足,从而可供有偿转让的一种或一系列活动。它包括两类:一类是服务产品,即为顾客创造和提供核心利益或价值的主要是无形产品或服务,它是企业的销售对象和利润来源;另一类是顾客服务,即为满足顾客需要而提供的附加服务,它是企业为销售产品或服务而提供的支持。

根据以上定义,服务活动具有以下性质特征:

(1)利他性。服务是满足他人需要而不是满足自己需要的活动,人们满足自己需要的活动不能叫作服务。

(2)交易性。在市场经济条件下,满足他人需要和利益的活动只有通过交易才能提供,离开交易就不存在真正的服务。

(3)价值性。服务是一种能够带来利益的活动。

(4)无权性。服务是一种能够被他人所享用但却不能被占有的活动,因此服务本身不发生所有权的转移。

二、服务产品

1. 服务产品的形成

在当代世界经济发展中,第三产业呈现迅速扩大的态势。随着经济发展和社会进步,各国第三产业比重都趋于增大,即经济越发达,居民越富裕,第三产业的比重就越高。目前发达国家第三产业占国民经济的比重,已由百年前的20%~30%增长到60%~70%。

人类通过劳动将产出两类成果:一类是以实物形式存在的实物劳动成果,可称为实物产品;其具有相对静止状态并可以测定质量,且有一定体积而占有空间等特性。如第一产业生产的粮食、棉花、茶叶等,第二产业生产的钢铁、机械、电器等,都有具有实物特征。

另一类是不具实物形态的非实物劳动成果,称之为服务产品。它是无形的且具有一系列非实物属性,没有质量及体积,具有一定程度的可叠加性(即不同的非实物劳动成果可交织在同一空间)。如汽车维修工、出租车驾驶员、教师、医生、律师等提供的服务,虽然都是客观实在,但它们最终的成果却是无形的,不能像实物劳动成果那样具有可见、可感的形体。在社会生产体系中,第一、二产业主要生产实物产品,第三产业则基本生产服务产品。

2. 服务产品的界定

非实物劳动成果被纳入社会产品范畴的根本原因在于它与实物劳动成果一样,也具有消除相对稀缺,满足人的需要的功能。在消费对象稀缺的条件下,人类为了满足其物质和精神需要,以求生存、繁衍、发展和享受,必须通过劳动创造能满足其需要的劳动成果,即产品。不管劳动成果采取实物形态,还是非实物形态,只要它能消除相对稀缺,满足人的需要,达到了人类从事劳动的目的,就会被承认为产品。而非实物劳动成果,如教育服务、医疗服务、文艺服务、交通服务、旅游服务、信息服务等,都无可争辩地具有满足人多方面需要的功能,并由此与实物劳动成果构成互补或互代关系。

现代社会需求结构正向服务比重增大的方向演变。生产活动的社会化、专业化使实物生产阶段或阶段性劳动成果独立化,科技进步使生产过程对服务的需求增大,使得非实物劳动成果在生产结构和消费结构中的地位越来越重要。因此,社会产品范畴必然要突破实物形态的界限,应是能满足人的需要的实物劳动成果和非实物劳动成果的总和,包括实物产品和服务产品两大类。

按照使用价值的用途,第一、二产业生产所需的服务产品,以及第三产业本身生产所需的服务产品,构成服务型生产资料;用于生活消费的服务产品,构成服务消费品。

服务产品的内涵是非实物形态的劳动成果,即体现在两个方面:①非实物形态;②劳动成果。确定服务产品的外延时,要掌握两个基本原则:第一,凡不是劳动成果,均不可能是服务产品,即不包含非劳动成果;第二,凡以实物形态存在的劳动成果,均不属服务产品的范围;凡不具有实物形态的劳动成果,必然属于服务产品的范围。

第二节　服务产品使用价值及其服务价值

一、服务产品的使用价值

服务产品只要不是废品就具有使用价值,即非实物使用价值。服务产品与劳动过程紧密地结合在一起,只能在服务活动状态中被消费从而满足某种需要的使用价值。而实物产品的使用价值则具有离开生产者和消费者而独立的形式,因而能在生产和消费之间的一段时间内存在,可称为实物使用价值。

非实物使用价值与实物使用价值一样,也有满足人的某种物质或精神需要的功能,这是使用价值的共性本质。由于某些服务产品的使用价值与实物产品功能相近,故二者在生产消费或生活消费中可以互相替换,具有消费替换性;由于某些服务产品的使用价值与实物产品的相异而有联系,故在消费中可以互相补充,构成互补关系;另一些服务产品与实物产品的使用价值在功能上存在因果链的联系,只要消费一种使用价值,就会引起以后一系列其他使用价值的消费,因而具有消费引致性。

服务产品的使用价值具有消费替换性、消费互补性和消费引致性的根本原因,是在于非实物使用价值具有一切使用价值所具有的共性,即可消费性。因此,非实物使用价值名副其实,服务产品货真价实,是具有使用价值的社会产品。

与实物产品的使用价值不同的是,服务产品的使用价值具有非实物特性。它是一种在活动形态上提供的、不能离开服务劳动者单独存在的、不采取实物形式的特殊使用价值,即非实物使用价值。具有非实物性(不可触摸)、生产、交换和消费的同时性,非贮存性,非移动性,再生产的被制约性,劳动产物的必然性(不可能是没有花费人类劳动的自然产物)。这些是非实物使用价值区别于实物使用价值的重要特性。

非实物使用价值在市场经济中也是交换价值的物质承担者。因为,价值本质上是商品生产者互相交换劳动的一种社会关系。因此,它必须以劳动产品的交换为前提。而产品只有具有使用价值,才能被投入交换,进而被衡量交换价值和价值。这就决定了价值必须以使用价值为承担者。只要使用价值凭它能满足交换对方某种需求的有用属性,使产品能够投入交换,它就可以并且实际上充当了交换价值的承担者。因非实物使用价值能实现以上职能,所以它同样可以充当交换价值的物质承担者。

但是,非实物使用价值的非实物属性,往往会使人对它产生怀疑、否定它的存在,或把它误认为意识形态、精神世界的东西。从认识论来看,"非实物使用价值"的存在,不易靠直观感觉来判别,必须通过科学的抽象思维来认识。例如,可以按"类比思维"和"逆向思维"的方式来认识。工农业部门投入人、财、物,生产出具有使用价值的实物产品供给消费和满足需要;服务部门投入人、财、物、力,其结果也可满足消费需求。服务领域既然有消费后果,追溯到生产环节,必然也有某种使用价值被创造出来的活动过程。

二、使用价值的形式与特性

因为商品是用于交换的劳动产品,只要服务产品是为交换而生产的,它自然就成为商品,也应具有使用价值和价值的双重性。

使用价值是满足某种需要的对象或消费的客体,在形式上分为实物使用价值与非实物使用价值两大类。前者是具有离开生产者和消费者而独立的实物形式,因而能在生产和消费之间进行转换过程的时间内存在使用价值;而后者是不采取实物的形式,不作为物离开服务者而独立存在的,且与劳动过程紧密地结合在一起,只能在活动状态中被消费的使用价值。

"功能"是非实物使用价值与实物使用价值的共同点,即可满足人的某种需要。这决定了服务产品具有消费替代性、消费互补性和消费引致性。"特性"是非实物使用价值区别于实物使用价值的相异点,包括非实物性,生产、交换、消费同时性,非贮存性,非转移性,再生产被严格的制约性。

三、服务价值

非实物劳动成果是一种产品,即服务产品,而且具有非实物使用价值。那么,只要服务产品是为交换而生产的,它作为用于交换的劳动产品,就是商品,也就具有使用价值和价值。从理论上说,市场经济中的服务产品具有价值的依据是:

(1)生产服务产品耗费的劳动凝结在非实物使用价值上形成价值实体。
(2)私人劳动和社会劳动的矛盾使生产服务产品的劳动取得社会形式并表现为价值。
(3)服务产品与实物产品不能按异质的使用价值量,而只能按其中凝结的同质的抽象劳动量进行交换,从而以价值为尺度决定其交换比例。

简言之,服务价值是由服务劳动的凝结性、社会性和抽象等同性决定的,它的质的规定性就是凝结在服务产品的非实物使用价值上的、得到社会表现的抽象劳动。既然服务价值是服务产品的生产者的劳动力耗费的单纯凝结,那么它必然是劳动者创造的,并非是从任何别的领域转移或"再分配"来的。

服务产品的价值量的确定分两种情况:一是重复型服务产品,因服务劳动过程的主客观条件的差别,生产同种服务产品需各不相同的个别劳动时间,故其价值量由生产这种产品所耗费的社会必要劳动时间决定;二是创新型服务产品,它的非重复生产性和共享性,使其价值量由最先生产出这种产品所耗费的个别劳动时间和风险系数决定。

服务产品的价值量也由三个部分构成:C 为服务过程中被消耗的燃料、物料、辅助材料、服务产品的价值,以及服务固定资产的折旧费等,即已消耗掉的生产资料中的物化劳动;V 为服务劳动者的必要劳动所创造的价值,即维持劳动力生产和再生产所必需的生活资料的价值,它表现为服务劳动者的工资;M 为劳动者的剩余劳动所创造的价值,它表现为服务部门的利润和税金。

第三节 服务产品的生产与价格

一、服务产品状态转化

根据服务产品理论,既然生产出具有使用价值和价值的服务产品,那么自然也就存在着以服务产品状态转化,即存在着服务产品的生产、流通、分配和消费状态的转化过程。以实物产品为对象的物品在生产领域生产出来,被分配给其生产者,投入流通领域进行交换,最后被消费掉。然而,在实物产品之外,还有表现为无形产品的服务产品。服务产品只能由劳动生产,它同样要被分配给社会成员,投入流通领域进行交换,并被人们有目的地消费。作为产品不仅要有(人、财、物)投入与产出(服务产品),而且应该有由其产出成果的运动形成的服务产品的流通、分配和消费。服务生产就是对非实物形式的劳动成果的创造,是服务劳动过程和服务价值的形成与增值过程的统一。因此,服务业的发展绝非是第一、二产业创造价值的"再分配",而是为社会财富的增长作出贡献。认识服务劳动过程特点的和服务价值增长的规律性,可以有效地促进服务业生产的发展。

服务流通关注包括服务差价、服务比价、服务与货物比价体系在内的价格体系、服务供求关系及其规律。服务分配是对服务产品的占有过程及分配方式的阐述,如市场分配方式、半市场分配方式和非市场分配方式在导向平等与效率目标方面的不同特点,分配水平的制约因素及其变动机制等。服务消费探讨服务消费的概念、属性和方式,认识服务消费对社会产生的协调、效益和福利等功能;对服务消费结构的定性、定量分析和预测等。

二、服务产品生产

1. 传统生产与服务生产

要认识在商品经济中用来交换的服务产品的生产过程是创造非实物使用价值的劳动过程与服务产品的价值形成过程的统一。

传统生产概念通常是指实物产品的制造,即改变生产资源的实物形态。生产与非生产的标准,在于是否生产出产品。

(1)理论上,生产涉及用一定的资源投入创造一定的可以满足某种需要的劳动成果产出的方式问题,而提供服务产品也是一种方式。

(2)逻辑上,生产是起点,消费是终点。消费与生产的范围应互相照应。既然有服务作为对象被投入消费,那么"起点"必定有服务作为对象被生产出来。

(3)实践上,将生产局限于实物产品的制造,必然会推导出第一、二产业"生产者"养活第三产业"非生产者"的结论。而生产就是对实物劳动成果和非实物劳动成果的创造,服务生产是对非实物形式的劳动成果的创造。生产的主体是服务生产者,生产的客体是服务劳动资料,生产的对象是服务产品。

2. 服务劳动过程的本质和特点

服务劳动过程在本质上与实物劳动过程相同:

(1)都是劳动力的使用过程。

(2)都是创造使用价值的有目的的活动。

(3)都是人和自然之间的物质变换的一般条件。

服务劳动过程区别于实物劳动过程的特点包括:

(1)劳动分期不同。生产精神型服务产品的服务劳动过程往往包含有显著区别的前期劳动阶段和后期劳动阶段。

(2)必要前提不同。服务产品的消费者在场(需求、服务对象或载体)是生产最终产品的服务劳动过程存在的必要前提。

(3)需求环境不同。服务劳动过程的持续性和效率直接受需求状况影响。

(4)产品表现不同。服务劳动资料和服务劳动者成为服务产品的表现形式。

(5)消费特点不同。服务劳动过程中对服务生产资料的消费与对服务产品的消费同时同地发生。

(6)劳动形态不同。创造非实物使用价值的服务劳动具有流动性与凝结性相结合的特点。

3.生产服务产品的价值形成过程

服务价值形成过程是：

(1)服务生产中的价值转移与价值创造。即服务生产资料旧价值 C 的转移,以及服务劳动者新加的劳动形成并增值的价值 $V+M$。

(2)基于服务劳动过程的特点,服务产品的价值形成过程的特点：

①生产精神型服务产品的前期劳动阶段中创造的价值往往大于后一阶段。

②服务产品的价值被创造之时,也是它被消费之时；或被生产消费而转移到新生产过程中去之际。

③服务生产要素的适度闲置时间,也构成制约社会必要劳动时间的"现有的正常的生产条件"。

④服务劳动者和服务设施的状况往往成了顾客估计服务产品价值量的标尺。

⑤服务生产资料旧价值的转移与对服务产品价值的消费或转移同时发生。

⑥流动性服务劳动转化为凝结性服务劳动的条件是创造出非实物使用价值。

4.服务劳动过程要素

(1)服务劳动过程。是指人以自身的活动来引起、调整和控制人与人之间的物质变换,改变人文状态的客观对象的过程。"人文状态"是指人这种活的、有意识的、自然物构成的物质状态。它也是一种社会状态,区别于自然状态、自然物质而存在。第一、二产业劳动是改造自然状态的过程。

(2)服务劳动对象。如果将服务劳动对象说成是顾客,或所卖、所运的货物,就会推论出有别于顾客或货物的服务产品不可能独立存在的结论。服务劳动对象有4个特征：无形的；介乎生产者与消费者之间；尚未"成型"；服务劳动力加其上的。现在一般将尚未定型的非实物使用价值看成是服务劳动对象。

(3)服务劳动资料。在服务劳动过程中用以改变或影响服务劳动对象的物(含服务)或物的综合体。即"非物质生产领域"有劳动资料或非实物的劳动资料,一是将投入第三产业领域用来生产服务产品的劳动设施、工具、物料以及服务产品,均应看作服务劳动资料；二是有服务型生产资料。

三、服务产品的价格

1.服务价格实质和分类

服务价格是服务产品价值的货币表现,是三大产业经济关系的平衡点。认识服务价格要屏弃"服务收费""非商品收费"等不科学提法,并要区分第三产业价格与服务价格。

服务价格可以按服务产品的消费性能分为消费性服务价格和生产性服务价格,或按其构成分为全费服务价格、优惠服务价格以及免费服务"价格"。

2.服务价格作用及制约因素

服务价格的作用是：

(1)联系社会各部门经济活动的纽带。

(2)传递第三产业经济信息的信号。

(3)调节三大产业经济利益的杠杆。

服务价格的影响是：

(1)影响第三产业发展的宏观比例和微观结构。

(2)影响服务生产率,刺激服务企业改善提高经营管理。

(3)影响服务产生及消费导向。

(4)影响对服务资源的合理利用。

服务价格形成中的制约因素包括服务价值量、供求状况、服务资源的丰度、服务产品的生命周期、币值和实物商品的价格变动。

3. 服务价格体系

服务价格体系主要包括：

(1)同一种服务的差价体系,即服务产品的地区差价、季度差价、质量差价、购销差价、批零差价。

(2)不同服务产品之间的比价体系,即半成品服务与成品服务的比价、可替换服务产品的比价、机械化程度不同的服务产品的比价、生产要素相同的服务产品之间的比价、高低档服务产品的比价。

(3)不同的服务产品与实物产品的比价体系,即服务与货物的单项比价(服务型生产资料和以它为生产要素的物品间的比价、互相代替的服务与货物的比价、具有互补性或引致性的服务与货物的比价、实物型生产资料与以它为生产要素的服务产品的比价)、服务与货物的综合比价。

4. 服务价格总水平及其变化趋势

影响服务价格总水平的因素有：服务产品本身的价值量、币值、实物生产领域的生产率、资源的稀缺程度、服务供求关系。服务生产率提高不快,服务产品价值量下降很慢,使服务价格呈基本稳定的趋势；实物生产领域生产率相对快的增大率,使得以实物产品为等价形态的服务产品相对价值量增大,直接导致服务价格的提高；较多地利用非再生性资源的服务产品的价格会随着资源的稀缺而上升。上述诸因素的交互作用,就使劳动密集型服务价格水平持续上升,智力型服务价格水平也将上升,而资金密集型服务的价格稳中有降。由于第三产业产品中劳动密集型产品所占比重较大,其价格水平上升将导致第三产业价格总水平上涨。

5. 服务与货物价格剪刀差

服务与货物价格剪刀差是指服务同货物交换时,服务价格低于价值,货物价格高于价值,二者的价格相对于各自价值量的运动轨迹呈剪刀差。价格剪刀差形成的主要原因是,服务劳动生产率的增长速度落后于实物产品劳动生产率的增长速度,使单位服务产品的价值量相对(于实物产品)增大。

如果发生下列情况,就会使服务换货物的比价与二者的价值比例变得不相符,从而形成服务与货物的价格剪刀差：

(1)服务与货物的价格均不变化,或同方向、同幅度升降。

(2)货物价格相对上升。

(3)服务价格相对上升,但仍不足以抵消二者相对价值量的变化。

这个问题可以联系工农业产品价格剪刀差的形成因素来理解,如农产品生产率提高较慢,工业品生产率提高较快所导致。不过,服务、货物价格剪刀差有隐蔽性、假象性、严重性等特点。

第四节 服务产品的其他问题

一、服务产品的需求与供给

1. 服务需求和供给的影响因素

在影响服务需求的其他因素不变的情况下,服务需求量与服务产品的价格呈负相关变化,与收入水平和闲暇时间量成正相关变化。替代产品和互补产品的价格、收入效应的因素、消费者的偏好、对将来供应状况和价格的期望、人口的数量构成和特点也影响服务需求量。

在影响服务供给的其他因素不变时,服务供给量与服务价格成正相关变化,与服务成本呈负相关变化。相关产品的收益状况、企业的经营目标、对未来服务价格的期望、技术状况也影响服务供给量。

2. 服务需求弹性和供给弹性

服务需求弹性是测定服务需求量对其自变量的反应程度的一个尺度,是指一个自变量的值每变动百分之一所引起的服务需求量的百分率。主要包括服务需求的价格弹性、收入弹性和交叉弹性。

服务需求的价格弹性是用来衡量服务需求量对于该种服务价格变化反应程度的尺度,价格弹性系数可以大于1、小于1或等于零,分别表示服务需求富有弹性、缺乏弹性或有单位弹性。服务需求的不同价格弹性是由服务产品对消费者生活的重要程度、替代品的状况、消费支出的比重、考察时间的长短、可自给程度的大小等因素决定的。

服务需求的收入弹性是用来衡量服务需求量对于消费者收入水平变化的反应程度的尺度,"正品"服务的收入弹性是正值,"次品"的为负值。若服务需求的收入弹性系数大于1,它在消费结构和产业结构中的比重将趋于上升。

服务需求的交叉(价格)性反映一种服务产品的需求量对另一种产品价格变化的反应程度。若交叉弹性系数大于零,二者是互代品;若它小于零,二者为互补品;若它等于零,则二者互不相关。

服务供给弹性是测定服务供给量对其自变量反应的灵敏程度的一个尺度,主要包括服务供给的价格弹性。服务供给的价格弹性系数可以大于1(弹性大)、等于1(单位弹性)或小于1(弹性小)。其大小主要取决于:改变服务供给量的难易程度或所需时间的长短、变动产量后生产成本的变动情况。

3. 服务供求规律及其应用

服务供求规律可概括为:

(1)服务需求的变动,在短期内将引起服务均衡价格和均衡数量同方向变动,但在长期内则不一定。

(2)服务供给的变动,将引起服务均衡价格反方向变动,引起服务均衡数量同方向变动。

要实现服务供求平衡,一是要充分利用价格机制促进服务总供给与需求的平衡,并注意发挥差价和比价体系的作用,促使服务供给结构与需求结构相适应。二是要以联系、发展的辩证观点搞好服务需求预测;把握服务需求形成的时空特点,自觉采取措施促进服务供求平衡。三是在"经济时间"内提出服务需求,优先选用"经济对象"即供求矛盾缓和的替代品。

二、服务产品的分配

1. 服务产品分配及其性质

理论上服务产品分配是对服务产品本身的价值的获取和占有;服务分配方式不同,它所制约的效率与公平状况会不同,分配水平的影响因素和变动机制也有差异。

服务产品分配的性质是:

(1)服务产品的分配具有服务使用价值的分配与服务价值的分配的两重性。

(2)服务产品分配的物质基础(生产当事人所分配的价值的物质承担者)是非实物使用价值。

(3)工资是服务劳动者自己创造的,其实质是对必要服务产品的分配。

(4)利润是对剩余服务产品的价值。

总之,服务产品的分配,无论是对补偿基金、消费基金、积累基金的分配,还是对必要服务产品、剩余服务产品的分配,实质上只是对服务产品的价值的分配,并非是接受第一、二产业恩赐。

2. 服务产品的分配方式

现代社会中的服务分配方式包括服务的市场分配方式、半市场分配方式和非市场分配方式三种类型。在这三种分配方式中,经营观念、市场观念、竞争观念、价值观念、效率观念依次递减;公平程度依次递增;服务质量观念和顾客至上观念、经济效益和社会效益观念上也有差别。面对效率与公平不可兼得的两难选择,服务分配方式应由公平到效率方向演变,重点解决平均主义大锅饭导致的低效率问题。应在服务产品分配中增大市场分配的比重,缩小半市场、非市场分配部分;国家财政补贴在形式上要作出有利于市场机制起作用的改变;在三种服务分配方式中都要引进或强化市场机制。

3. 服务业的分配水平

影响服务业的市场分配水平的主要因素是:服务产品的质和量;服务产品的价格水平;服务生产率;服务生产当事人各方力量对比和服务生产要素的供求状况;服务劳动状态。

影响服务业的非市场分配水平的主要因素是:国家财政部门的财政拨款;国家的工资政策和福利政策;社会团体、个人的赞助;服务行业的工会化程度和社会对服务行业的重视程度。

关于第三产业分配水平的变动机制。第三产业的均衡分配水平是通过劳动、资金、资源三要素在第三产业内外的转移,影响服务供需关系而实现的。第三产业的市场分配水平主要通过市场机制的作用达到和维持均衡水平。市场开放得越广泛,市场价格与市场供给的相关程度越高,变化的相互依存度越深,市场机制的作用越充分,第三产业的市场分配水平就越不可能长期偏离其均衡水平。理论上,非实物使用价值充当交换价值的物质承担者、服务产品的价值实体,分配是对服务劳动者创造的服务产品的价值分配。

三、服务产品的消费

1. 服务消费及属性和方式

服务消费是人们为了满足某种需要而有目的地消耗服务产品的行为。

服务消费与物品消费共同的属性:是以产品的自然形态及其有用属性满足人的需要的过程;是产品在原有形态上消失的过程,客体向主体或另一客体的转化过程;是社会再生产总过程的终点和新起点的媒介。

服务消费区别于物品消费的特性:服务消费对象是无形的;服务消费对象的消耗和消失过程,及它由客体到主体或另一客体的转化过程也是无形的;服务消费与服务生产具有时空同一性;服务消费对物品消费既有依存关系,又有超越关系;服务消费中以公共消费方式进行的消费较多。

服务消费形式可按需要的性质分为个人生活性服务消费、企业生产性服务消费和社会公共性服务消费;或按获得消费的方式分为商品型服务消费,调拨型服务消费、自给型服务消费和义务型服务消费四种形式。

2.服务消费的社会功能

消费功能是指产品通过消费发挥的作用、效能或功用等。服务消费的社会功能包括:

(1)协调功能:服务产品的消费具有协调国民经济关系的作用。

(2)效益功能:服务产品的消费具有提高实物生产和服务生产的效率或效益、使同量劳动耗费和资金占用量的投入能产出更多有用劳动成果的作用。

(3)闲暇功能:服务产品的消费具有增加居民闲暇时间的作用。

(4)福利功能:服务产品的消费具有满足人的生活需要、提高生产质量、增进快乐、健康和幸福的作用。

概括地说,服务消费的社会功能是服务产品作为生产要素或消费要素在生产消费或生活消费中发挥出来的功能的总和。

3.服务消费结构的影响因素和发展趋势

狭义上,服务消费结构是人们在服务消费过程中对不同的服务消费品的消费支出占服务消费总支出的比例及其相互关系;广义上,还包括服务消费总支出在生活消费支出中所占的比例,服务消费支出与物品消费支出的相互关系。

按照服务产品理论,服务产品和实物产品一样,一方面作为消费对象直接进入人类生活消费过程;另一方面作为生产要素直接进入本行业或其他行业的生产消费过程。影响服务消费结构的主要因素包括国民经济的发展水平、人口特点、地理状况、相对价格水平和服务消费方式等方面。通过定量分析可知:对服务消费的外部结构而言,随着人均国民生产总值的增长,服务消费比重增大,物品消费比重下降。在物品消费比重下降的同时,房舍(含燃料、电力)消费比重提高较快,衣着消费比重缓慢下降,家具(含摆设、住宅设施和维修)消费比重先升后降。对服务消费的内部结构而言,随着人均国民生产总值的增长,在服务消费比重迅速增大的同时,交通和通信比重迅速增大;受免费和低价服务制的牵制,卫生保健的货币消费开支比重缓慢增长,文教的货币消费开支比重缓慢地先升后降。其他服务和日用消费品消费比重急剧地先升后降。

当代社会中,服务消费的基本功能不仅是满足全体社会成员不同的生存和发展的要求,而且是构成社会再生产与发展的基本条件,这就决定了第三产业在国民经济中占据越来越重要的产业地位。

四、服务的再生产

再生产就是不断反复进行的社会生产过程,其周而复始以维持人类社会的存在和发展。

从社会再生产过程来说,它包括生产、分配、交换、消费四个相互影响、相互制约的环节,其中生产起决定性作用。按规模可分为简单再生产和扩大再生产。前者为生产在原有规模上重复,后者是生产总量比原来增加。再生产首先是物质资料的再生产,在物质资料的再生产中不断再生产出用于生产消费的生产资料和用于生活消费的消费资料。同时,再生产又是劳动力的再生产和生产关系的再生产。劳动力的再生产是指通过消费各种消费资料再生产出劳动者的劳动能力;生产关系的再生产是指在再生产过程中人们不断结成既定的生产关系。

社会产品按其使用价值可分为生产资料和消费资料两类;在社会化的生产中,社会生产相应地分为生产资料生产部类(第Ⅰ部类)和消费资料生产部类(第Ⅱ部类);而在商品生产中,两部类的产品价值又各自包括消耗了的生产资料的价值、必要产品的价值和剩余产品的价值三个部分。为了保证社会再生产的顺利进行,各部类内部和两部类之间要进行价值的补偿和物质的交换,为此必须保持一定的数量关系,还必须相应地发展为两部类交换服务的流通部门。

社会总产品是由实物产品和服务产品构成,因此社会再生产也应是实物产品再生产和服务产品再生产两大部分。从使用价值上,社会总产品均可分为生产资料(实物型生产资料和服务型生产资料)和消费资料(实物消费品和服务消费品)。所有生产者不仅需用实物生产资料,还要用服务型生产资料;所有消费者不仅需消费实物消费品,还需消费服务消费品。

复习思考题

1. 名词解释:
①服务;②服务生产;③服务劳动;④服务劳动资料;⑤服务劳动对象;⑥服务产品;⑦服务价格;⑧服务差价;⑨服务比价;⑩服务消费;⑪服务需求;⑫服务供给。
2. 服务活动具有的性质特征是什么?
3. 市场经济中的服务产品具有价值的依据是什么?
4. 传统生产与服务生产有何区别?
5. 服务产品的价值由哪些部分构成?
6. 服务劳动过程的本质和特点是什么?
7. 简述服务产品的价值形成过程。
8. 服务劳动过程要素包括哪些?
9. 服务劳动对象主要特征是什么?
10. 服务价格有何作用?
11. 服务价格形成中的制约因素有哪些?
12. 服务价格体系包括哪些?
13. 简述服务供求规律。
14. 简述服务产品分配的性质。
15. 服务分配方式有哪些?
16. 影响服务业的市场分配水平的主要因素有哪些?
17. 服务消费的属性及与物品消费的差异是什么?

18. 服务消费的社会功能有哪些?
19. 服务劳动过程与工农业劳动过程相比有何共同本质和不同特点?
20. 怎样认识服务生产过程中旧价值的转移和新价值的创造?
21. 有哪些因素影响服务需求和供给?
22. 认识服务需求弹性和供给弹性对发展第三产业有何意义?
23. 价格机制如何调节服务的供求矛盾?
24. 如何理解服务消费范畴?
25. 联系实际谈谈服务消费的社会功能。
26. 服务消费结构有何发展趋势?

第三章 汽车服务分类及其体系

第一节 服务分类及服务业简介

一、概述

随着服务产品类型的不断丰富和创新发展,服务业已经成为社会经济增长的重要方面。发达国家服务业的 GDP 和就业贡献均超过 70%,对发展中国家的平均贡献也达到了 55%。但是,由于服务种类和形式的多样化,各种类型的服务呈现出不同的特点,特别是现代互联网技术的发展,改变了传统服务的很多特性。目前,服务的分类主要以产业经济和营销管理领域提出的划分方法为依据。

产业经济领域中对服务的分类主要是基于经济活动的同质性,通过分类形成统一的宏观统计口径,揭示不同服务行业对国民经济发展的重要作用。常见的分类方式有:根据服务活动的功能、根据服务业在不同经济发展阶段的特点以及根据服务的生产过程等划分。

营销管理领域对服务的分类是基于服务特点和属性,通过揭示同类服务的共同特征,寻求有效的服务管理的方式,从而提高服务企业的竞争力。常见的分类方式有:根据服务提供的对象、根据服务的传递过程、根据服务企业与顾客的关系等划分。

产业经济领域对服务的分类已经形成了相对统一的标准(联合国统计署的国际标准产业分类 ISIC、北美产业分类体系 NAICS 以及联合国主要产品分类目录 CPC),但是在营销管理领域对服务分类的却是多元化,没有得到广泛的认同。

服务分类的目的是使服务企业能够更好地对服务运营过程进行管理。围绕服务企业的运营过程,可以将服务分类细分为基于服务本质、组织目标、生产过程、传递方式以及客户关系等。

二、基于运营管理的服务分类

1. 基于服务本质的分类

根据服务的对象是人还是物、服务行为是有形还是无形两个维度将服务分为四类:人体处理(即对人的有形服务,例如医疗、交通运输、住宿餐饮等)、脑刺激处理(即对人的无形服务,例如管理咨询、教育、音乐会等)、物体处理(即对物的有形服务,例如货物运输、设备维修、仓储物流等)以及信息处理(即对物的无形服务,例如金融保险、数据处理、会计审计等)。

由于服务过程涉及时间效用和空间效用,服务对象包括人和物,所以又分四种服务类型：以时间效用为主且服务于人、以空间效用为主且服务于人、以时间效用为主且服务于物、以空间效用为主且服务于物的服务。

2. 基于组织目标的分类

科特勒认为服务分类需要基于服务组织的目标,因此,将服务分为四大类:根据提供服务的对象不同将服务分为以机器设备为基础的服务和以人为基础的服务;根据顾客在服务现场出现的必要性将服务分为必须要求顾客到现场的服务和不需要顾客到现场的服务;根据个人与企业的不同需要将服务分为专门针对个人需要的专一化服务和针对个人需要与企业需要的混合性服务;根据服务组织的目的与所有制将服务分为营利性服务、非盈利性服务、私人服务和公共服务。

根据企业营销战略目标的不同将服务分为:普通型服务、专门化服务和定制化服务。而且认为在实施营销战略时这三种服务形式不是相互排斥的,因此,为了获得竞争优势这三种战略是可以混合,从而有效发现细分市场。

3. 基于服务过程的分类

基于生产和消费的可分离程度将服务分为硬服务和软服务。硬服务是指生产和消费有一定的可分离性的服务,例如计算机软件、建筑设计、设备租赁等;软服务是指生产和消费同时发生、不能分离的服务,例如餐饮旅馆、广告设计、健康保健等。

通过消费者对长途电话、书店服务和披萨店服务的评价,得出服务分类的两个重要维度,即过程无形和结果无形,从而将服务分为纯粹的无形服务、包含有形产品的无形服务、有形服务、包含有形产品的有形服务。

根据服务过程中包含的产品形式,把服务划分为两大类:一类是纯服务,是完全区别于有形产品的服务,例如银行、保险、律师;另一类是非纯服务,是指在服务活动中包含了有形产品服务,且服务的价值是通过有形产品体现出来的,例如设备维修、货物运输。

有效的服务分类应该涵盖服务的全过程,所以基于在服务过程中涉及的影响因素,提出了 3P + C 的综合型服务分类模型,其中 3P 分别是：过程(Process)、地点(Place)和提供者(Provider),C 是客户(Customers)。

4. 基于传递方式的分类

根据服务传递的媒介的不同将服务分为四类:基于实体接触的服务、基于传输媒介的服务、基于资产专有的服务以及基于有形商品使用的服务。

根据服务交付方式对服务进行分类,把服务区分成顾客介入服务组织(歌剧、餐厅)、服务组织介入顾客(清洁服务、搬家服务)以及顾客与服务组织的远距离交易(信用卡、网上银行)三种类型。

此外,随着服务形式的不断多样化,新的服务模式分类也成为值得关注的问题。例如,自助服务(Self-Service Technologies,SSTs)是客户自我服务,依据服务定制化水平和服务的对象(人/物)提出服务传递者、服务传递的位置以及服务传递的方式是自助服务的三个重要方面。可以依据服务传递的位置和传递方式两个维度对自我服务进行分类,如通过服务传递的位置(客户服务、交易服务、自助服务)和传递方式(交互式电话、互联网、交互式终端、录像带/多媒体光碟)对自我服务进行分类。分类标准主要是强调自助服务的技术媒介差异和系统功能的不同,即可以根据两类自助服务的传递地点(专门的服务场所和顾客的家/工作场所)和四类技术接口(移动设备、互联网、交互式终端、电话/交互语音设备)将自助服务分为8类。

5. 基于客户关系的分类

依据服务提供者与客户的关系的程度不同,将服务分为高接触服务业和低接触服务业。高接触服务业是指客户参与程度高、与客户接触频繁的服务业,例如医疗、餐饮;低接触服务业是指客户参与程度低、与客户接触不频繁的服务业,例如快递、批发。

服务分类的目的是要概括不同行业中服务的共同特征,并应当与管理过程结合。根据服务组织同客户之间的关系是正式的还是非正式、服务传递是连续的还是间断的将服务分为:连续性会员关系的服务、连续性非正式关系的服务、间断性会员关系的服务、间断性正式关系的服务;根据顾客与服务组织之间相互作用的性质和服务网点的数量将服务分为:顾客到服务组织的单一网点服务、顾客到服务组织的多网点服务、服务组织到顾客处的单一网点服务、服务组织到顾客处的多网点服务、顾客与服务组织远距离单一网点服务;顾客与服务组织远距离多网点服务;根据服务人员的专业化水平和顾客需求的个性化程度将服务分为:需要服务人员专业水平高的定制化服务、需要服务人员专业水平低的定制化服务、需要服务人员专业水平高的个性化服务、需要服务人员专业水平低的个性化服务。

依据服务企业的劳动力密集程度和同客户之间的交互与定制化程度两个维度将服务分为:劳动密集程度低且交互度低的服务公司(例如运输公司)、劳动密集程度高而交互度低的大众化服务(例如零售服务)、劳动密集程度低而交互度高的服务作坊(例如设备维修)、劳动密集程度高且交互度高的专业服务(例如律师)。

根据服务中含有实体产品的程度和服务人员与顾客的互动强度两个维度,将服务业分为六类:高互动程度的纯服务、低互动程度的纯服务、高互动程度的低程度商品服务、低互动程度的低程度商品服务、高互动程度的高程度商品服务、低互动程度的高程度商品。

基于服务确定性程度和与客户接触的程度,提出了基于接触的服务分类模型,将服务分为:低客户接触低确定性服务、高客户接触低确定性服务、低客户接触高确定性服务以及高客户接触高确定性服务。

另外,客户关系具有明显的生命周期特征,客户在不同阶段对服务的需求有所不同。所以提出了基于客户关系生命周期的客户服务分类,根据不同生命周期阶段,将服务分为:开发期服务、接触期服务、确立期服务、成熟期服务、反复期服务以及消退期服务。

现有的服务分类方法还存在着明显的局限和不足,主要表现在以下方面:

(1)自助服务分类研究不足。随着互联网和信息技术的发展,自助服务的普及已经越来越广泛,例如ATM机、移动电话、网上购物、自动售货机等;这些服务已经打破了传统服务不可分离、不可存储的特点,并且出现了网络外部性的新属性。因此,服务分类不能仅局限于传统服务类型,而是要考虑新兴服务模式与要素,从而实现服务分类的全面性和有效性。

(2)服务维度选择有局限性。无论是基于运营管理的服务分类还是基于顾客感知的服务分类,都是选择用户在接受服务过程中的要素作为分类维度,以发掘服务过程中的用户感知,提高顾客的满意度。但是,这种选择不能有效地反映顾客在消费前对服务的感知,因此,还要加入与顾客选择过程相关的其他维度。

另外,虽然服务分类有很强的共性,但是由于不同国家和地区的文化差异,不同地区的用户对服务分类的感知也会存在差异,所以在基于顾客感知的服务分类成为主流的背景下,需要结合国内用户的特点,形成适合本国文化的服务分类。还有,随着技术的发展,服务形式的多样化,特别是自助服务的发展,改变了传统服务的很多特性,需要更多融入自助服务的特点,并且将客户选择服务的因素考虑进去,已提出更加全面有效的服务分类方式。

三、现代服务业及其分类

1. 现代服务业简介

1985年,国家统计局《关于建立第三产业统计的报告》中,将第三产业分为四个层次:

第一层次是流通部门,包括交通运输业、邮电通信业、商业饮食业、物资供销和仓储业。

第二个层次是为生产和生活服务的部门,包括金融业、保险业、公用事业、居民服务业、旅游业、咨询信息服务业和各类技术服务业等。

第三个层次是为提高科学文化水平和居民素质服务的部门,包括教育、文化、广播电视事业,科研事业,生活福利事业等。

第四个层次是为社会公共需要服务的部门,包括国家机关、社会团体以及军队和警察等。

2007年,国务院发布了《关于加快发展服务业的若干意见》(国发〔2007〕7号),对加快发展现代服务业起到了政策支持和促进作用。2012年2月22日,国家科技部发布的第70号文件中对现代服务业作了相应的表述。

现代服务业是指以现代科学技术特别是信息网络技术为主要支撑,建立在新的商业模式、服务方式和管理方法基础上的服务产业。它既包括随着技术发展而产生的新兴服务业态,也包括运用现代技术对传统服务业的改造和提升。它有别于商贸、住宿、餐饮、仓储、交通运输等传统服务业,以金融保险业、信息传输和计算机软件业、租赁和商务服务业、科研技术服务和地质勘查业、文化体育和娱乐业、房地产业及居民社区服务业等为代表。

伴随着信息技术和知识经济的发展产生,用现代化的新技术、新业态和新服务方式改造传统服务业,创造需求,引导消费,向社会提供高附加值、高层次、知识型的生产服务和生活服务。现代服务业的发展本质上来自于社会进步、经济发展、社会分工的专业化等需求。具有智力要素密集度高、产出附加值高、资源消耗少、环境污染少等特点。现代服务业既包括新兴服务业,也包括对传统服务业的技术改造和升级,其本质是实现服务业的现代化。

现代服务业是相对于传统服务业而言,适应现代人和现代城市发展的需求,而产生和发展起来的具有高技术含量和高文化含量的服务业。具有"两新四高"的时代特征。

"新服务领域"——适应现代城市和现代产业的发展需求,突破了消费性服务业领域,形成了新的生产性服务业、智力(知识)型服务业和公共服务业的新领域。

"新服务模式"——现代服务业通过服务功能换代和服务模式创新而产生新的服务业态。

"四高"——高文化品位和高技术含量;高增值服务;高素质、高智力的人力资源结构;高感情体验、高精神享受的消费服务质量。

现代服务业具有资源消耗少、环境污染少的优点,是地区综合竞争力和现代化水平的重要标志。在发展过程中呈现集群性特点,主要表现在行业集群和空间上的集群。

产业结构的演变大致可以分为三个阶段:第一阶段,生产活动以单一的农业为主的阶段,农业劳动力在就业总数中占绝对优势;第二阶段是工业化阶段,其标志是第二产业大规模发展,工业实现的收入在整个国民经济中的比重不断上升,劳动力逐步从第一产业向第二产业和第三产业转移;第三阶段是后工业化阶段,其标志是工业特别是制造业在国民经济中的地位由快速上升逐步转为下降,第三产业则经历上升、徘徊、再上升的发展过程,最终将成为国民经济中最大的产业。

对照工业化阶段规律,服务业结构演变同样具有规律性。一般来讲,在初级产品生产阶段,以发展住宿、餐饮等个人和家庭服务等传统生活性服务业为主;在工业化社会,与商品生产有关的生产性服务迅速发展,其中在工业化初期,以发展商业、交通运输、通信业为主;在工业化中期,金融、保险和流通服务业得到发展;在工业化后期,服务业内部结构调整加快,新型业态开始出现,广告、咨询等中介服务业、房地产、旅游、娱乐等服务业发展较快,生产和生活服务业互动发展。在后工业化社会,金融、保险、商务服务业等进一步发展,科研、信息、教育等现代知识型服务业崛起为主流业态,而且发展前景广阔、潜力巨大。

2. 服务业分类

服务业是指农业、工业和建筑业以外的其他各行业,即国际通行的产业划分标准的第三产业,其发展水平是衡量生产社会化和经济市场化程度的重要标志。

服务业按服务对象一般可分为:生产性服务业,指交通运输、批发、信息传输、金融、租赁和商务服务、科研等,具有较高的人力资本和技术知识含量;生活(消费)性服务业,指零售、住餐、房地产、文体娱乐、居民服务等,属劳动密集型与居民生活相关;公益性服务业,主要是卫生、教育、水利和公共管理组织等。

现代服务业与先进制造业融合的三种形态:

(1) 结合型融合。在制造业产品生产过程中,中间投入品中服务投入所占的比例越来越大,如在产品中市场调研、产品研发、员工培训、管理咨询和销售服务的投入日益增加;同时,在服务业最终产品的提供过程中,中间投入品中制造业产品投入所占比重也是越来越大,如在移动通信、互联网、金融等服务提供过程中无不依赖于大量的制造业"硬件"投入。这些作为中间投入的制造业或制造业产品,往往不出现在最终的服务或产品中,而是在服务或产品的生产过程中与之结合为一体。发展迅猛的生产性服务业,正是服务业与制造业"结合型"融合的产物,服务作为一种软性生产资料正越来越多进入生产领域,导致制造业生产过程的"软化",并对提高经济效率和竞争力产生重要影响。

(2) 绑定型融合。越来越多的制造业实体产品必须与相应的服务产品绑定在一起使用,才能使消费者获得完整的功能体验。消费者对制造业的需求不仅是有形产品,而是从产品购买、使用、维修到报废、回收全生命周期的服务保证,产品的内涵已经从单一的实体,扩展到为使用提供全面解决方案。很多制造业的产品就是为了提供某种服务而生产,如通信产品与家电等;部分制造业企业还将技术服务等与产品一同出售,如计算机与操作系统软件等。在绑定型融合过程中,服务正在引导制造业部门的技术变革和产品创新,服务的需求与供给指引着制造业的技术进步和产品开发方向。例如,对拍照、发邮件、听音乐等需求,推动了由功能单一的普通手机向功能更强的多媒体手机升级。

(3) 延伸型融合。以体育文化产业、娱乐产业为代表的服务业引致周边衍生产品的生产需求,从而带动相关制造产业的共同发展。电影、动漫、体育赛事等能够带来大量的衍生品消费,包括服装、食品、玩具、装饰品、音像制品、工艺纪念品等实体产品,这些产品在文化、体育和娱乐产业周围构成一个庞大的产业链,这个产业链在为服务业供应上带来丰厚利润的同时,也给相关制造产业带来了巨大商机,从而把服务业同制造业紧密结合在一起,推动者连带产业共同向前发展。

四、国际服务贸易分类

根据世界贸易组织统计和信息系统局(SISD)的国际服务贸易分类表,国际服务贸易分为11大类142个服务项目,这个分类表基本上包括了服务业的主要范围:

(1)商业服务,指在商业活动中涉及的服务交换活动,包括专业服务、计算机及其有关服务、研究与开发服务、房地产服务、无经纪人介入的租赁服务及其他的商业服务,如广告服务等。

(2)通信服务,包括邮政服务、快件服务、电信服务、视听服务。

(3)建筑及有关工程服务,包括建筑物的一般建筑工作、安装与装配工作、建筑物的完善与装饰工作等。

(4)销售服务,包括代理机构的服务、批发贸易服务、零售服务、特约代理服务及其他销售服务。

(5)教育服务,包括初等教育服务、中等教育服务、高等教育服务、成人教育服务及其他教育服务。

(6)环境服务,包括污水处理服务、废物处理服务、卫生及其相关服务、其他的环境服务。

(7)金融服务,包括保险及与保险有关的服务、银行及其他金融服务(保险除外)。

(8)健康与社会服务,包括医院服务、其他人类健康服务、社会服务及其他健康与社会服务。

(9)与旅游有关的服务,包括宾馆与饭店、旅行社及旅游经纪人服务社、导游服务等。

(10)娱乐、文化与体育服务,包括娱乐服务、新闻机构的服务、图书馆、档案馆、博物馆及其他文化服务、体育及其他娱乐服务。

(11)运输服务,包括海运服务、内河航运服务、空运服务、空间运输、铁路运输服务、公路运输服务、管道运输服务及所有运输方式的辅助性服务。

第二节 汽车服务特点及分类

一、汽车服务的特点

根据美国汽车售后业协会(American Automotive Aftermarket Industry Association,AAIA)的定义,所谓汽车后市场是指汽车在售出之后维修服务及其所需汽车零配件、汽车用品和材料的交易市场,所涵盖的行业和企业有汽车维护和修理服务企业、汽车零配件、汽车用品和材料的经销商和制造商以及相应的金融、保险等。美国的汽车后市场容量非常大,一方面是汽车工业的异常发达,美国被誉为"车轮上的国家",汽车已经渗透社会的各个角落,围绕着汽车需要各种各样的服务,比如汽车餐厅、汽车旅馆、汽车公园等等,即美国的汽车后市场是以服务为主。而日本的汽车后市场的概念主要是以产品为主,基本等同于汽车维修、"汽车配件"和"汽车配饰"市场。国内最初也把汽车后市场局限在与产品直接相关的方面,没有考虑金融、保险、检测、咨询等方面,产品概念大于服务概念。

现在国内对汽车后市场及其汽车服务的认识更全面,而且更符合汽车消费的实际需求。汽车后市场可以提供汽车消费所需的各种服务,汽车服务的主要特点是:

(1)全过程服务。汽车全过程服务是指汽车从经销商将汽车销售给顾客以后,直至车辆报废回收的全过程服务。

(2)全员性服务。在汽车的全生命周期内需要所有工作的人员都为用户提供服务,这种服务是汽车专业技术性服务与非技术性服务的结合。

(3)多层次服务。汽车服务中,对车辆的咨询、介绍、质量保证等服务是必须向用户提供的基本服务;提供专业维护和修理以及车辆改装等服务就属于连带服务,也是增值服务;而帮助用户办理车辆上牌、事故车的理赔等服务是企业体现服务差别和优势的增值服务。

(4)定点服务。由于服务的不可分离的特点,以及汽车本身具有的技术复杂、局部高温和高压、带电作业、带易燃油品等产品特性,汽车服务必须在汽车市场或者服务站等特定地点进行。

(5)多重特性服务。汽车服务具有指导性、可靠性、及时性、善后性等作用,通过服务,引导用户熟悉车辆,了解车辆性能和使用方法,并指导用户熟悉用车环境;提供及时的救援服务和备件服务,最大限度地减小因车辆问题停驶所给用户带来的不便;车辆可靠保证除了在产品设计、生产过程中提供的设计和生产保证外,还要靠汽车的质量保证服务来保证;在车辆出现问题后,及时排除故障,并妥善解决好由车辆故障引发的相关事宜。

二、汽车服务的分类

根据各种汽车服务的具体特征,可以对汽车后市场包括的服务进行一定分类:

(1)按照服务的技术密集程度,汽车服务可以分为技术型服务和非技术型服务。

技术型服务包括汽车厂商的售后服务、汽车维修服务、智能交通服务、汽车故障救援服务等,其他服务为非技术型服务。

(2)按照服务的资金密集程度,汽车服务可以分为金融类和非金融类服务。

金融类服务包括汽车消费信贷服务、汽车租赁服务和汽车保险服务等,其他服务为非金融类服务。

(3)按照服务的知识密集程度,汽车服务可分为知识密集型服务和劳务密集型服务。

知识密集型服务包括售后服务、维修检测服务、智能交通服务、信息、咨询服务、汽车广告服务和汽车文化服务等;劳务密集型服务则包括废旧汽车的回收与解体服务、汽车驾驶培训服务、汽车展会服务以及各种代办服务手续的代理服务等。其他服务则是介于知识密集型服务和劳务密集型服务之间的服务。

(4)按照服务的作业特性,汽车服务可以分为生产作业型服务、交易经营型的服务和实体经营型的服务。

生产作业型的服务包括汽车物流服务、售后服务、维修检测服务、美容装饰服务、废旧汽车的回收与解体、汽车故障救援服务等。交易经营型的服务包括旧车交易服务、汽车配件营销与汽车用品销售服务,其他服务则为实体(企业)经营型的服务。

(5)按照服务的载体特性,汽车服务可以分为物质载体型的服务和非物质载体型的服务。

物质载体型的服务是通过定的物质载体(事物商品或设备设施)实现的服务,如上述的技术服务、生产作业型服务、交易经营型服务、汽车租赁服务、汽车广告服务、汽车文化服务、展会服务等;非物质载体型的服务没有明确的服务物质载体,如汽车信贷服务、保险服务、汽车信息、咨询服务、汽车俱乐部等。

当然,汽车服务还可以按照其他划分途径进行分类,这里不再一一列举。

第三节 汽车服务体系的结构

一、汽车服务阶段划分

20世纪初期,随着汽车的普及应用就出现了专业的汽车服务商,从事汽车的维修、配件用品销售及清洁维护等工作。在汽车产业链中,汽车服务业是连接生产和消费的基础性、支持性及民生性的行业。从产品全寿命周期的角度,汽车产品使用寿命的存续需要有形实体的技术性能保持和无形服务的保障体系支持。例如,在选购汽车产品时,消费者不仅要重视汽车实体的价值,而且也要关心汽车服务的价值,既要买时称心合适,也要用时放心满意。因为汽车全寿命周期费用包括购置费+使用费,其中购置费是一次确定性投入,而使用费则是多次随机性投入。同时,汽车制造商除了需要不断开发汽车新产品、提高汽车有形实体的制造质量和技术性能外,还需要建立完善的品牌售后服务体系,以增加无形服务产生的产品附加值;由此可见,构建完善的汽车服务体系还能为汽车使用安全、减少排放和节约能源等带来直接的社会效益。

基于市场营销的观点,卖方构成产业,买方形成市场,企业、机构或个人在经济活动中由交易行为是卖方或买方而发生角色转换。根据汽车产品在销售市场中所呈现出的状态,广义的汽车服务分为售前、售中和售后服务三个阶段。

售前服务是指汽车产品未进入销售市场,即汽车产品处于实体形成阶段,由独立的汽车市场调查、开发设计、试验认证、材料供应、配套产品等企业、机构或个人,为汽车制造商提供各类相关的生产性服务。

售中服务是指为形成汽车产品销售市场,即汽车产品作为商品销售阶段,由独立的销售、广告、会展、物流等企业、机构或个人为汽车制造商提供的销售服务;以及由制造商、销售方、信息咨询、银行信贷、购车代理等企业、机构或个人为汽车购置客户提供的产品信息、性能介绍、分期支付、手续代办等购买服务。在售中服务阶段,汽车服务的对象既有汽车制造商,也有汽车购置者;而且汽车制造商既是被服务的对象,也应是服务的提供者。

售后服务是指汽车产品由销售转入到使用,即汽车产品作为个人财产的服务消费阶段,由汽车燃料供给、维护修理、配件销售、状况检验、保险理赔、事故鉴定、旧车交易、回收利用等企业、机构或个人为汽车使用者提供消费服务。

二、广义汽车服务体系结构

狭义的汽车服务,是指以汽车为载体,本质上是为其所有者或使用者提供汽车使用过程的各种需求服务,包括技术性服务和非技术性服务。因此,一般意义上讲,汽车服务主要是针对汽车消费者,而不包含汽车生产者。但是,基于广义的汽车服务所划分的售中阶段,汽车生产者即制造商,既是服务的提供者,也是被服务的对象。而且,为汽车制造商提供的销售服务与为汽车购置顾客提供的购买服务在汽车营销过程中的某些服务行为互为一体,因此,将汽车营销作为汽车服务体系组成部分。

基于汽车产品全寿命周期的观点,广义的汽车服务体系结构,如图3-1所示。

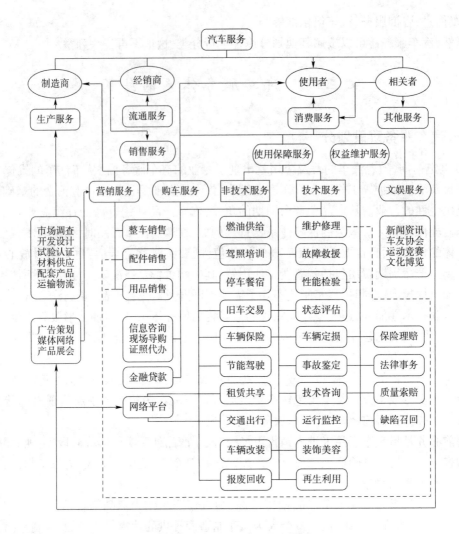

图 3-1 广义的汽车服务体系结构

汽车后市场是指汽车销售后提供使用过程中所需的各种服务形成的交易活动。由汽车后市场涉及不同行业的相关服务,因此,组成结构复杂,且有相互影响。它既包括汽车售出之后的维护修理服务及所需的汽车零配件、汽车用品和材料的交易市场,又包括汽车保险、加油站、停车场、汽车检测、旧车交易、汽车改装、车友协会(俱乐部)、交通出行和事故鉴定等服务市场,这些市场由交换过程紧密相联,构成一个完整的市场体系。所谓售后是相对于为实现汽车销售而进行的各种交易和生产服务构成的汽车前市场而言的。汽车后市场服务体系结构,如图 3-2 所示。

三、汽车销售维修一体化体系——汽车 4S 店

4S 店全称为汽车销售服务 4S 店(Automobile Sales Service shop,4S),是集整车销售(Sale)、配件供应(Sparepart)、维修服务(Service)、信息反馈(Survey)四位一体的汽车销售服务企业。4S 是以汽车品牌为特征、经销商为主体进行"整车销售、配件供应、维修服务、信息反馈"的四位一体的一种汽车服务体系,通过实体店的形式将汽车制造企业、汽车经销商、汽车产品用户联系在一起。

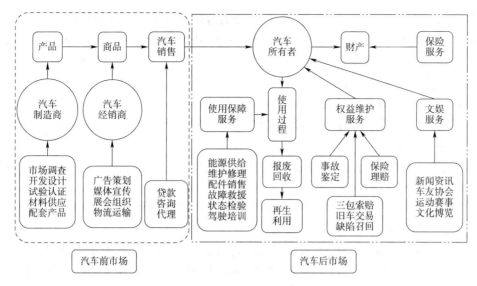

图 3-2　汽车后市场服务体系结构

汽车 4S 专卖店是由经销商投资建设,按照汽车生产厂家规定的标准建造,店内外设计统一,豪华气派,环境舒适,只能销售由生产厂家特别授权的单一品牌汽车,能够为客户提供专业的技术支持和深入的售后服务。4S 店与汽车厂家共同组成汽车品牌联盟,代表汽车品牌文化,体现品牌价值,维持品牌忠诚度,为汽车生产厂家树立汽车品牌的知名度和信誉。通常一个品牌的 4S 店在一个地区只分布一个或相对等距离的几个专卖店,各专卖店之间不能跨区销售。

2005 年 4 月 1 日实施的《汽车品牌销售管理办法》奠定了我国汽车销售的基本模式,即一家汽车 4S 店只能卖同一品牌的汽车。由于汽车厂商和经销商的地位严重不对等,因厂商关系紧张而产生的问题时常出现。自 2014 年 10 月 1 日起,工商总局将停止实施汽车总经销商和汽车品牌授权经销商备案工作,从事汽车品牌销售的汽车经销商(含总经销商),按照工商登记管理相关规定办理,其营业执照经营范围统一登记为"汽车销售"。新的管理政策对汽车未来销售模式多元化发展提供了支持,例如,4S 店可以销售多个品牌的汽车,"汽车超市""汽车卖场+综合维修厂"等新销售模式将成为新兴发展方向。与其他汽车销售模式相比,汽车 4S 店的优势表现在:

(1)品牌化——信誉优势。汽车 4S 店大多经营的是品牌效应好,竞争力强,市场份额比较大的汽车品牌,所以品牌信誉优势是其主要的竞争手段。

(2)专业化——完整规范。汽车 4S 店的核心竞争力是以优质的服务赢得顾客。在汽车 4S 店,消费者可以得到关于汽车信息、市场动态、售后服务、维修须知、配件供应等服务,由于 4S 店大多只针对一个厂家的系列车型,有厂家的系列培训和技术支持,对车的性能、技术参数、使用和维修方面都是"专而精"。无论整车还是零部件都能够提供正品,维修服务规范,免去了消费者在这些方面的后顾之忧;而且,4S 店有一系列的客户投诉、意见、索赔的管理系统。

(3)个性化——增值服务。汽车 4S 店可以凭借其强大的实力推出各种差异化的服务,消费者在购买汽车以后,还有一些额外的增值服务。随着社会的进步,人们的消费观念和消费方式从基本消费时代转到目前的感性消费时代。感性消费时代最大的特点就是,人们在购买商品时常常诉诸情感,其次是逐渐摒弃了"从众心理"而转向"求异心理"。由于情感因素的加入使得原本简单的问题复杂化了,同样的商品,同样的质量、价格,客户可以用"不喜欢"给予否定,于是,个性化服务大行其道也就不足为奇。

(4) 人性化——客商互动。汽车4S店往往通过建立汽车俱乐部加强与客户的联系,通过组织车友休闲活动,让客户感觉到4S店不仅仅就是把车卖给客户,还和客户是亲密的朋友关系,将汽车企业和汽车品牌的文化融入客户日常生活,提高了客户满意度和保留率,同时通过口碑效应赢得更多的客户,提高汽车销量和企业竞争能力。

汽车4S店存在的主要问题是:

(1) 投资风险较大。汽车4S店的建设需要大量的资金投入,一般由经销商投资,一旦所经销的汽车产品滞销,将产生沉重的经济负担。

(2) 销售车型单一。汽车4S店的展厅里面没有更多同档次车型进行比较,无法满足消费者多样性的需求。

(3) 维修费用较高。汽车4S店的维修费用相对较高,在车辆使用后期汽车使用者一般不愿意到此进行服务消费。

(4) 厂商垄断控制。汽车4S店在很大程度上受控于厂商,主要是销售价格。在目前的市场形势下,经销商没有实力像电器经销商一样与厂家平等对话,处于比较的弱势地位。

基于汽车产品所有者实现价值需求属性,构建的汽车4S店服务体系结构,如图3-3所示。

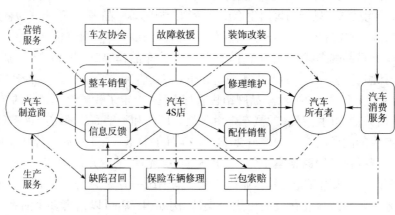

图3-3 汽车4S店服务体系结构

四、汽车服务连锁体系结构

1. 特许连锁经营

特许经营又称经营模式特许或特许连锁,目前国内外对于特许经营的定义主要有以下几种:

L.T.塔布特提出的特许经营的定义是:长期、持续业务关系,特许者收取一定管理费用,依照约定的要求和限制,给予被特许者特许权利,允许其使用自己的商标进行经营,并依据特许为其提供组织、商品和经营管理上的建议和协助。

R.加斯特斯和R.加德将特许经营定义为:一种贸易机会,一种服务或著名商标产品的拥有者(生产者或分销商)给予个人独家经营权利,在遵守质量标准的同时,在本地出售和/或分销这种服务或产品,并因此而收取管理费用或专利使用费。

美国商务部将特许经营定义为:一种经营方式,被特许者被给予权利,依照特许者设计的营销程式提供、销售或分销商品或服务。特许者允许被特许者使用其商标、商号及广告。

国际特许经营协会将特许经营定义为:一种持续的关系,特许者对被特许者提供特许的特权,使其进行经营,并在组织、培训、商品和管理方面给予协助,为此收取一定管理费用。

欧盟在相关立法中对特许经营也做出了与美国大致相同的定义:特许经营允许或要求被特许者基于直接或间接的经济上的对价,使用特许者的共同商号或店徽,使用统一的店面陈设和运输工具以及特许者提供的商业秘密,同时特许者应不断地向被特许者提供资金或技术上的援助。

《商业特许经营管理条例》(国务院令第485号)中对特许经营的定义是:特许经营是指拥有商标、企业标志、专利、专有技术等经营资源的企业(特许人),以合同形式将其拥有的经营资源许可其他经营者(被特许人)使用,被特许人按照合同约定在统一的经营模式下开展经营,并向特许人支付特许经营费用的经营活动。

由此可见,特许经营是以特许经营权的转移为核心,在特许者和被特许者之间形成的一种契约关系。从上述定义和实际中可以看到,特许连锁有以下主要特点:

(1)首先要有一个特许权拥有者,即特许者。

(2)特许权可以是产品、服务、营业技术、商品、企业标志,以及其他可带来经营利益的特别权力。

(3)特许者与被特许者以合同为主要联结纽带。合同是由特许者制定的定式合同,即非双方议定合同,被特许者以接受特许者所制定的合同内容为条件加盟,特许者也承诺相应的授权和义务。合同是特许者与每个被特许者一对一签订的。

(4)被特许者对其店铺拥有所有权,店铺经营者是自己店铺的老板。

(5)经营权高度集中在总部,被特许者必须完全按照总部的一系列规定进行经营,自己没有经营自主权。

(6)总部有义务教给加盟店从事特许经营所必需的所有信息、知识、技术等一整套经营系统,同时授予被特许者使用其店名、企业标志、商标、服务标记等在一定区域的垄断使用权,并在合同期限内不断进行经营指导。

(7)被特许者要向盟主交付一定报偿,通常包括一次性加盟费、销售额或毛利提成等。

(8)特许者与被特许者之间是纵向关系,各被特许者之间无横向关系,这与自由连锁与合作连锁不同。

2.特许连锁经营的类型

特许连锁在自身的发展过程中,又产生许多具体的形式。从特许权内容的角度划分有两大类:一类是属于"商品的商标特许权连锁",即特许者将其拥有的某一专门商品或商标的经销权和使用权,授给被特许者;另一类是"经营公式(或系统)特许权",即特许者将其拥有的可获利的经营诀窍系统,授给被特许者。前一类是初期特许连锁普遍采用的形式,后一类则是现代特许连锁广泛采用的形式,当然,有时也有交叉。

从被特许者或特许权承受方经营的角度来看,又可分为5类:

(1)投资性特许经营体系。即承受商投入大量资金获得一个特许经营权体系,本人控制整体营业策略,同时雇人经营分店。

(2)职业性特许经营体系。即承受商投入较少资金,获得特许权后自己以职业者身份,亲自从事业务,如维修、服务、清洗、保安等。

(3)零售式特许经营体系。即承受商大量投资商业产业设施,利用所获特许权亲自经营零售业,而在自己经营不便时,可以转卖所获特许权和投资产业。

(4)管理式特许经营体系。即承受商利用所获特许权亲自经营管理业务,多在财务、人事、咨询服务或工程、物业管理行业进行。

(5)销售与分销式特许经营体系。即在获得授权地区对授权产品进行分销业务。

一般来说,特许者提供品牌、生产及经营中必须遵循的方法和标准,提供组织及预订、营销方面的帮助,从而确保业务有效地运行,并定期对被特许者进行检查,以保证市场中同一品牌的饭店产品保持质量的一致性通过以品牌为主要纽带的方式将特许经营店编到连锁体系之中。而被特许者的财产权和财务仍保持独立,不受连锁体系的控制。

3. 特许连锁经营的实质

对于特许经营的本质的认识,关系特许经营成败。因为没有对于特许经营本质的深刻认识,就无法正确处理特许双方的利益关系,无法设计科学合理的特许经营体系,无法保持特许体系持久的生命力。特许经营经济实质主要表现在:

第一,从特许经营定义看,是一种销售商品和服务的方式。

第二,从特许经营的渊源来看,是一种特别权利的许可转让。

第三,从特许经营实践来看,是特许人的专有品牌、专有技术、专有产品经营权。

特许方为什么能够出让这些无形资产?这些无形资产的价值体现在哪里?实质上,这些无形资产意味着一个现实的市场机会,一个可预期的收益。这些无形资产对于受许方的意义在于获得经营成功的保证,从而降低经营风险,这是受许人加盟的根本动因。

特许授权的经济本质乃是预期市场收益权转让。风险性是市场固有特征,市场的确定性也即风险系数大小决定了投资人投资回报率,而规避风险是投资人的本能。于是,特许人通过开发专有品牌、专有技术、专有产品从而创造一个成熟的、可预期的、可控制的、收益确定性较高的市场机会,受许人通过一定的付出受让这个市场机会以降低市场风险得以获得预期收益。

这个交易过程,从特许方来说是预期市场收益的贴现,是开发孵化市场的价值回报;就受许方来说,是降低市场风险的成本,是提高成功率的投资。特许双方交易的契合点是双方对特许项目收益确定性的共同预期,但并不意味着没有风险。形象地说,独立经营是原始生产,而加盟经营或是来料加工或是半成品再加工;独立经营是自学成才,加盟经营是师从名门;独立经营是自辟路径,加盟经营则是驱车行驶在收费高速路。

特许权交易价值取决于两个因素:

第一,特许权的交易价值取决于特许机会的成熟度,与特许项目的成功率成正比。品牌越响、运作越成熟、加盟商经营成功率越高的特许权,价值越高,加盟权益金要价越高。

第二,特许权的交易价值取决于特许权的垄断度,与特许项目的回报率成正比。企业总是设法谋求垄断以提高利润,特许权的价值正是体现在其具有一定程度的独占和垄断特征。作为特许权内涵的品牌、技术、产品等无形资产的专有性使得特许方能够以此来控制和引导市场,为受许方提供赢利保证。因此,特许标的专有性越强,垄断程度越高,特许经营成功率越高,特许权价值越大。不言而喻,特许权的价值与其授权区域和授权期限也是正相关。

4. 特许经营的市场机理

特许经营的市场机理在于整合了特许人、受许人的各自优势,弥补了各自的不足,满足了特许人、受许人、消费者的共同需求,创造了一个特许人、受许人、消费者的多赢机制,是经济规律和市场规律的完美体现。

第一,特许方低成本扩张和受许方低风险投资的共同需要。国民经济的快速发展,既创造了广阔的现实市场,也催生出大量的中小投资者。特许经营既解决了特许人快速扩张市场而又面临资金不足的困难,又满足了大量中小投资者低风险投资兴业的愿望。

第二,集中经营的规模效应与分散经营的灵活性的共同作用。规模效应是主要的经济规律之一。规模提高效益,提高市场竞争能力。但规模效应同时具有边际性,即规模达到一定程度带来的效益不升反降。这是因为随着规模的上升,成本也相应上升,规模上升到一定程度,成本的上升幅度就会超过规模效益增加的幅度。

企业总是有扩大规模的冲动,但如何化解效率下降的问题?特许连锁显然是一个解决之道。加盟企业是独立的经营主体,受许人自我雇佣,自主经营,自负盈亏,产权清晰,机制灵活,又在一个小的区域范围内经营,完全可以做到精耕细作,高效运转。在分享规模效益的同时,又保持了最大程度的经营灵活性。这是特许连锁的最大优势之一。

第三,适应消费者普遍服务与标准服务的双重需要。随着买方市场的形成,分布于不同地方的消费者要求随时随地享受同样质量的服务。特许连锁正是适应了这样的消费需求,让不同地区、不同人群都能分享同样品质的服务。所以,凡是有服务半径限制的行业,就有连锁经营的必要,也就存在特许连锁的空间

第四,双方应对市场竞争的共同需要。现代社会市场竞争日趋激烈,市场情况瞬息万变,这就要求特许方要尽可能快速占领市场和快速应对市场变化,否则市场就有流失的危险。同时受许人也希望通过分享特许人的品牌效应、规模效应、市场经验、营业支援以便能够在激烈的市场竞争中迅速站稳脚跟,更容易把握成功。通过特许经营,特许双方组成一个市场保护程度相对较高的经营联盟,以谋求市场较高的竞争力、较好的赢利保证和较强的赢利能力。正因为如此,越是垄断性行业,越有特许的可能性;越是竞争性行业,越有加盟的必要性。

5. 特许经营必备的要素

门德尔松就开发特许经营业务列出了7项基本要素:即基本业务构想、试点经营、特许权组合的开发、操作手册的制定、营销特许权的确定、选择受许人及发展特许组织。我国《商业特许经营管理条例》从法律角度规定了开展特许经营必须具备经营资源、培训指导能力、供应体系等基本要求。从特许权的经济本质来判断,下列要素是特许权的价值来源,决定了特许体系成功率。

第一,专有品牌。特许连锁主要是以无形资产为纽带的合作关系,在所有无形资产中,品牌是最重要的核心纽带,是成功最可靠的保证,是价值增值的源泉,没有特许品牌而发展特许连锁是不可想象的。品牌的影响力和号召力决定了特许连锁成功的概率,决定了市场机会的成熟度,决定了可预期收益权的价值,从而也决定了加盟金的高低。越是同质竞争越激烈的行业,品牌作用越重要。有些行业,如便利店行业,几乎没有什么专有技术、专有商品,主要依靠的就是品牌的支撑。

第二,专有技术。专有技术是特许经营重要的支撑点和价值点。专有技术包括选址、调研、生产、营销、服务等经营技术和计划、培训、组织等管理技术。特许经营对专有技术运用的困难在于,如何既能保证专有技术的可复制性以便于授权,又能保证专有技术的不可外泄。此时,政府的知识产权保护政策及执行力度非常重要。

第三,专有产品。特许经营就是从专有产品的授权经营开始的。这也是最为大多数受许人所能轻松接受的特许形态。如今,仍然有大量的生产性企业采用特许方式开展产品经营。当且仅当产品具有良好的不可仿造性和可控性,以专有产品为核心的特许连锁方能良

好运作。所以,像汽车这样的仿造难度大的企业等都有条件很好地发展特许经营。不具备这些条件的行业如果不注意开发专有品牌和专有技术,发展特许连锁则面临众多问题。

实际上大多数成功的特许连锁企业往往是以品牌为龙头综合开发上述三大要件发展特许经营。

6. 特许经营的赢利机制

特许经营的赢利机制与输出模式紧密相关,即与特许经营的要素密切相关。特许经营主要有3种输出模式,也即特许权转让模式:

第一,品牌输出。以品牌的有偿使用为主,主要是品牌的授权使用,特许人提供的统配商品和专有技术服务较少。

第二,产品输出。以销售特许方的专有产品为主,主要是生产型企业,如上海汽车4S特许销售店、中国石化的加盟加油站等,其核心是销售产品。

第三,技术输出。包括经营模式输出,以有偿转让特许人的专有技术为主,不从零起步方式开展特许经营的特许,主要是输出管理技术和经营技术。

同输出模式相关联,特许人的赢利主要有以下模式:

第一,品牌价值收益。通过品牌有偿使用获得收入,如品牌使用费。

第二,市场价值收益。通过特许权出让获得收入,如加盟金。

第三,规模价值收益。通过规模采购,降低成本,增加收益,如设备采购收入、消耗品采购收入、广告基金收入等。

第四,产品价值收益。通过专有产品的销售获得收入,如产品销售差价收入。

第五,知识价值收益。通过提供专有技术和培训、经营支援等以获取服务收入。有些特许体系以销售提成或是以管理费的方式提取服务收入。

当然,在实际运作中,这些收益可能并不是明显可分的,如加盟金、收益提成等,可能同时包含多种收益成分在内。不过,任何一种特许体系,要想获得持续的发展,必须要考虑回报与付出的相称,必须要考虑是否给予受许人可预期的收益。

汽车服务行业的规模化经营是指拥有大量的连锁、分支机构,并且规模化经营同规范化经营是密不可分的。在同一连锁系统内,采用相同的店面设计、人员培训、管理培训,统一服务标识,统一服务标准,统一服务价格,统一管理规则,统一技术支持,中心采用物流配送,减少物资储存和资金占用,降低运营成本。

国外汽车公司还开始实行销售和售后服务的分离,即在一个城市之间几家规模较大的维修服务中心,备有全套的修理器材,而一般销售点只进行简易的修理和维护。

五、电动汽车应用服务体系

到2025年,我国计划电动汽车销售量达到700万辆,预计电动汽车数量将占全球的50%。根据《节能与新能源汽车技术路线图》提出的汽车产业中长期发展方向:从2015—2030年的中长期发展来看,由"十三五"的"三化",即电动化、轻量化、智能化,要扩大到"六化",主要体现在以下几个方面:

第一,电动化与能源低碳化结合。电动化如果不与能源低碳化结合,电动车可能无法做到低碳。低碳的关键在于电的来源要朝可再生能源发展,现在有智能电网规划、能源互联网规划和氢能发展规划。

第二,轻量化与制造生态化结合。其注重的是电动汽车乃至整个汽车工业制造角度的大变革。

第三,智能化与网联化结合。未来智能网联的发展将实现通过网络控制,利用网上的大数据进行整车决策的推理。因此,未来汽车的发展将实现汽车的自动控制和网络紧密地结合在一起,即所谓的智能网联技术。

基于《新能源汽车生产企业及产品准入管理规则》(2009年)的定义:新能源汽车是指采用非常规的车用燃料作为动力来源,或使用常规的车用燃料、采用新型车载动力装置,综合车辆的动力控制和驱动方面的先进技术,形成的技术原理先进、具有新技术、新结构的汽车。简单地说,新能源汽车实际就是新燃料汽车和新动力汽车的总称。

基于《节能与新能源汽车产业发展规划(2011—2020年)》的定义:新能源汽车是指采用新型动力系统,完全或主要依靠新型能源驱动的汽车,主要包括纯电动汽车、插电式混合动力汽车及燃料电池汽车。节能汽车是指以内燃机为主要动力系统,综合工况燃料消耗量优于下一阶段目标值的汽车。

发展节能与新能源汽车是降低汽车燃料消耗量、缓解燃油供求矛盾、减少尾气排放、改善大气环境、促进汽车产业技术进步和优化升级的重要举措。尽管目标很明确,政策也十分给力,但电动汽车的普及应用还处在初始阶段。推广应用中存在的主要问题包括:制造技术和应用支持两个方面,表现为方便、可靠、绿色、效率等方面,如图3-4所示。

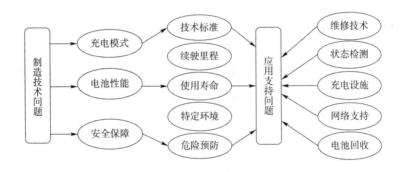

图 3-4　电动汽车推广应用中存在的主要问题

针对电动汽车的普及应用的主要模式,即整车出售模式、换电模式、整车租赁模式与共享模式,电动汽车应用服务体系结构,如图3-5所示。

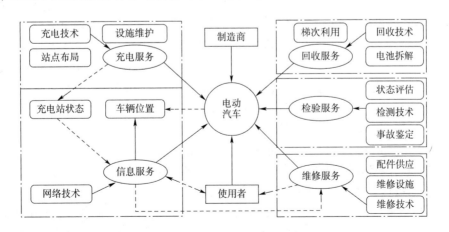

图 3-5　电动汽车应用服务体系结构

第四节　汽车服务网点规划简介

一、汽车服务网点规划分类

汽车服务网点规划按所涉及的地域范围可以分为全国、区域和城市三个层次。全国性布局规划是指汽车制造商或服务商在全国范围内规划布局汽车服务网点；区域性布局规划是指汽车制造商或服务企业在某地理区划地域内规划布局汽车服务网点。由于全国性、区域性布局规划只确定汽车服务网点所覆盖的城市和地区，并不确定某个汽车服务网点在城市中所处的位置，因此称之汽车服务网点布局规划问题。城市的汽车服务网络规划布局通常是指在具体城市中汽车服务网点的选址，其主要任务是确定每个汽车服务网点的具体位置，也称为汽车服务网点选址规划问题。

二、汽车服务网点布局

1. 服务网点布局的影响因素

影响汽车服务网点布局的因素主要是：宏观经济条件、社会使用环境、所在区域市场需求、消费者收入水平、当地相关配套产业和设施、地区市场消费能力、消费者购买理念成熟度、经销商投资收益、业内竞争等，而且汽车服务网点的布局将会直接影响其品牌的市场表现。

(1) 地区宏观经济条件。影响网点布局的宏观经济条件因素包括地区现时经济情况、经济环境，以及未来该地区的经济发展态势。作为顶层影响因素，某地区的宏观经济条件决定了当前区域内的工业发展水平、城市发展水平、居民经济实力，以上都成为汽车消费市场发展的基础条件。

(2) 汽车消费政策导向。除国家规定的汽车购置税费之外，许多省市为控制汽车增量、缓解城市拥堵、治理空气雾霾等施行限购政策，一、二线城市地区的汽车市场趋向饱和并受政策强制调控，汽车消费市场逐步向三线及以下城市转移。上述原因造成汽车品牌不断完善一、二线城市的多功能化、综合性较强的服务网点，例如，在城市繁华地点建设城市展厅、旗舰服务中心；并积极建设拓展三线及以下城市营销网络，在卫星城市、偏远城镇较大规模铺设功能简单、建设成本低廉的快修中心，以提高品牌知名度，抢占市场份额。

(3) 地区汽车消费环境。随着国内城镇化水平的不断提升，城乡综合实力持续增强，汽车消费市场得到发展，而作为品牌与消费者沟通桥梁的服务网点布局数量更是不断增加。但是，由于各地区城市化进程的差异、消费观念的差异以及汽车售后、汽车保险、汽车救援等服务质量的差异等将直接影响汽车生命周期的消费环境，会不同程度地对服务网络规划与布局建设产生影响。

(4) 地区居民消费能力。居民的消费能力直接决定了其购买能力和购车选择。在居民消费能力较高的经济发达地区，汽车服务消费市场将得到更好更快的发展。因此，会推动服务网点布局的数量更多，服务功能会更为全面完善。

(5) 人口数量及密度。在人口数量或密度达到一定的程度的地区，由于消费者经济水平、消费观念等差异较大，消费选择时的多样化、个性化将会带来可观的汽车服务需求。因此，要积极建设并完善汽车服务网络，为消费者提供更好的服务。

(6)地区城市基础设施建设及交通管理。首先,城市基础设施尤其是公路交通网络的完善和良好的交通管理制度,将有效刺激消费者的汽车需求。由于较大的汽车保有量基数,依然会带来较为可观汽车销售市场和售后服务需求,对于这种刚性需求也促使品牌加快建设营销网络。其次,区域内的基础设施建设良好程度还包括公路交通建设、港口海运建设、空运条件完备程度。从汽车销售物流运输成本和便捷的售后维修零部件供应体系考虑,公路交通、港口海运等优势有利于整车运输、零部件配送。作为交通发达地区,首先本身可拥有较大的汽车保有量市场,对于周边区域汽车销售市场以及售后服务,辐射影响较为明显,也更有利于降低物流运输成本,提高品牌价格竞争优势。

2.汽车服务网点布局原则

汽车服务网点布局主要是解决汽车服务网点在哪个区域或城市设置的问题。对汽车服务企业而言,如果汽车服务网点布局不合理,就会造成资金的浪费、设施的闲置。汽车服务网点布局就是从多个可建设网点的备选区域或城市中,选择出最有利于提供汽车服务的区域或城市。汽车服务网点布局的主要原则是:

(1)符合企业自身发展战略。汽车服务网点布局很大程度上受汽车服务企业发展战略的影响。当汽车服务企业选择进攻型战略时就会大力扩张覆盖范围,以缩短与客户的距离,进而提高运营的速度和质量;当汽车服务企业选择防御型战略时,一般会保持既有规模;而当汽车服务企业选择紧缩型战略时,就会缩减经营规模,有针对性地撤销或合并某布局不合理、运营效益差、竞争能力弱的区域。

(2)实现企业运营效益最佳。汽车服务企业的效益主要取决于市场容量,即汽车服务需求量。从空间分布来看,在同一区域内会有不同的核心地带;在同一个区域内部也呈现出由核心地带向外逐级递减的规律。因此,汽车服务网点布局的基本规律是,先从业务量需求较大的核心地区逐步向外扩散进行布局。

(3)与企业市场竞争能力相适应。汽车服务网点布局应充分考虑企业市场竞争实力,针对不同的竞争对手采取不同的策略。相对实力较强的,则可主动出击,选择与竞争对手相邻的区位开展业务;相对实力弱的,则可避其锋芒,从边缘市场入手。

(4)统筹考虑备选区域综合条件。在进行汽车服务网点布局时,要将网点布局方案置于备选区域特定的经济社会环境背景下考察,如当地及周边地区的人口数量、结构、消费水平、发展环境、现有服务网点布局及规模、城市定位和交通条件等因素,统筹规划网点布局。

(5)与备选区域整体发展相适应。汽车服务网点布局要与区域发展规划相适应,富有前瞻性。要在符合区域或城市整体发展规划上做好汽车服务网点布局,按照城市经济特点建设汽车服务网点。

3.汽车服务网点布局决策方法

采用指标评分法建立汽车服务网点布局决策模型,即通过建立指标评价体系,对拟订的备选城市在同一尺度下逐个进行评价,从而计算出每个城市的综合得分。综合得分代表每个城市的汽车服务业发展的潜力,得分高者为最佳网点布局方案。常用方法有模糊层次分析法、灰色关联度法等。

三、汽车服务网点选址

1.汽车服务网点选址影响因素

汽车服务网点选址就是要确定汽车服务网点在城市中的具体位置。在进行选址时,首先需要确定选址规划区域；其次需要收集城市相关信息，对城市的汽车服务需求进行分析，研究汽车服务需求的主要发生点；然后再根据需求点的分布情况，采用相关方法选择汽车服务网点的最佳位置。汽车服务网点选址的主要影响因素包括：

(1) 城市空间结构特征和发展规划。集中式或分散式城市空间分布结构使城市生产、生活的特点不同，汽车服务网点分布与居民居住地呈明显的集聚趋势，并表现为沿主干道沿线分布特征。而且城市规划是城市发展建设的准则，城市土地的使用性质受到制约。因此，汽车服务网点选址受城市空间结构特征和城市发展规划的影响。

(2) 人口数量、行业性质与业态结构。德国经济学家克里斯塔勒的"中心地"理论提出，以商业市场(第三产业)为中心地的区位规模、影响范围以及提供服务的性质都与人口保持一定数量关系，并形成区域空间不同等级服务体系。另外，市场网络理论认为，各个较高级别的市场区服务的中心地按一定格局分布并构成有序排列的中心地体系。市场需求是行业发展模式、业态结构的决定性因素，因此，规划城区的人口数量、汽车服务行业性质及业态结构对汽车服务网点的选址有直接影响。

(3) 汽车保有量、类型构成及使用特征。汽车服务需求与汽车保有量、类型构成、使用特征有直接关系，在了解掌握历史数据的基础上，并进行科学合理的预测才能提出最佳的选址布局方案。

(4) 环保要求及其相关行业政策。环境保护涉及大气环境保护、水源保护，噪声污染控制、城市绿化等生态环境保护，每一个方面对生产性的汽车服务都提出相应要求。汽车服务行业应承担起环境保护的责任，汽车服务网点选址也应遵守有关环境保护的法规要求。

2. 汽车服务网点选址原则

汽车服务网点的选址应当满足如下原则：

(1) 接近用户。汽车服务网点主要是为客户提供面对面服务，满足一定区域内的汽车服务消费需求，因此网点的选址应当接近用户。这样能保障业务开展后能最大限度地为客户提供更加方便快捷的服务，以最大限度地吸引汽车服务消费需求者。

(2) 交通便利。为方便用户到达和车辆进出，汽车服务网点所在地应当有便捷的道路交通条件，虽然不一定要在市区，但应力求交通便利，最好能与城市主干路路相邻。

(3) 数量适宜。在汽车服务网点选址中，一定要注意经济合理，网点的数量不宜过多，要避免建设过多网点造成的经营成本上升。

(4) 供需平衡。就是在规划区域内，所有汽车服务网点的服务能力能满足该区域内的汽车服务需求量。

汽车服务网点选址要以满足汽车消费需求、体现"以人为本"的原则，从节约城市土地资源、社会整体成本、合理分配城市资源的角度出发，引导汽车服务行业健康的发展，最大限度地提高服务效率，以满足汽车消费的需要。

3. 汽车服务网点选址决策问题

假设汽车服务网点选址仅受需求因素影响，汽车服务网点选址的目标区域视为二维平面；即汽车服务需求分布在二维平面内，汽车服务网点选址就是在所规划区选择汽车服务网点的位置，使得规划区域内汽车服务网点所提供的服务水平不小于二维空间内的服务需求量。汽车服务网点选址目标就是在该二维空间上求出使汽车服务网点服务水平能够满足该空间上的需求水平，且汽车服务网点的数量最少。

 **复习思考题**

1. 名词解释：
①服务业；②现代服务业；③汽车后市场；④4S店；⑤特许连锁。
2. 产业经济领域中对服务如何分类？
3. 营销管理领域对服务如何分类？
4. 基于运营管理的服务如何分类？
5. 基于服务本质的服务如何分类？
6. 基于组织目标的服务如何分类？
7. 基于服务过程的服务如何分类？
8. 基于传递方式的服务如何分类？
9. 基于客户关系的服务如何分类？
10. 第三产业分为几个层次？
11. 现代服务业的典型特征是什么？
12. 服务业按服务对象一般可分为几类？
13. 现代服务业与先进制造业融合的形态是什么？
14. 广义的汽车服务划分为几个阶段？主要服务内容有哪些？
15. 汽车4S店的优势与存在的问题表现在哪些方面？
16. 特许连锁有哪些主要特点？
17. 特许连锁经营主要类型是什么？
18. 特许权交易价值的主要因素是什么？
19. 特许经营必备的要素是什么？
20. 简述特许经营的赢利机制。
21. 简述汽车服务的主要特点。
22. 简述汽车后市场的服务分类及其服务内容。

第四章 汽车服务产品生产过程

第一节 汽车服务产品分析

一、关于服务产品

1. 服务产品形态

服务产品是生产者通过由人力、物力和环境所组成的结构系统来销售和实际生产及交付的,能被消费者购买和实际接收及消费的功能和作用,简称服务。经济学中的服务通常有两种含义。其一,是指第三产业中的服务劳动,它与非物质生产劳动大致相同,但有交叉;其二,是指服务产品,即以非实物形态存在的劳动成果,主要包括第三产业部门中一切不表现为实物形态的劳动成果(由于经济过程的复杂性,现实第一二产业部门中也混杂着少量服务产品)。如果在劳动意义上使用服务概念,就称之为"服务劳动",若在产品意义上使用它,就称为"服务产品"。服务产品是劳动者运用一定的设备和工具为消费者提供服务所产生的结果,服务劳动者为消费者提供的服务劳动,必须具有一定的效用,形成特定的使用价值,达到一定的结果。

创造任何服务产品都要耗费一定的物质资料和活劳动,无论其耗费结果的形态如何,只要具有一定的使用价值,能满足社会一定的需要,即客观存在。在物质性上,服务产品同实物产品是完全一样的,其区别在于物质形态不同;实物产品是有形的,所以又称有形产品。服务产品则一般是无形的,所以又称无形产品。有形与无形的区别由生产过程的特点确定。

按照产品中无形服务部分所占的比例,可以把产品分为五种类型:
(1)纯有形产品。产品中基本没有伴随服务。
(2)伴随服务的有形商品。附带有提高对客户吸引力的一种或多种服务的有形商品。
(3)有形商品与服务混合。产品既包含有形产品又包含无形服务。
(4)服务伴随少部分实物。由一项主要服务和某些附加的服务与辅助品组成。
(5)纯无形产品。全部是服务,不附加有形成分。

在人们的传统观念中,只有实物形态的产品才是产品,才是构成社会物质财富的内容。随着科学技术的进步和社会经济的发展,服务产品在社会总产品中的比重不断增大,人们对物质财富的观念也在逐渐改变,承认服务产品的物质性的人越来越多。

2. 服务产品生产特点

实物产品的生产过程,劳动者、劳动资料、劳动对象是统一的,是由生产者独立进行的;产品生产出来之后,再经过时间过程和空间运动,最后到消费者手中。因此,实物产品的生产、流通和消费,一般在时间和空间上是分离的。服务产品的生产过程则不同,劳动者和劳动资料作为提供服务劳动的前提,是事先准备好的,而劳动对象往往要等消费者到来之后才能确定。例如,旅店、照相、理发、修理、咨询等行业,如果消费者不来购买服务产品,人员和设备都会闲置;等消费者到来时,提供或指示了劳动对象,生产过程才能开始。许多服务业,如运输、邮电、饮食、园林等,其服务产品还具有边生产、边消费的特点,生产过程不能独立于消费之外,而与消费过程结合进行。

在商品经济条件下,服务产品当作商品同其他商品相交换,也遵循商品交换中的一般规律,接受市场的调节。但许多服务产品是边生产、边消费,无法形成产品储备。为了保证服务产品的正常流通,也就是保证其正常生产,服务业经营者需要储备部分设备、原材料及工具等。这是服务产品的流通同实物产品的流通的显著差别。

在服务产品的实现上,从商品到货币的阶段是顺利的,困难的是在生产过程之前从货币到商品的购买阶段。服务业经营者手中的货币资金转化为生产资料(设备和原材料)需要一个过程,特别是在原材料供应不足的情况下,所需要的时间过程更长。所以,一般不能说服务产品没有实现的困难。

二、关于产品服务

1. 产品服务释义

产品服务是指以实物产品为基础,为支持实物产品的销售或使用而向消费者提供的附加服务。如果用产品整体概念来解释,产品服务就是指整体产品中的附加产品、延伸产品部分,也称产品支持服务。其目的是保证消费者所购产品效用的充分发挥。

随着科学技术的进步,产品技术越来越复杂,消费者对企业的依赖性越来越大。购买产品时,不仅购买产品本身,而且希望在购买产品后,得到可靠周到的服务。企业的质量保证、服务承诺、服务态度和服务效率,已成为消费者决定购买产品的一个重要条件。对于生产各种设备和耐用消费品的企业,做好产品服务工作显得尤为重要,可以提高企业的竞争能力,赢得重复购买的机会。

就产品消费过程而言,产品服务过程包括售前、售中和售后服务,主要内容包括:

(1)售前服务。是指产品销售之前向客户提供的服务,如提供各种技术咨询,为客户进行产品介绍、导购服务、建立联系等,以激发客户购买欲望,强化客户购买动机。

(2)售中服务。是指产品在销售过程中提供的服务,如热情接待、为客户精心挑选产品、解答客户提出的有关产品的各种疑虑、操作使用示范表演等,以影响客户心理感受,增强信赖感,促成交易。

(3)售后服务。是指产品售出后向客户提供的服务,如送货上门、安装、调试、维修、技术培训、提供信贷、定期维护、实行"三包"、按合同提供配件等,以保证客户所购商品价值的充分发挥,解除后顾之忧,提高满意程度,促进重复购买。

2. 产品服务特点

产品服务的主要特点是:

(1)状态无形性。服务在购买以前是看不见也摸不着的,它只能被消费而不能被占有。因此,企业必须善于宣传其所提供服务的价值,以感染、吸引客户;并通过化无形为有形,使无形的服务通过有形的状态表现出来。例如,优质的汽车维修服务可通过以下几方面表现出来:一是环境,接待大厅宽敞明亮,座位干净整洁;二是人员,全体工作人员着装整齐;三是设备,先进的汽车维修仪器和设备等。

(2)不可存储性。服务的价值只存在于服务进行之中,不能储存供以后销售和使用。所以,在服务的过程中,必须始终与客户保持紧密的联系,按照客户的要求提供服务项目,并及时了解客户对服务的意见和建议,按需提供,及时消费。

(3)产消同时性。由于服务的不可存储性,所以服务的生产和消费一般是同时进行、不可分离,那么提供服务者也成为服务的组成部分;有时提供服务还需要被服务者在场,如指导产品使用、操作训练等。

(4)质量波动性。服务质量取决于由谁来提供服务、在何时何地提供服务及谁享受服务,会因人、因时、因地而存在差异。因此,应挑选和培训优秀的服务人员,尽量减少服务的质量波动;规范服务程序和服务方式,实现服务的标准化;加强与客户的沟通,提倡客户积极参与服务过程,借以稳定和提高服务质量水平。

三、汽车服务产品

1. 汽车服务产品类型

产品是提供给市场引起注意、获得使用和消费并用于满足需求和欲望的任何事物,除了有形部分之外,还包括在那些大量的无形部分,如服务、理念、主意、观点等。因此,产品的两种类型是实物态的产品和无形态的服务。

汽车服务产品是指以汽车产品(实物)为对象,为支持汽车产品的销售、保障汽车产品的使用性能或维护汽车使用者的权益等所做出的行为或进行的活动。消费者获得汽车服务产品的目的是保障所购汽车的效用得到充分发挥,自身利益及财产价值得到合法、合理的保护。常见的汽车服务产品,见表4-1。

汽车服务产品类型　　　　　　　　　　　　　　表4-1

传递形式	汽车服务产品	服务形态
实体接触	维修、检验、美容、装饰、回收	服务作用于车辆
传输媒介	广告、咨询、展会、宣传单(册)	服务作用于人
资产专有	特许营销(4S销售、特约维修)、连锁经营	服务资源专有
商品使用	购车、加油、维修、检测、安防、救援、事故鉴定、旧车评估	服务对象为客户及车辆

依据汽车服务的特点,基于服务传递方式进行分类。Terry等根据服务传递的形式将服务分为四类:基于实体接触的服务、基于传输媒介的服务、基于资产专有的服务以及基于有形商品使用的服务。

2. 汽车服务产品特点

1)实物接触型汽车服务产品

实物接触型汽车服务产品是以汽车产品为对象,按要求针对汽车产品实物所采取的行为或活动。例如,汽车修理、性能检测等。下面以汽车维修服务为例,阐述其具有的服务产品基本属性。

第一,非物无形性。汽车维修服务的过程并没有产生新的实物产品或使原有产品的基本实物形态发生改变,而是以汽车维修技术或技能(服务型生产资料)以及实际作业劳动为投入,诊断并消除汽车产品的故障状态的行为或活动,其具有使用价值属性,而且是无形的非实体。

第二,不可存储性。汽车产品服务以满足客户(消费者)的需求为目标,其提供产品服务的使用价值是在服务行为或活动中实现,即利用汽车维修技术或技能使有故障的产品恢复使用价值。因此,针对具体的维修需求所产生的行为或活动的使用价值,不像实物产品那样可以保存,而是随着维修行为或活动的结束不再延续或能被保留存储;维修服务所具有的使用价值通过价值交换转移成汽车产品的使用价值,即汽车产品性能恢复所体现的实物价值。

第三,产消同时性。产品服务与服务消费同时发生,一般是不可分离的。因为汽车维修服务是由人提供的,而且是维修服务的组成部分。维修服务行为或活动直接作用于被维修的汽车产品上,即在时间上一致、在空间上统一才能实现维修服务,维修服务的过程同时也是服务消费的过程。

第四,质量波动性。由于汽车维修服务质量是由人来控制的,而每个人的汽车维修技术或技能等又千差万别。所以,维修服务质量会因人、因时、因地而千差万别。

第五,权属不变性。汽车维修服务过程中,被维修的汽车产品的所有权不发生变化,即产权是客户的,而不是维修人员的。如果汽车产品的所有权是维修人员的,那么维修行为或活动过程不具服务性。或者说,产品服务过程中服务对象的实物产权与服务提供者不能一致。

非实体的、无形的是以服务形式区别于有形产品,反映了服务产品的特征;而服务行为或活动是以服务内容区别于其他服务产品,两者的结合构成了产品服务。

2)传输媒介型汽车服务产品

媒体一词来源于拉丁语"Medius",音译为媒介,意为两者之间。媒体是指传播信息的媒介,是人借助用来传递信息与获取信息的工具、渠道、载体、中介物或技术手段。也可以把媒体看作为实现信息从信息源传递到受信者的一切技术手段。媒体有两层含义,一是承载信息的物体,二是指储存、呈现、处理、传递信息的实体。广义上,媒介使双方(人或事物)发生关系的人或事物。狭义上,媒介是指承载并传递信息的物理形式,包括物质实体和物理能。前者如各种印刷品、文字、记号、有象征意义的物体、信息传播器材等;后者如声波、光、电波等。但是,由于对媒介的理解不同,常与传播符号、形式等概念混淆。传播媒介与传播符号、传播形式的区别是:

(1)传播符号是表达或负载特定信息或意义的代码(如语言、文字、图像等),而媒介是指介于传播者与受传者之间,用以负载、扩大、延伸、传递特定符号的物质实体。作为一种代码或手段,符号反映了人对事物认识的过程和信息表达的逻辑特点,因此往往具有抽象性、有序性、思维性和意识性的特点。媒介作为一种物质实体,反映了物质和能源的本身特点和存在形貌,它们有形体、质量、尺寸、可移动、可保存、可毁坏。信息与符号、符号与媒介之间相互依存。

(2)传播形式是指传播者进行传播活动时所采用的作用于受众的具体方式,如口头传播形式、文字传播形式、图像传播形式和综合传播形式等。在文字传播形式中,人们可以运用书籍、报纸、杂志、传单、小册子等媒介进行信息传播。一种传播形式可以动用不同的媒介,而一种媒介也可以服务于不同的形式。但传播形式表明的只是传播活动的状态、方式和结构,而传播媒介显示的却是实实在在的物体。

媒介服务(media service)是通过媒介使受众有效地读到、看到或听到的广告服务。媒介服务包括：对媒介的评价、对媒介的选择、向客户提供适当的媒介组合、策略方案。因此，传输媒介型汽车服务产品主要是为汽车产品销售、汽车服务营销所作的各类广告性服务。

目前，媒介服务又出现了"融媒体"形式，即充分利用媒介载体，把广播、电视、报纸等既有共同点，又存在互补性的不同媒体，在人力、内容、宣传等方面进行全面整合，实现"资源通融、内容兼'融'、宣传互融、利益共融"的新型媒体。

3）资产专有型汽车服务产品

资产专用性是指一种资产被其他使用者用于其他可供选择的用途而不牺牲其生产性价值的程度；而资产的专有性是指某些资源一旦它们从企业中退出将导致企业生产力下降、组织租金减少甚至企业组织的解体；或者说，专有性资产是一个企业或组织的发生、存在或发展的基础，它们的参与状况直接影响组织租金的大小或其他团队成员的价值。对于资产的专有性与专用性之间的关系，虽然许多专用性资产也具有某种程度的专有性，但"专有性"与"专用性"之间没有必然联系。许多专用性资产并不具有专有性，而某些通用性资源却可能具有专用性。

资产的专有性与专用性资产的专有性与专用性实际上是资产的二重性，这主要体现在以下两个方面：

一方面，对于资产的所有者而言，资产的专用性总是绝对的，资产的专有性是相对的，资产的所有者为了获得资产的专有性，进而在企业控制权和组织租金的分配中占有主动地位，必须进行资产的专用性的投资，也就是说资产专用性是资产所有者为了获得资产专有性而付出的代价和必须承担的风险，同时在只有 A、B 两项资产的情况下，A 资产对于 B 资产的专有性程度可以通过 B 资产退出 A、B 资产集合体而用于其他方面导致价值的降低程度，即 B 资产专用性程度来衡量；同理，A 资产的专用性实际上就是 B 资产的专有性。

例如，某公司和其零配件供应商之间，如果零配件供应商生产零配件所使用的资产"专属于"该公司而不能被其他汽车制造商所利用，那么该公司的专用性资产相对于其零配件供应商专用性资产而言就具有专有性；同理，当该公司汽车所需要的零配件只能"专属于"某个供应商供应时，该零配件供应商的专用资产相对于该公司专用性资产而言就具有了专有性。

资产所有者之所以进行专用性资产的投资，其目的是为了获得资产的专有性，从而最终能获得更多的专有性准租金；并且由于资产的专用性越强，资产所有者被套牢的可能性越大，其投资时所期望获得的资产专有性也就越强、专用性准租金也就越多。尽管资产所有者进行专用性投资是为了获得资产的专有性，但是，资产专有性是在特定技术和特定市场条件下的产物，体现了不同资产的稀缺性程度，考虑到技术环境、市场环境的动态性以及决策者的有限理性，因此从市场上某一具体时间点来看，资产的专用性和专有性之间并不一定是正相关关系。现实中的某项资产归属哪种类型，必须结合具体的市场和技术情况加以分析。一个企业往往需要多种高度专用性资产的投资，并且分别归不同的所有者所有，这使得那些高度"相互专用"资产同时也变得高度的相互依赖，即具有高度的"相互专有"因为这些投资在事后很难被替代。

有上述论述可以看出，资产专有型汽车服务产品就是利用企业、机构或个人的有形或无形专有资产为汽车生产者或使用者所提供的服务活动。例如，特许营销（4S 销售、特约维修）、连锁经营等。

4）商品使用型汽车服务产品

从产品到产品使用是价值链的延伸，产品仅是整个价值链的入口，产品使用才是价值链的主体。产品使用首先是体验,良好的体验价值是使用的关键。产品使用的最大价值是服务,要为客户提供增值服务和定制化服务。产品和产品使用为两个不同的价值,企业与客户的关系,要从提供产品到服务产品使用,实施价值的增值。这是因为实现产品销售是一次性红利,产品使用服务是长期性红利。如汽车销售只有一次利润,当好汽车服务管家的现金流将源源不断。企业与客户的关系基本有两种模式,其一是迎合客户,通过与客户的互动,了解基本需求,用产品和服务迎合客户;其二是引领客户,在基本了解客户需求的同事,对客户的潜在需求进行控握,用新的产品和服务引领客户。

商品使用型汽车服务产品是从汽车销售时开始,为汽车使用者提供的满足使用要求的各类服务活动。例如,购车、加油、维修、检测、安防、救援、事故鉴定、旧车评估等。

第二节 汽车服务产品生产要素

一、关于生产要素

1. 生产要素

生产要素是指进行生产或服务所必需的一切要素及其环境条件。一般而言,生产要素至少包括人、物及其结合因素。劳动者和生产资料之所以是物质资料生产的最基本要素,是因为不论生产的社会形式如何,它们始终是生产不可缺少的条件;前者是生产的人力条件,后者是生产的物质条件。但是,当劳动者和生产资料处于分离的情况,它们只在可能性上是生产要素,而要成为现实的生产要素就必须结合起来。

劳动者与生产资料的结合,是人类进行社会劳动生产所必须具备的条件,没有它们的结合,就没有社会生产劳动。在生产过程中,劳动者运用劳动资料进行劳动,使劳动对象发生预期的变化。生产过程结束时,劳动和劳动对象结合在一起,劳动物化了,劳动对象被加工了,形成了适合人们需要的产品。如果整个过程从结果的角度加以考察,劳动资料和劳动对象表现为生产资料,劳动本身则表现为生产劳动。

由于生产条件及其结合方式的差异,使社会区分成不同的经济结构和发展阶段。在社会经济发展的历史过程中,生产要素的内涵日益丰富,不断地有新的生产要素如,现代科学、技术、管理、信息、资源等进入生产过程,在现代化大生产中发挥各自的重大作用。生产要素的结构方式也将发生变化,而生产力越发达,这些因素的作用越大。

2. 生产要素的种类

关于生产要素的种类,国内外经济学界有不同的观点,其内容也不尽相同。根据马克思对生产力和生产关系的分析,认为生产要素(称为生产力因素)包括劳动者、劳动资料和劳动对象。其中,劳动者是指正在或能够在生产力系统运行过程中发挥劳动功能的人;劳动资料包括生产工具、能源设施和基础设施;劳动对象可分为天然存在的劳动对象和经过人类加工过的劳动对象,个体包括自然物(如土地)、原料和材料等。另外,随着经济的进步和经济理论的发展,科学技术、管理和信息也逐渐被列入生产要素的内容。

一般而言,生产要素通常包括土地、劳动力、资本、技术、经济信息和经济管理等六种。其中,土地不仅包括其本身,还包括地下的矿藏和地上的自然资源;劳动力包括体力劳动者和脑力劳动者;资本包括资本货物(机器设备、厂房建筑物和原材料等)和金融资产;技术包括数据记录、资料文件等有形形态,也包括实际生产经验、个人的专门技能等无形形态;经济信息要素是指与产品生产、销售和消费直接相关的消息、情报、数据和知识等;经济管理要素又称为生产组织要素或企业家才能要素。

3. 生产要素的需求

1）生产要素需求的特点

对生产要素的需求是从消费者对消费品的需求而引致或派生。对生产要素的需求具有以下特点：

（1）对生产要素的需求是"引致需求"。

（2）对生产要素的需求,不是对生产要素本身的需求,而是对生产要素的使用的需求。

（3）生产要素的需求来自生产者。

（4）对生产要素需求的目的,是用于生产产品,希望从中间接地得到收益。

2）生产要素需求的决定因素

生产者对于一种生产要素需求的大小,决定于以下几个因素：

（1）生产要素的边际生产力。边际生产力是表示单位数量的生产要素所能生产的产品数量的大小。

（2）所生产产品价格的高低。

（3）生产要素本身价格的高低。

（4）对生产要素的需求还受到技术因素的影响。

（5）短期和长期的生产要素需求是不同的,时间因素也会对要素需求产生影响,因为短期与长期的要素需求弹性不同。

二、汽车维修服务生产要素

根据《中华人民共和国道路运输条例》中的相关规定,体现出对汽车服务产品生产应具备的生产要素的基本要求。

申请从事机动车维修经营的,应当具备下列条件：

(1)有相应的机动车维修场地；

(2)有必要的设备、设施和技术人员；

(3)有健全的机动车维修管理制度；

(4)有必要的环境保护措施。

获得一类、二类汽车维修经营业务或者其他机动车维修经营业务许可的,可以从事相应车型的整车修理、总成修理、整车维护、小修、维修救援、专项修理和维修竣工检验工作；获得三类汽车维修经营业务(含汽车综合小修)、三类其他机动车维修经营业务许可的,可以分别从事汽车综合小修或者发动机维修、车身维修、电气系统维修、自动变速器维修、轮胎动平衡及修补、四轮定位检测调整、汽车润滑与养护、喷油泵和喷油器维修、曲轴修磨、汽缸镗磨、散热器维修、空调维修、汽车美容装潢、汽车玻璃安装及修复等汽车专项维修工作。具体有关经营项目按照《汽车维修业开业条件》(GB/T 16739)相关条款的规定执行。

获得一类摩托车维修经营业务许可的,可以从事摩托车整车修理、总成修理、整车维护、小修、专项修理和竣工检验工作；获得二类摩托车维修经营业务许可的,可以从事摩托车维护、小修和专项修理工作。

获得危险货物运输车辆维修经营业务许可的,除可以从事危险货物运输车辆维修经营业务外,还可以从事一类汽车维修经营业务。

申请从事汽车维修经营业务或者其他机动车维修经营业务的,应当符合下列条件:

(1)有与其经营业务相适应的维修车辆停车场和生产厂房。

租用的场地应当有书面的租赁合同,且租赁期限不得少于1年。停车场和生产厂房面积按照国家标准《汽车维修业开业条件》(GB/T 16739)相关条款的规定执行。

(2)有与其经营业务相适应的设备、设施。

所配备的计量设备应当符合国家有关技术标准要求,并经法定检定机构检定合格。从事汽车维修经营业务的设备、设施的具体要求按照国家标准《汽车维修业开业条件》(GB/T 16739)相关条款的规定执行;从事其他机动车维修经营业务的设备、设施的具体要求,参照国家标准《汽车维修业开业条件》(GB/T 16739)执行,但所配备设施、设备应与其维修车型相适应。

(3)有必要的技术人员。

①从事一类和二类维修业务的应当各配备至少1名技术负责人员、质量检验人员、业务接待人员以及从事机修、电器、钣金、涂漆的维修技术人员。技术负责人员应当熟悉汽车或者其他机动车维修业务,并掌握汽车或者其他机动车维修及相关政策法规和技术规范;质量检验人员应当熟悉各类汽车或者其他机动车维修检测作业规范,掌握汽车或者其他机动车维修故障诊断和质量检验的相关技术,熟悉汽车或者其他机动车维修服务收费标准及相关政策法规和技术规范,并持有与承修车型种类相适应的机动车驾驶证;从事机修、电器、钣金、涂漆的维修技术人员应当熟悉所从事工种的维修技术和操作规范,并了解汽车或者其他机动车维修及相关政策法规。各类技术人员的配备要求按照《汽车维修业开业条件》(GB/T 16739)相关条款的规定执行。

②从事三类维修业务的,按照其经营项目分别配备相应的机修、电器、钣金、涂漆的维修技术人员;从事汽车综合小修、发动机维修、车身维修、电气系统维修、自动变速器维修的,还应当配备技术负责人员和质量检验人员。各类技术人员的配备要求按照国家标准《汽车维修业开业条件》(GB/T 16739)相关条款的规定执行。

(4)有健全的维修管理制度。

包括质量管理制度、安全生产管理制度、车辆维修档案管理制度、人员培训制度、设备管理制度及配件管理制度。具体要求按照国家标准《汽车维修业开业条件》(GB/T 16739)相关条款的规定执行。

(5)有必要的环境保护措施。

具体要求按照国家标准《汽车维修业开业条件》(GB/T 16739)相关条款的规定执行。

从事危险货物运输车辆维修的汽车维修经营者,除具备汽车维修经营一类维修经营业务的开业条件外,还应当具备下列条件:

①有与其作业内容相适应的专用维修车间和设备、设施,并设置明显的指示性标志;

②有完善的突发事件应急预案,应急预案包括报告程序、应急指挥以及处置措施等内容;

③有相应的安全管理人员;

④有齐全的安全操作规程。

本规定所称危险货物运输车辆维修,是指对运输易燃、易爆、腐蚀、放射性、剧毒等性质货物的机动车维修,不包含对危险货物运输车辆罐体的维修。

申请从事一类、二类机动车维修的企业开业条件,见表4-2~表4-5。

汽车维修服务企业开业组织条件　　　　表4-2

制度与条件	基本要求
经营管理	机动车维修有关法规文件;业务工作流程;明示业务受理程序;服务承诺;用户抱怨受理制度;实行计算机管理
质量管理	汽车维修的国家、行业以及相关技术标准;维修车型的维修技术资料;进出厂登记、检验、竣工出厂合格证管理制度;技术档案管理制度;标准和计量管理制度;仪器设备管理及维护制度;人员技术培训制度;采购配件登记和管理制度
安全生产条件	安全管理制度;安全生产责任制;机电安全操作规程明示相应工位或设备处;使用、存储有毒、易爆物品、腐蚀剂等均应有相应安全防护措施和设施
环境保护条件	环境保护管理制度;"三废"等有害物质集中收集、有效处理;有害物质存储区域应界定清楚

汽车维修服务企业开业设施条件　　　　表4-3

类别	名称	面积(m²)	环境要求	
一类	接待室(含客户休息室)	40	整洁明亮、客户休息设施	
	停车场	200	地面平整坚实、区域界定标志明显	
	生产厂房	800		地面平整坚实、满足设备、工位布置
			涂漆车间	应有废水排放及处理设施或应有粉尘收集装置和除尘设备
				应设有通风设备
			调试车间或工位	应设置汽车尾气收集净化装置
二类	接待室(含客户休息室)	20	整洁明亮、客户休息设施	
	停车场	150	地面平整坚实、区域界定标志明显	
	生产厂房	200	地面平整坚实、满足设备、工位布置	

汽车维修服务企业开业设备条件　　　　表4-4

序号	设备属性	设备名称
1	通用设备	钻床、电焊设备、气体保护焊设备、气焊设备、压力机、空气压缩机
2	专用设备	换油设备、轮胎轮辋拆装设备、车轮动平衡机、总成吊装设备、发动机检测诊断设备、数字式万用表、气缸压力表、正时仪、液压油压力表、型材切割机、车身整形设备、声级计、排气分析仪或烟度计、汽车尾气收集净化装置配置相适应的量具、机工具及手工具
3	允许外协设备	连杆校正器、喷油泵试验设备、喷油器试验设备、调漆设备、自动变速器维修设备、立式精镗床、立式珩磨机、曲轴磨床、曲轴校正设备、凸轮轴磨床、激光淬火设备、曲轴、飞轮与离合器总成动平衡机、底盘测功机

续上表

序号	设备属性	设备名称
4	小型车辆维修附加设备	四轮定位仪、汽车空调制冷剂加注回收设备、汽车举升机(一类应不少于5台)、故障诊断设备、汽油喷油器清洗及流量测量仪、燃油压力表、车身清洁设备、打磨抛光设备、除尘除垢设备、车身校正设备、喷烤漆房及设备
		二类允许外协:悬架试验设备、汽车前照灯检测设备、侧滑试验台、制动检验台、车速表检验台;允许外协:无损探伤设备
5	大、中型客车维修附加条件	轮胎螺母拆装机、转向轮定位仪、制动鼓和制动盘维修设备、汽车空调制冷剂加注回收设备、地沟设施、打磨抛光设备、除尘除垢设备、喷烤漆房及设备、无损探伤设备
		二类允许外协:车架校正设备、汽车前照灯检测设备、侧滑试验台、制动检验台、车速表检验台
6	大、中型货车维修附加设备	轮胎螺母拆装机、转向轮定位仪、制动鼓和制动盘维修设备、地沟设施(一类应不少于2个)
		二类允许外协:车架校正设备、汽车前照灯检测设备、侧滑试验台、车速表检验台;允许外协:制动检验台、无损探伤设备

汽车维修服务企业开业人员条件 表4-5

一类机动车维修企业					二类机动车维修企业			
序号	工种	等级	人数		序号	工种	等级	人数
1	财务人员	会计	2		1	财务人员	会计	2
2	技术负责人员	机动车维修相关专业大专以上学历或中级以上专业技术职称	1		2	技术负责人员	机动车维修相关专业大专以上学历或中级以上专业技术职称	1
3	质量检验人员	高级机工和驾驶证	1		3	质量检验人员	高级机工和驾驶证	1
		中级机工和驾驶证	2				中级机工和驾驶证	1
4	汽车维修技工	机工 高级	2		4	汽车维修技工	机工 高级	1
		机工 中级	5				机工 中级	2
		电工 高级	1				电工 高级	1
		电工 中级	2				电工 中级	1
		钣金工 高级	1				钣金工 中级	2
		钣金工 中级	2					
		漆工 高级	1				漆工 中级	2
		漆工 中级	2					
5	合计		22		5	合计		14

上述汽车维修服务企业开业条件是基于国家标准提出的要求,各个汽车品牌的维修服务或连锁经营的维修服务企业,也可根据自身的产品特点或经营方式提出统一的维修服务生产条件及其要素要求。

第三节　汽车服务产品生产体系

一、关于生产系统

1. 系统功能分析

生产系统是将输入资源转换为期望产出的转换过程所需的结构体系,其基本功能是使转化过程具有增值性。增值是系统输入的成本与系统输出的效益所形成的价值之间的差额。系统转换的过程可分为下列几种类型:

(1)实体型:如制造业;

(2)位置型:如运输业;

(3)交换型:如零售业;

(4)储存型:如仓储业;

(5)资讯型:如通讯业;

(6)技能型:如设备维修。

生产系统具有的功能是由其所面对的环境要求和其自身发展的需要来决定。事实上,生产系统的功能与生产系统的目标之间存在着对应关系,有什么样的生产目标,就有什么样的功能。因此,可以从生产系统的目标引出生产系统所应具备的主要功能。生产系统应该具备以下六个方面的功能:

(1)创新功能。不仅体现在对产品的创新上,而且还包括对生产技术和工艺的创新。

(2)质量功能。包括产品质量和工作质量的保证功能。

(3)柔性功能。对环境变化的协调机制和应变能力。

(4)持续功能。应该能够保证产品生产的连续性、可扩展性和兼容性,以满足产品持续发展和为客户提供服务的需要。

(5)自调功能。能维护系统内部各构成要素之间关系的协调。

(6)环保功能。对环境不造成污染及其危害。

针对上述基本功能,可以把生产系统的功能分为两部分:一是生产系统的生存功能,包括创新功能、质量功能和继承性功能;二是生产系统的发展功能,包括柔性功能、自我完善功能和环境保护功能。如果生存功能在生产系统中得不到保证,则生产系统将失去存在的意义,但如果生产系统拥有良好的生存功能,却没有良好的发展功能为后盾,那么生产系统也就不可能得到发展。

但是在实际的生产系统中,由于目标的多样性,从而使得生产系统中的各项功能之间常常是相悖的。在生产系统的功能达到一定的水平之后,某些功能水平的提高将会导致另一些能力水平的下降,或者某些功能的改善需要以其他的功能劣化为代价。例如,要提高生产系统的创新功能,则会对保持系统的继承性功能产生影响。因此,如何合理配置各项功能及其协调它们之间的关系,从而使得各项功能之间相互补充,共同达成生产系统的总体目标,实现生产系统的高效益。

2. 系统目标分析

市场客户对产品的基本要求是:品种、质量、数量、价格、服务和交货期等。因此,生产系统输出的主要目标是:创新目标、质量目标、柔性目标、成本目标、继承性目标、交货期目标、环境保护目标和自我完善目标。

生产系统应具有发展新产品的能力,是适应于客户对产品的品种要求不断发生变化的必然结果。生产系统的创新目标不仅表现在产品的品种变化上,同时也表现在采用新技术、新工艺的要求上。产品的质量是通过生产系统的质量来保证并在生产制造过程中获得的。生产系统的质量目标应包括两方面的内容:生产系统构造的质量要求和生产系统运行的质量要求。环境是多变的,客户对产品品种、数量的要求经常会发生变化,生产系统必须适应这种变化才能赢得市场,这就要求生产系统具有适应环境的柔性。

在市场日益开放的今天,不同企业产品的竞争许多时候表现为价格的竞争,在产品性能、功能、质量等因素差异不大的时候,只有较低的价格才能赢得竞争,而且企业还要获利以生存。因此,生产系统必须具有控制制造成本的能力。客户购买产品时,同时希望能在使用产品之后得到安装、维修以及升级换代等方面的支持和保证,这就要求生产系统具有继承性、可扩展性和兼容性。而且,从生产技术和工艺的角度来说,继承性也非常重要。迅速和及时地按照客户的时间要求交货是竞争中货胜的重要保证。生产系统应该生产符合环境保护要求的产品并使生产系统的运行符合环境保护的要求。生产系统应具有根据自身内部结构的特点,不断协调各组成要素之间的关系的能力,从而保证在不断发展过程中始终能保持生产系统内部的协调。

对上述目标进行分类:即功能性目标,包括创新目标、质量目标、柔性目标、继承性目标、环境保护目标和自我完善目标;效率目标,包括成本目标、交货期目标。功能性目标代表了对生产系统未来所应具有的功能的规划和期望,决定了生产系统的基本构成状况和未来的运行方向;效率性目标表示了对生产系统功能发挥程度的要求,保证了功能目标具体内容的合理性。

3. 系统结构分析

生产系统的功能决定于生产系统的结构形式。生产系统的结构是系统的构成要素及其组合关系的表现形式。生产系统的构成要素很多,分为两类:结构化要素和非结构化要素。

1) 结构化要素

结构化要素是指生产系统中厂房场地、设施设备、工装器具、技术工艺等及其组合关系,是构成生产系统主体的要素,或称为"技术"要素。这些结构化要素的内涵如下:

(1) 生产技术:生产工艺特征、生产设备构成、生产技术水平等。
(2) 生产设施:生产设施的规模与布局、工作地的装备和布置等。
(3) 生产能力:生产纲领、能力特性及能力弹性等。
(4) 生产系统的集成:系统的集成范围、系统集成的方向、系统与外部的协作关系等。

2) 非结构化要素

非结构化要素是指在生产系统中支持和控制系统运行的相关要素。主要包含人员组织、生产计划、库存和质量管理等,是"管理"的要素。非结构化要素的内涵如下。

(1) 人员组织:人员的素质特点、人员的管理政策、组织机构等。
(2) 生产计划:计划类型、计划编制方法和关键技术。
(3) 生产库存:库存类型、库存量、库存控制方式。
(4) 质量管理:质量检验、质量控制、质量保证体系等。

3) 功能结构关系

结构化要素的内容及其组合形式决定生产系统的结构形式;非结构化要素的内容及其

组合形式决定生产系统的运行机制。具有某种结构形式的生产系统要求一定的运行机制与之相匹配系统才能顺利运转,充分发挥其功能。所以,设计生产系统时首先应根据所需的功能选择结构化要素及其组合形式,形成一定的系统结构,进而根据系统对运行机制的要求选择非结构化要素及其组合形式,即管理模式。

4) 生产系统主要特征

从不同的角度进行分析,生产系统具备以下主要特征:

(1) 生产系统是企业生产计划的制定、实施和控制的综合系统。制定生产计划,使企业的生产活动有依据。生产计划是生产活动的纲领,实施和控制是实现生产计划、生产目标的保证。制定计划、实施计划和控制计划三者之间相互协调,促进了生产进程均衡有节奏地进行。

(2) 生产系统是人与机器复合的系统。生产系统是包括人和机器在内的组织管理系统,人与机器间的合理分工将从整体上促进生产系统的进一步优化。

(3) 生产系统是一个多层次多目标的系统。生产系统可以按照功能的不同划分成若干个子系统,以实现递阶控制和分散控制。如生产组织系统、质量控制系统、设备管理系统等都是生产系统的子系统。

(4) 生产系统是一个具有信息收集传递和加工处理功能的信息处理系统。生产系统能够正确、及时地提供、传递生产过程必需的信息,促进对人力、物力和财力资源的合理使用,提高劳动生产率。

(5) 生产系统是根据企业内部和外部环境不断发展变化的系统。由于现代科学技术的不断进步,企业内外部发展环境变化加快,企业生产系统的更新速度也在不断加快。这要求企业要保持生产系统本身的先进性,同时还要不断创新,否则将失去市场竞争能力。

4. 生产系统改进

生产系统在经过了一段时间的运转以后,一方面系统本身的缺陷会暴露出来,需要改进完善;另一方面,系统最初的设计功能会因系统内某些要素的老化使系统指标变劣,竞争能力减弱。具体表现在以下几个方面:产品老化;设备老化;质量指标下降;成本上升;系统内工作效率降低;企业员工士气不高。

如何发现问题和及时采取改进措施,如针对废品率、单位产品成本、员工的缺勤率、辞职率等可以计算的指标,要确定企业标准,以规定的形式定期记录下来,经常与标准作比较分析,以便发现问题。但是,有些问题指标却难以计算,如服务质量、员工的不满情绪等。在这种情况下,那些潜在的问题发展到能够被发现以前,是不可能采取改进措施的。而当发现了问题再采取措施,则代价又是比较大的,这要靠各级管理人员对生产现场的熟悉程度。必须深入到生产第一线,和基层员工交换情况和意见,了解并理解员工的心情,从中去发现隐藏在表面现象背后的不良因素,及早采取改进措施。

企业是一个复杂的系统,有自身的特定功能;它又是个开放系统,是外部更大的系统——社会系统的一个子系统,与外部大系统有着大量的信息、能量和物质的交换。企业之所以能存在下去,完全取决于它能否与外部环境成功地进行信息、能量和物质的交换。企业的功能就是从外部获取所需要的资源,按市场需求将资源转换成产品或劳务,返回市场进行交换。交换成功,则进行下一轮循环过程,如交换不成功,则意味着企业无法继续从外部获取维持再生产所必需的资源,生产不能继续,经营就会陷入困境。除此以外,企业的外部系统是社会系统,还有一些更复杂因素要适应。这样就对生产系统提出了改进要求。

(1) 需求变化。在竞争日益加剧的销售市场上,客户的偏好变得很快,企业能否敏锐地觉察客户的需求变化,并采取措施满足这种变化,取得经营的主动权,显得十分重要。这就涉及生产系统的改进,使它具有提供新产品的能力。

(2)技术发展。技术的发展呈现出加速度规律,每当新技术的产生,都会对企业产生较大的推动力。一项新的技术问世可能会使企业的现有产品变得落后过时,也可能使现有的加工手段变得很不经济,这时生产系统的改进迫在眉睫。

(3)竞争环境。在市场经济中,竞争对手之间始终存在着一股无形的压力,在无情的竞争中,不进则退,对手的任何一项改进都会提高它的竞争优势,而给对方以新的压力,这样就迫使企业不敢有丝毫的怠慢,不断地改进完善自己的生产系统,保持自己的竞争实力。

(4)政策法规。社会的价值观念方面的变化,会反映在新制定的法律和政府的某些规定之中。如关于环境保护方面的政策与法规,对大多数企业的生产系统都会提出改进的要求。

生产系统改进的内容是非常广泛的。从范围上分,有整个生产系统的改进和局部的改进;从物质形态上分,有生产系统硬件的改进,如厂房、设备、产品等和生产系统软件的改进,如生产系统组织结构的改进(包括生产过程的改进)、员工素质行为的改进。所有的改进最终都将体现在物质形态上的改进。

从改进动因的内外部因素分析中可以看出,产品改进是一项企业经常性的工作。随着社会的发展,人们需求的个性化多样化,对同一种产品会表现出不同的需求,有功能上的、外观上的等,迫使企业开发出各种不同型号不同系列的产品去争取消费者。此外,为了降低成本也需要对产品作重新设计。随着产品品种的增多,以及生产总量的增加,都会使原来的加工方法不能适应新的变化需要进行改进。加工方法的改进可以表现在设备更新、加工工艺的改进、生产流程的改进等。系统中许多资源利用效率低的原因是操作不科学不合理,通过操作方法的改进,把作业不合理、不经济、次序混乱的因素去掉,可以提高资源利用率。进行组织方式的改进会使生产系统发生质的变化。如本来生产单位的设置是按工艺原则,现改成对象原则;原来是成批分组生产,改成流水线生产等。

每一种改进活动都不是孤立的,相互之间有内在的联系。如产品的改进会引起加工方法的改进,加工方法的改进会引起组织结构的变动。每一种改进又需要得到技术的支持,技术的含义包括工程的和管理的两个方面。产品开发、加工工艺、改进新的设备等离不开工程技术的支持;操作方法和生产组织方式的改进需要管理技术的支撑。

二、生产与运作活动辨析

1. 生产与运作活动过程

生产系统运行过程由输入、生产过程(转换)、输出、反馈等环节组成,如图4-1所示。

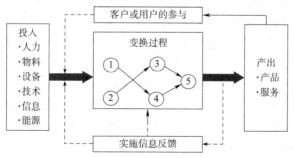

图4-1 生产与运作活动过程

生产系统运作过程既是物料消耗过程,同时也是生产对象的增值过程。随着原材料和各种辅助材料的消耗,逐步改变生产对象的物理和化学性质,最终变为产成品。此外,生产过程还可能产生出废渣、废液、废气等固体、液体或气体污染物,过去是以最简单的方式排放或处理。但是,随着严格的环保要求,对污染物的处理过程已成为生产系统的重要组成部分。

生产过程是劳动者利用劳动工具,按照一定的步骤和方法,直接或间接地作用于劳动对象,使其按预定的目的变成产品的过程。生产过程通常有以下三项基本活动:

(1) 转换。通常称为加工过程或工艺过程。它的功能是通过加工工序的流动,转换工件的形态。工序是一个或一组工人,在一个工作场地上对同一种劳动对象连续进行加工的生产活动。如果超出一个工作地的范围,就是另外的工序。典型的加工工序有:变态工序(低熔点合金的配料熔化)、变形工序(铸、锻、模塑、冷拔、压力加工、高能成形等)、分离工序(金属切削、磨削、冲压、各种精加工)、连接工序(焊接、铆接、胶接)、热处理工序(淬火、退火、调质)、表面处理工序(喷镀、油漆、阳极化)以及装配工序等。

(2) 运输。在工作场地之间移动工件,称作物料搬运。运输是生产过程的必要活动,它不直接创造使用价值和增加价值,但会增加生产成本。所以,应减少或消除这种活动。

(3) 等待。包括库存和生产过程中的停滞。通常等待是由于转换和运输功能之间的不平衡造成的状态。在原材料供应与开始投入生产之间,生产过程中两个相继阶段之间、产品完工与发运之间都可能产生等待。

生产过程有狭义和广义之分。狭义的生产过程是指从原材料投入生产至生产出成品的全部过程;广义的生产过程是从生产技术准备至生产出成品的全部过程。

2. 生产与运作的基本概念

生产与运作活动是一个"投入—变换—产出"的过程,即投入一定的资源,经过一系列多种形式的变换,使其价值增值,最后提供某种形式产出的过程。产出包括两大类:产品和服务。前者一般是实物产品,后者是某种形式的服务。变换过程既包括使投入的各种物质资源进行转变的物质转化过程,也包括通过计划、组织、实施、控制等管理过程。变换过程可以是多种形式,例如,在机械加工厂主要是原材料形状的物理变换;在化工厂主要是原料性质的化学变换;而运输公司主要是运送物品位置变换实现的服务。

习惯上,把提供有形产品的活动称为制造型生产,而将提供服务需求实现的活动称为服务型生产。或者说,有形产品的产出过程称为生产,而将提供服务需求实现的过程称为运作。

最初对上述变换过程的研究仅限于有形产品,而且从研究方法上也没有把它当作"投入—变换—产出"的过程,主要研究是有形产品生产制造过程的组织、计划与控制等,被称为"生产管理学"。随着经济的发展和技术的进步,除了对各种有形产品的需求之外,还有对有形产品产出之后的相关服务需求,使原来附属于生产过程的某些服务相继被分离并且独立出来。针对变换过程的产出结果,无论是产品还是服务都具有以下特征:

(1) 能够满足人们的某种需要,即具有一定的使用价值。
(2) 需要投入一定的资源,经过一定的变换过程才能得以实现。
(3) 在变换过程中需投入一定的劳动,并能实现劳动价值增值。

但是,这两种不同的转换过程以及它们的产出结果有很多区别。主要表现在以下方面:

(1) 产出表现形态不同。制造企业所提供的产出是有形的物质化产品,而服务业所提供的产出是需求过程的实现。产品可以库存或运输,并可以利用库存和改变生产量来调节与适应需求的波动;而服务具有"客户需求"与"实现过程"的同时性,产出是需求过程的实现,"实现过程"无法库存,因此也无法调节客户需求的随机性。为达到满意的服务水平,其人员、设施以及各种物质都要在需求到来之前做好准备,而当实际需求高于准备的服务能力时,服务质量下降(如排队等待时间加长、拥挤、甚至取消服务等)。因此,服务企业在运作活动中受同时性的约束,其运作过程的管理比制造企业更难。

(2)客户参与程度不同。对于制造业企业,客户基本上不接触或极少接触产品的生产系统。但对于服务业企,客户的服务需求是在运作过程中实现。在提供服务的大多数过程中,客户都有介入的可能。有些服务企业,在其组织内的某些层次与客户接触较多,而在其他层次较少,有明显的"前台"与"后台"之分。在这种情况下,需要分别考虑对前台和后台采取不同的运作管理方式。

(3)需求响应时间不同。制造业所提供的产品可以有数天、数周甚至数月的交货周期,而对于许多服务业则必须在客户到达的有限时间内做出响应。由于客户到达的随机性,使得短时间内的需求有很大的不确定性。因此,服务企业保持供给需求和提供服务能力的一致性有难度。因此,制造企业和服务企业在制定运作能力计划时,必须采用不同的方法。

(4)场所尺度规模不同。制造企业的生产设施可以远离客户,对产品的运输等流通条件依赖性强。而服务企业的设施必须靠近客户,服务运作系统在选址、布局等方面必须考虑这样的要求。

(5)质量度量方法不同。制造业企业所提供的产出是有形的,其产品质量易于度量。而对于服务企业的大多数产出具有过程性,而且服务质量评价受客户个人的偏好影响,因此对质量的客观度量有难度。

三、典型汽车服务生产体系结构

1. 汽车销售服务运营体系结构

生产与运营系统的构建包括企业地址选择、生产规模与技术层次决策、设施建设、设备选择与购置、生产运作系统总平面布置、车间及工作地布置等。由于服务业的生产和经营都是在某个位置的空间范围内以一定的组织方式进行,其地址选择不仅直接影响生产经营成本和市场竞争力,而且关系到其生存与发展。因此,合理的选址是现代服务业经营与发展的战略要求。

对企业提供产品或服务的系统进行设计、运行、评价和改进的各种管理活动称为生产与运作管理。运作系统的运行主要涉及生产计划、组织与控制三个方面。对运作管理的要求归结起来包括六方面:即时间(Time,T)、质量(Quality,Q)、成本(Cost,C)、服务(Service,S)、柔性(Flexibility,F)和环境(Environment,E),简称 TQCSFE。

生产与运营管理的目标可概括为:"在需要的时候,以适宜的价格,向客户提供具有适当质量的产品和服务"。生产与运作过程提供的产品必须有一定的使用价值,即能够满足客户某种需求的功效,主要是产品质量和产品提供的适时性。产品质量包括产品的使用功能、操作性能、社会性能(指产品的安全性能、环境性能以及空间性能)和保全性能(包括可靠性、维修性)等内涵,这是生产价值实现的基本要素。产品提供的适时性是指在客户需要的时候提供给客户的产品的时间价值;如果超过了必要的时期,就会失去价值,在服务业中尤其如此。这二者就构成了生产价值实现的必不可少的两大"功效"要素。而产品的成本，以产品价格的形式最后决定了产品是否能被客户所接受或承受。由此可见，作为产品使用价值的支配条件的质量和适时性，再加上成本，构成了生产运作价值的实现条件。

汽车销售服务运营的实质是将产品通过商品交换变为客户所有财产的转化过程，如图4-2所示。

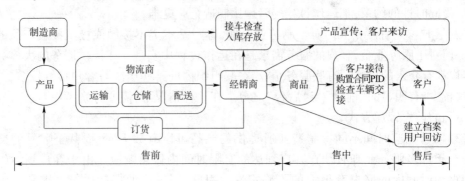

图4-2 汽车销售服务产品的转化过程

汽车销售服务运营体系的结构化要素包括门店、仓库、停车场等基础设施以及车辆装卸机具（一般是租赁）等，依据销售运作性质（特约经销、连锁经营等）确定销售能力并提出预期销售目标，选择销售经营门店地址，确定展厅、接待厅、仓库等运作空间的规模与布局。汽车销售服务运营体系的非结构化要素主要包含人员数量、运作组织、销售计划、库存控制和服务质量管理等。

2. 汽车维修服务生产体系结构

1）汽车维修生产体系

汽车维修的生产过程需要进行合理的组织，对维修过程中的劳动者、劳动工具、劳动对象以及维修过程的各个环节、阶段和工序要合理安排，使其形成一个协调的系统。它的目标是使得车辆在各种维修过程中的行程最短、时间最省、耗费最少、质量最高。

与一般生产过程相似，汽车维修过程也包括转换、运输和等待三个方面活动。由于维修生产作业对象和内容不同，所以与产品制造工艺过程不同。例如，维修的对象是受损伤的车辆、总成或零部件，维修工艺过程一般包括拆卸清洗、检验分类、损伤修复（镶套、喷镀、焊修、校正）、表面涂装（除锈、油漆）和装配试验等工序。降低维修过程的时间固然重要，但是也不能忽视减少配件等待时间和缩短物流过程的意义。实际上，运输和等待时间在车辆维修中所占的比例较大，应给予足够的重视。

根据汽车维修生产过程各组成部分的性质和作用，可以将其分为以下几个过程：

(1) 基本生产过程。是指直接改变劳动对象的物理和化学性质，使之成为主要产品的过程。对车辆修理来说，车辆零部件的拆卸、修理和组装各种工序就是基本生产过程。

(2) 技术准备过程。是指在产品投入生产前所进行的全部生产技术准备工作过程。对车辆维修来说，主要包括工艺路线（过程）设计、工艺文件和工艺规程设计、工艺装备配置，材料消耗定额和工时消耗定额的制定等。

(3) 辅助生产过程。是指为保证基本生产过程正常进行所从事的各种辅助性生产活动过程。它以产品供应或劳务直接为基本生产过程服务，如零部件制备、压缩空气供给等。

(4)生产服务过程。是指为基本生产、辅助生产等过程所进行的各种生产服务过程。如原材料、备用件、工具等的供应、保管和运输等。

生产过程的各组成部分之间既相互区别,又有密切联系,其中以基本生产过程为主,其他过程都是围绕基本生产过程进行。将生产过程划分为基本生产过程等组成部分,是为分清它们各自在企业生产过程中的地位、作用和相互关系。

(5)附属生产过程。如边角废料的利用,是在基本生产过程的基础上,组织的附属性生产过程。也包括废水、废油、废气和废渣的处理过程。

生产过程组织是将生产过程具体实施,基本内容包括生产过程的空间组织和时间组织。

(1)生产过程空间组织。是指企业内部各生产单位(车间、工段、小组和工作场地)和设施(仓库、管道和运输线等)的实际建立,以及它们的专业化形式和在空间的相对位置所结成的有机整体方式,也称为生产结构。为了与生产过程相适应,一般企业都建立基本生产部门、辅助生产部门、生产服务部门和生产技术准备部门。最小生产单位(车间、工段、小组),通常按工艺专业化和对象专业化两种基本形式来设置。

(2)生产过程时间组织。生产过程时间组织的目标是减少时间损失,缩短生产周期,提高生产效率,降低在制品占用量,提高生产效益。生产过程的时间组织要求达到具有连续性、比例性、平行性、节奏性和适应性。

2)汽车维修服务运营体系

汽车维修服务运营体系结构,如图4-3所示,包括运营管理要素、服务营销要素、维修生产要素以及辅助运营要素。

汽车维修生产只是汽车维修服务运营的要素之一,还需要辅助运营活动(辅助生产、生产服务、附属生产)的支持以及服务运行、财务核算和技术质量等方面的管理。服务营销活动包括对内的客户服务(业务接待、技术咨询、费用结算、客户建档)和对外的市场开发(企业宣传、业务推介、客户联络、跟踪回访)。汽车维修服务流程如图4-4所示。

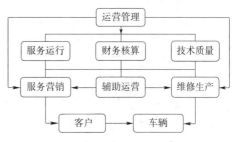

图4-3 汽车维修服务运营体系结构

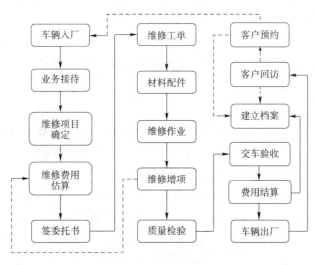

图4-4 汽车维修服务流程

第四节　汽车服务运营过程管理

一、服务运营理论简介

1. 发展历程

服务运营理论以运营管理为主题,揭示服务运营管理的内在规律。服务运营管理是指对服务业企业运作过程及其运作系统的设计、计划、组织和控制。服务运营管理理论是伴随着对服务特征和服务管理的认识、理解而逐步形成和发展起来的,根据不同时期的研究内容和特点,大致经历了四个发展阶段。

(1) 开创探索阶段,主要是从 20 世纪 70 年代到 80 年代初。服务管理研究主要集中在以制造业管理模式为基础的服务研究领域,关注的是服务业的某些生产运作环节与制造业生产的相似之处,关于服务与产品的区别的探讨居多,而没有从根本上意识到服务业与制造业在管理方法上的差异,对服务问题的研究大多是描述性的。因此,这一阶段的理论研究成果在服务业缺乏普遍的适用性。

(2) 初具雏形阶段,主要是从 20 世纪 80 年代初到 80 年代中期。研究不再停留在一般性的描述上,而是通过提出一些概念模型,更好地理解服务和服务管理的特点,出现了大量关于服务质量内涵和性质的讨论,对服务质量有了新的认识。此外,管理学、心理学、运筹学等研究方法在服务管理中得到广泛的应用,服务管理研究逐步呈现具体化、跨学科的发展态势,服务管理理论的轮廓已见雏形。

(3) 初步成形阶段,主要是从 20 世纪 80 年代末到 90 年代初。以行业为基础的调查研究、案例研究为主,倾向于采用实证的研究方法对前人提出的理论和模型进行验证,服务管理理论的范畴被逐渐拓宽,各个学科领域的结合也更加密切,研究的主题也越来越丰富,几乎涉及了服务管理问题的方方面面,如服务过程管理、服务设计、服务生产能力和需求管理等等。

(4) 深入发展阶段,主要是自 20 世纪 90 年代以来的研究,利用经济学、管理学、心理学、社会学、信息学等众多学科知识,不断检验和深化原有的理论。同时,由于统计技术和计算机技术的进步,使得定量研究成服务管理研究的特色。经过多年的发展,服务管理理论已进入"客户导向"阶段。由于许多研究过于从客户角度来研究问题,忽略了运营管理这个服务管理理论的基础。重新关注传统的运营管理理论,促使服务管理理论更加严密、更加有深度、更有实践性。

2. 主要内容

服务接触、服务供给和服务质量构成了服务运营管理理论的基础内容。

(1) 服务接触。在服务接触研究中,提出了服务组织、员工和客户的三元组合理论。理论认为,服务的特有特征之一是客户参与服务生产过程,每个关键时刻都涉及客户和服务提供者之间的交互作用,双方在服务组织所设计的环境中扮演不同角色。作为以盈利为目标的管理者为维持边际利润和保持竞争力,会尽可能提高服务传递效率,利用规定或程序限制员工自主权和判断,从而限制了为客户提供的服务,服务缺乏针对性导致客户不满。理想的情况是服务接触的三要素协同合作,从而创造出更大利益。"组织文化"和"组织授权"观念认为企业文化是客户选择的真正原因,因为企业文化有助于客户确定服务的价值。在对员工的研究中发现,与客户直接接触的员工应该具备灵活性,具备根据情景灵活改变行为的能力,特别是要具备设身处地为客户着想的品质,这种品质对员工而言比年龄、教育、知识、培训和才智更重要。对客户而言,客户的服务感知与服务预期间存在差异,最终左右客户购买态度的是客户的服务预期。

(2)服务供给。客户需求是多样化的,只能通过调节服务供给与需求相匹配。常用的调节服务供给的策略包括:弹性工作时间计划,以核心工作时间为中心设计弹性日工作时间;提高客户参与程度,把客户作为服务的参与者和提供者;通过有效使用空闲时间来扩大高峰期的服务能力,在空闲时间做服务需求时的准备工作,创造可调整的服务供给能力;共享服务能力,充分利用服务设备和设施的闲置时间;交叉培训员工,培养员工从事几种作业的能力,使员工能够创造出灵活的供给能力来满足业务高峰需求等。

服务供给管理中,最重要的就是排队等候接受服务。等候行为对客户的影响非常大,能够破坏实际上十分完美的服务过程,而在排队中等候的客户随时都会成为失去的客户。但是,客户排队等候服务在任何服务系统中都是不可避免的,排队管理是服务运营管理的一个重要课题。研究表明,可以通过让等候变得活泼有序、区别对待不同类客户、增设自动化设备、模糊客户感知等方法来解决排队等候引发的问题。

(3)服务质量。服务质量评估是在服务传递过程中进行的,客户与服务人员发生接触时,通过对接收到的服务感知与对服务的期望相比来评判服务的优劣,而客户的期望又受到口碑、个人需求和过去经历的影响。当服务感知超出期望时,客户会表示高兴和惊讶,而当没有达到期望时,服务注定是不可接受或是失败的。

服务质量的五要素概念,按客户对服务质量评价的相对重要性,由高到低确定服务质量的五个基本方面:可靠性、响应性、保证性、移情性、有形性。研究认为,客户在接受服务的过程中,一般会从上述五个方面将预期的服务和接收到的服务相比较,最终形成对服务质量的判断。

二、服务过程

1.服务过程的分类

1)按过程形态分类

服务过程是指与服务生产、交易和消费有关的程序、操作方针、组织机制、人员处置的使用规则、对客户参与的规定、对客户的指导、活动的流程等,简言之,就是服务生产、交易和消费有关的程序、任务、日程、结构、活动和日常工作。

(1)线性作业。所谓线性作业是指各项作业或活动按一定顺序进行,服务是依循这个顺序而产出的,它适用于较标准化性质且有大量的持续性需求的服务业。自助式餐厅就是这种作业顺序的标准形态,在自助式餐厅客户依顺序作阶段式地移动,当然,客户也能维持不动并接受一系列服务。线性作业的各种不同构成要素之间的相互关系,往往使整体作业会受到连接不足的限制,甚至因此造成停顿现象。

(2)间歇性作业。间歇性作业是指各服务项目独立计算,属于非经常性重复的服务,最有助于项目管理技术的转移及关键途径分析方法的应用。例如,一部大型影片的制作,一个广告宣传活动的设计都属于间歇性作业。这类项目的规模及其间断性与前种方式大不相同,对管理阶层而言,作业管理是复杂而艰巨的。

(3)订单生产。订单生产过程是运用不同活动组合及顺序提供各种不同的服务。这类服务接受事先预定或者特别设计,以迎合客户的不同需求,餐馆及专业服务业都属于订单生产过程。虽然这种形态具有弹性优势,但仍然存在时间不易安排,难以估算系统产能,难以用资本密集取代劳动密集等困难。

2）按接触程度分类

按照服务过程中和客户接触的程度不同,可将服务过程分为高接触服务和低接触服务。在低接触服务中,因为客户不直接出现在生产过程中而不会产生直接影响,其生产经营观念和自动化设施均可应用工厂运作模式。而在高度接触服务中,客户往往成为服务过程中的一种投入,甚至会扰乱过程,生产日程较不容易编制,同时,高接触度服务业的工作人员,对客户的服务印象有极大影响。

将服务系统中的高接触度构成要素和低接触度构成要素予以分开管理将较为有利,同时,可因此激励员工们在各种不同功能中尽量专门化,因为各种功能需要的技能并不相同。

无论是依据过程方式还是接触度高低来分类,都可显示服务过程中的作业顺序,并予以明确化,也可以将服务系统依其接触度加以分门别类。

3）按复杂程度和差异程度分类

(1)复杂程度和差异程度都比较低的服务过程。如超市的服务过程,既不复杂也没多少差异。

(2)复杂程度比较高,差异程度比较低的服务过程。如餐厅的服务过程,比较复杂,但比较标准化,一般不会出现太大的差异。

(3)复杂程度比较低,差异程度比较高的服务过程。如理发店的"服务过程",不是很复杂,但差异程度却比较高。不同的理发师之间,不同客户要求之间,甚至是同一要求不同理发师之间,都存在较大的差异。

(4)复杂程度和差异程度都比较高的服务过程。如外科手术的过程,既比较复杂,又随着病人或医生的不同而出现较大差异。

2. 服务过程与服务特点的关系

服务过程与服务特点的关系大致分为以下四类。

(1)服务过程之所以能作为服务营销的重要组成部分,首先在于服务的不可分性,因为服务交易与服务生产、服务消费之间是融为一体的,服务不可能脱离这个整体过程。相反,服务只有经过这个整体过程才能完成。

(2)服务过程作为服务营销组合要素的合理性在于服务的易变性。由于服务是非机械化生产,难以将服务过程标准化,因此服务营销只有预先设计,特别是把握好"过程"才能把握好服务的易变性。

(3)服务的不可储存性也要求服务营销重视对"过程"的策划。服务营销只有对"过程",精心策划,才能有效地利用服务时间和调节服务的供求,从而把握好服务的不可储存性。

(4)服务过程还关系服务消费者的参与感和责任感,设计和实施良好的"过程"有助于增强客户对服务的参与感和责任感,从而满足服务消费者特殊的行为要求。

3. 服务过程管理的主要依据

服务过程的有效整合管理,依赖于对服务过程内部规律性的深刻认识,这需要进一步剖析服务过程的特征。

1）矛盾复杂性

从哲学的观点来看,服务过程就是一系列复杂的矛盾的运动。如客户所期待的服务与实际经历的服务之间的矛盾;一线服务员工和参与客户、管理人员之间的矛盾等。这其中以不同主体的行为为中心(组织、服务员工、客户),他们参与服务过程是矛盾运动的主要方面,这就提出了过程中"真实瞬间"的关键事件管理。

2)时空关联性

从经济学的观点来看,服务过程就是服务产品的构造和价值实现过程,是服务产品运动所占据的具有一定维度和范围的经济空间。服务过程所占据的时间和空间的长短和宽窄一般不是等同或同向的,如牙科诊所可能为同一患者多次服务,空间范围不大,但经历的时间跨度却很大,而邮电服务则可能要经过很长的空间路线。所以服务过程又是通过人的行为,在一定维度和范围的经济空间实现服务价值的过程,这就引出过程中的时空管理。

3)客户参与性

从管理学的观点来看,服务过程就是以人为中心,以实现服务组织、员工、客户满意为目标,以协调为本质的过程。服务一般不涉及所有权的转移,但却有多元主体要实现其利益目标。在实现多元主体利益目标的服务过程中,由于内部及外部客户的介入,人(组织、服务员工、客户)的行为表现充满变数,导致提高生产率和控制服务体系的困难,这就提出了过程中的客户参与管理。

4)过程交互性

从关系营销学的观点来看,服务过程就是服务组织、服务员工、客户三方从服务接触到建立、发展并保持长期互惠关系的过程。其中,最重要的是客户与服务者的关系,服务现场员工和客户的良性互动对于提高过程质量、提高客户满意度起关键作用。这就体现了以行为接触为起点的服务过程中互动营销管理的重要性。

三、服务过程的管理

由于服务的特性,服务过程的管理与产品制造过程的管理还有不同。比如客户的服务过程参与的管理、服务系统的组织内冲突管理、排队管理等。

1.客户的服务过程参与的管理

1)对客户参与服务过程的管理

客户往往可以由与服务人员关系的质量来判断服务质量,并从中获得满足。显然,服务人员的自我态度、训练的质量与其对服务的知识水平,对于客户的需求满足与否影响甚大。但是,服务人员毕竟只是服务系统的构成要素之一,他们虽然可以尽其所能协助客户,但却无法完全补偿整体性服务系统的不完善和低效率。

就服务过程管理而言,服务人员和服务系统之间存在相互作用。如果将服务人员的自由决策权去除,可能会使服务系统的运作更经济,并形成较为统一的一致性质量。但是,这样却会牺牲服务人员的工作满足感。因为工作一旦例行化、制度化,将降低服务人员发挥其能力,并减弱他们的工作动机,而且,可能妨碍到最终向客户提供的服务质量。

在高接触度服务业,客户也参与服务递送过程,因此服务过程系统的设计,也必须考虑客户的反应和动机。客户对服务业公司的要求,会影响服务表现者的行为。要调整对服务系统的管理,可能要先调整客户的行为,或者将客户行为从服务系统中完全除去。传统的经济理论确定了提高生产率的三种方式:

(1)改善人力质量;

(2)投资于更有效率的资本设备;

(3)将原来由人力操作的工作予以自动化。

但是,提高服务业的生产率,还应该再加上第四种提高生产率的方式,即改变消费者与服务生产者的互动方式。在改变服务系统时,必须采用营销的观点。因为只要过程管理在传统接受的服务产业部门引起各种变迁,就会直接影响到客户,但客户是否接受这些变迁则不可知。此外,客户的抗拒心理往往也是采取合理方法进行改善的一个阻碍。将服务系统,尤其是高接触度服务业区分为技术核心(Technical Core)与个人化接触(Personal Contact Service)两个部门,或许可以缓和上述的客户抗拒问题。使用这种方式,大量的工作可以在技术核心内实现(如计算机化银行交易)。但是,客户仍然和技术核心的作业有若干程度接触,因此,对客户反应保持高度敏感仍然很必要。

2)帮助客户接受服务过程管理

对客户服务包括7个步骤,以促成过程管理变迁的实施成功。

(1)取得客户信任。客户接受变迁的意愿,是被客户认为值得信赖的一个因素。

(2)了解客户习性。这一点有助于对任何变迁的合理性更成功地展现。

(3)测试新的服务程序和设备。通过实地试用获取对客户了解与其反应的评估。

(4)了解消费者行为的决定因素。了解消费者为何会采取某种行为。

(5)教导消费者如何运用服务的各种创新。客户可能会对变迁有所抗拒,尤其是对服务的器械化,因此需要对他们进行训练和辅导。

(6)利益促进及试用激励。接受度通常是客户对各种利益观念的一种函数,如果接受度不明显,则设法促进很重要。

(7)监测并评估成效。持续不断地进行监测、评估和修正。以上建议是针对获取客户的接受度而提出的,不过,这些建议也同样可以对服务员对变迁的接受度发挥作用。

2. 服务系统的组织内冲突

服务业的有些经营包括有许多小单位即多地点作业形态的管理。这些小单位往往分散于不同的地理位置。中央作业可能仅限于策略性决定事项,如选择新服务处所、规划未来服务产业、建立人事与训练政策以及控制采购与财务控制。但分支单位经理必须管理该处所的整个服务系统,他们的职责包括营销、作业和人事。即是使该处所的作业更具有整体管理的角色,而在该处所具有高度独立性的作业系统中,各项功能之间的影响与相互依存性往往造成冲突问题。例如,某作业处所管理者想要均衡作业和营销上的需求,或者想要均衡作业上和人事上的需求时,每当一种创新服务被引进时,营销上和作业上总会出现功能间冲突。

据调查,造成这种功能间冲突的原因主要来自以下四点。

(1)变迁动机不同。在不同的功能部门,对于系统变迁各有不同的动机。如作业方面,可能根植于技术上的开发进展,而营销方面,则可能根植于提高市场占有率的可能性。

(2)收益取向不同。作业经理人往往关心提高效率和降低成本,营销经理则追求营业额与收入增加的机会。

(3)时间取向不同。营销人员往往采取短期导向,关注短期性的情况,而作业人员则着眼于新技术及新作业程序引进的长期导向。

(4)新型服务认可不同。在既有作业中加入新服务产品的认同不同

引进新的服务产品并不一定是与原有的服务过程相容的,而且不一定与既有的作业系统相适合。克服功能间的冲突一般可采取以下几个方式:

(1)功能间转移。用工作轮调方式让员工能在不同功能组织间保持流动。

(2)任务小组制。成立任务小组,以整合各种不同功能性观点,并解决功能间冲突。

(3)新任务新员工。为现有员工重新定向,并从其他单位甚至是企业外引进新人。

(4)现场培养营销导向。在工作现场负责的经理人可经由以下方式激励其员工增强消费者导向:

①分散营业收入责任,建立成本基准评估制;

②对内营销,欲使各种服务产品的创新赢得合作、支持与接受,除了需要对外营销,也需要进行对内营销;

③以程序手册来控制,如将消费者导向的服务程序以及控制方式,均编制成程序手册,以供遵照使用。

组织内冲突通常源于服务作业的性质及其结构。例如,许多地点作业的服务业都采用直线与小组的组织方式,即每个作业地点都有人负责,每个人的激励方式都会考虑到每个作业地点决定权以及控制程度与影响力。有些服务业务需要给分店营运负责人以较高程度的授权以及机动性。另外,有些从事较为标准化类型的服务业,则可能需要严格奉行制定的程序和标准,并不需要分店负责人拥有太多的自主权。

3. 服务过程质量控制

质量控制是服务过程管理和控制的重点之一,质量控制原则主要包括:

(1)质量控制关系到服务作业中的每一个人,也包括看得见或看不见的各种任务。

(2)各种质量控制制度应能发掘质量缺陷及奖励成功,并协助改善工作。

(3)以机器替代人力,尤其是取代那些例行性的服务工作,应有助于质量控制。

美国的某家航空公司通过研究以下事项来执行服务过程质量标准:

(1)每位客户在取得飞机票时必须花费多少时间;

(2)将行李从飞机上卸下来需要多少时间;

(3)有电话进来未接听之前只应允许它响多久。

经常被人称许的麦当劳公司,对质量标准的注意事项有:

(1)汉堡包在多少时间内要翻面多少次(经常翻面);

(2)未卖出的汉堡包只能保存多久(逾时即弃);

(3)未卖出的炸薯条只能保存多久(逾时即弃);

(4)收银员应当以目光接触每一位客户,并微笑。

以上这些事例表明,在服务递送过程中建立质量控制标准应当是能够做到的。不过,在制定标准和执行上可能比制造业困难。另一方面,服务作业上许多可以改善生产率的原则,也都可以引用来改善质量。如器械的采用、时间与动作研究、标准化、分工专门化、装配线作业原则的利用、加强训练以及注重工作安排和注意工作组织等原则和措施,均可用来改善质量,尤其以科技的利用最有成效。

4. 排队管理

排队管理是服务企业在服务过程的管理中的重要一环,也是服务企业调节服务供求矛盾的重要方法。所谓排队就是客户在等消费服务前的排队等候,当需求超过服务企业的运作能力时就会出现排队现象。当难以预料客户要求服务的时间时,无法预料服务的持续时间时,排队现象就容易出现。

等待成了我们生活的组成部分,在服务需求大于服务供给时都有排队现象。"我们买什么东西时,等待就是价格的一部分",人们对时间赋予更高的价值。工作时间大大缩短了,但是交通的堵塞照样压缩了自由活动的时间。等待意味着时间的浪费。现在客户不愿意长时间排队,客户不仅要求优质服务,而且要求速度快捷。

排队现象的出现有其客观原因,在设计服务过程、调节服务的供需关系时就考虑到了一定量的排队现象的必要。为了降低成本,提高服务的生产能力的利用率,必须考虑让客户进行一定时间的等待。同时,受客观条件的影响,客户等待也是必然出现的现象。

但长时间的等待就像劣质产品一样会损害服务产品的形象,会损害与客户之间的关系。所以对服务企业来说,必须了解需求的高峰出现的时机以及它有可能带来的客户等待,必须选择适当的运作能力以避免长时间的等待。当客户必须等待时,要倾尽全力缩短客户能意识到的等待时间。

客户等待的耐性主要是由两方面决定的:一方面是主观上感受到的时间,另一方面是客户期望的时间。主观上感受到的时间与实际等待的时间是有很大差别的,在不同条件下等待,同样1min可以使人感觉到很短或者是漫长无比。而客户的期望时间取决于多方面,客户的时间价值观念或者服务的价值等。如在节假日前夕到大商场,客户就已经在心理上准备了要在收款台前等待。实际上,在服务中客户等待时的心情是非常重要的,这会影响客户主观上感受到的时间,从而缩短期望时间与感受到的时间的差距。在服务过程的排队管理中,管理者需要花费很大一部分精力考虑如何适当处理排队现象,并使等待看起来短一些。

5. 服务过程的构建

在确定服务过程时,需要考虑的关键性问题大致有:

(1) 服务过程中应包括有哪些必要的步骤;

(2) 这些步骤是否可以取消或者合并;

(3) 每一步骤的产能是否均衡;

(4) 客户在哪些地方会介入服务;

(5) 不必要的客户接触是否可以减少甚至取消;

(6) 科技是否可以用来加速过程的进行;

(7) 是否有些过程中的步骤可以转移到其他部分去。

四、服务过程的影响因素

在对服务过程进行分析的基础上,还要进一步仔细分析影响服务过程的因素,以便制定正确的服务过程策略。

1. "接触面"的过程影响因素

首先,服务系统的互动部分反映了客户与服务组织的接触,而客户所能体验到的"服务过程"特性也产生于这个重要的"接触面"。对它产生影响的有以下几个因素:

(1) 服务过程中的客户。服务的生产过程与消费过程的同步性决定了客户或多或少都要参与到服务过程中来,因此,客户的服务体验具有即时性、瞬间性、实地性。所以倘若在服务过程中,有哪个环节出了小小的差错,其结果都会使客户对服务不满意,并无法挽回。

(2) 与客户接触的员工。接触客户的员工即服务的一线人员地位很重要,他们需要在关键时刻通过观察、问答及对客户行为作出反应来识别客户的愿望和需求。他们还能进一步地追踪服务质量,在发现问题时及时采取对策。

(3)服务系统和运行资源。包括排队系统、客户服务呼叫中心、资金汇总系统、自动柜员机系统或在线服务系统等。许多种系统和程序都影响服务和执行任务的方式,并且对服务质量有双重影响。首先,客户必须和这些系统互动,所以它们直接影响客户对服务质量的感知。例如,当客户面临要求填写的文件太烦琐复杂时,就会感觉服务质量较差。其次,系统和程序对员工作业也有影响,如果某种系统太旧或太复杂,在其中操作的员工可能会感到困惑或烦恼,从而产生负面激励,导致服务质量下降。

(4)有形资源和设备。它们构成了服务过程中的服务环境组合,包括行情显示器(台式+挂式)、方便交易的物品、室内布置与装修、音乐等。一切对服务接触有积极感知帮助的氛围和有形因素,共同构成了服务过程的可视部分。客户、员工、运行系统及资源在此环境中相互作用。这些有形资源和设备对服务质量起着不容忽视的作用,因为客户可以在此环境中感觉到自己参与服务过程时的难易程度,以及得出服务环境是否友好的结论。例如,银行营业厅里摆放着自助咖啡机、糖果、大沙发以及报纸杂志等,提供给等候服务的客户,这些有形资源无形中提升了客户对服务质量的感知。

2. 支持系统的过程影响因素

这部分虽然不被客户所见,但直接影响互动部分的效率和效果,不能因为客户看不见而有所忽视,而应该将其纳入服务过程营销的整体设计之中。

(1)系统支持。这种支持是强调在可视线背后的支持系统,与前面互动部分中的系统和运行资源有所不同。例如,银行如果购置了一套速度很慢的计算机系统,就无法满足及时进行快速决策及日常的现金调拨的要求,数据库也无法为接触客户的营业员方便快捷地提供服务信息,这就是可视线后的支持系统影响了服务过程质量;但如果是出于柜台风险控制而增加客户从银行提取现金的手续,则是可视线以内的管理系统影响了服务过程。

(2)管理支持。这种支持决定着企业的文化,即决定服务组织的共享价值、思考方式和工作群体、团队和部门的工作情况。如果经理和主管没有为团队树立一个好典范,也没有能力鼓励团队关注客户和培养服务意识,整个服务组织为客户提供优质服务的兴趣就会减弱,进而损害服务过程。

(3)物质支持。与客户接触的员工要正常完成工作,常常要依赖无法被客户直接看到的各职能部门及其所提供的物质支持。这些提供支持的职能部门的员工必须将与客户接触的一线员工视为自己的内部客户,使内部服务质量与提供给最终客户的服务质量一样出色,否则会使一线员工的工作积极性受到挫伤。这一服务过程阶段出了差错,也将影响客户感知的服务过程质量。

第五节　汽车服务创新及其产品

一、服务创新简介

1. 服务创新的定义

1912年,经济学家J. A. 熊彼特在《经济发展理论》一书中提出创新的定义及其理论,并归纳为5个方面,即研制或引进新产品、运用新技术、开辟新市场、采用新原料或原材料的新供给以及建立新组织形式。创新理论受到普遍重视,从单纯的经济学概念演变为含义宽广的哲学概念,包括思想理论创新、科学技术创新、管理创新、经营创新、机制创新、制度创新、知识创新等。从经济学角度来看,创新可以被认为是创新主体以及创新要素交互作用下的一种复杂现象,是在一定的创新生态环境下经过技术创新与应用创新共同作用所产生的结果,并成为经济发展的动力。熊彼得认为,创新是"建立一种新的生产函数",即"生产要素的重新组合",其把一种前所未有的生产要素和生产条件的"新组合"引进到生产体系中,通过对生产要素或生产条件的"新组合"获得利润;无论发明还是创造只有经过市场化获得实质性的利益回报才能称为创新,否则只能被称为发明或创造而非创新。所以,能否获得利益回报是构成创新的一个要素。

服务创新通常是指通过非物质制造手段所进行的增加有形或无形"产品"之附加价值的经济活动。服务创新被认为是推动现代服务业实现优质发展的动力,以智能化、网络化、数字化为主要特征的生产模式将对服务业现有的技术手段、管理模式、组织结构以及信息交流方式产生巨大的影响。服务创新是一个复杂的现象,不仅具有多维度特性,同时还具有独特的行业特性。服务业具有不同于制造业的行业特性,服务行业特性在很大程度上造成服务创新有别于制造业创新。与制造业创新相比,服务创新更为复杂,其原因主要是服务创新不仅具有创新本身所固有的多维性特点,同时还具有自身行业的特殊性。

经济合作与发展组织(OECD)把服务创新定义为:企业在运作过程中,使用全新或具有实质性改进的生产过程、采用全新或具有实质性改进的营销新方法或组织新方法、提供全新或具有实质性改进的产品或服务。也有学者认为,无论是增加了的服务内容还是改变了的服务传递方式均可视为服务创新。因此,服务创新是指客户在以往获得的服务中未能体验到的改变,同时这些改变需要提供这些服务的提供商以及购买并体验这些服务的客户在双方的能力方面也需要加以改变。

2. 服务创新的体现

服务创新体现在变化程度、变化种类、变化的新颖性以及变化途径与方法四个方面,涉及某个已有服务在多个维度上发生的变化。

(1)变化程度。根据变化的程度对服务创新进行分类是现阶段最基本方法,变化程度包括突破性与渐进性。技术方面的差异以及满足客户需求方面的差异也会导致服务创新在变化程度上出现差异,因此把服务创新视为在为提供核心服务而进行的各项活动中取得的新突破或新进展。突破性创新具有非延续性与全新性,包括经过改变的过程、全新的服务、新政策、各种系统的新组合等一系列内容。

突破性创新能够创造并提供全新的服务产品,其与渐进性创新的差异就在于新的服务产品具有以往服务产品无法提供的新特点。因此,具有突破性创新特点的服务产品与以往服务产品之间不存在相同的特性。同时,购买和使用这种新服务的客户需要通过学习具有能力共同创造新服务带来的价值,从而实现价值共创。渐进性创新是一种对已有服务产品所进行的有限改进,本质特点变化不大。虽然新的服务产品增加了新特点,但是没有改变已有服务产品整体的本质特点。渐进性创新经常需要与客户进行互动交流,可以发生在已有的服务产品上,也可以发生在新的服务产品中。

(2)变化种类。创新分为产品创新(提供的新产品)、过程创新(使用的新生产方法)、原料创新(使用的新资源或新原料)、营销创新(发现并开拓新市场)以及组织创新(使用新的组织形式)。服务创新分为技术性创新与非技术性创新两大类,产品创新与过程创新为技术性创新,传递、战略、管理以及营销为非技术性创新。产品创新、过程创新与新产品有关,非技术性创新与改进生产方式有关,与组织创新的内涵存在一定程度的交叉与重叠。

(3)变化新颖性。变化的新颖性可以体现在市场与企业两个层面,市场层面的新颖性是指提供的服务在整个市场上具有领先性;企业层面的新颖性是指生产的服务对于企业本身具有首创性。从市场层面和企业层面区别变化新颖性,在本质上构成服务创新的核心部分。

(4)变化途径与手段。通过更新优化组织与管理等非技术创新同样可以实现服务创新,即可由技术创新导致变化,也可以由组织创新导致变化。服务创新可以发生在生产过程、改善生产过程以及企业组织与管理等多个方面,因此把服务创新分为技术性服务创新和管理性服务创新。

由于服务生产与消费具有同步性,服务价值由服务供应商和客户双方共同创造。在服务过程中,需要两者进行有效的交流,因此交流界面成为服务创新的重要方面。按照交流界面服务创新分为两类,即依托计算机与网络进行的界面创新(E-innovation)、依托人际交流进行的界面创新(P-innovation)。网络交流通过计算机与网络为客户提供服务价值,人际交流通过人与人之间互动为客户提供服务价值,因为价值共创以及客户体验成为目前服务业发展的方向,围绕网络互动和人际互动展开探索对进一步推动服务创新具有重要意义。

3. 服务创新的主要特征

(1)服务创新具有一致性。服务创新通常以获取更多利益为目的,产生的结果应能够有效促进企业的发展。一般情况下,接受服务的客户主要是人,所以服务创新的结果可以产生宣传舆论。因此,企业的经济利益和社会利益在某种程度上是一致的。

(2)服务创新具有多维度。服务创新需要引进多元化的新元素,包括销售方式、与客户互动方式、新型服务交付系统(表现为新的工作程序)、新的组织概念或后台设置、对新一代信息通信技术或个性化软件的需求等。由此看出,服务创新的外在表现形式多样,技术仅是其中较小的模块,一些非技术性或者社会性的创新更为重要。

(3)服务创新具有渐进性。服务创新并不意味着必须改变原有的一切,而是在原有的基础上加以改进。服务创新的最终目的是为了增加产品附加价值,要给企业创造市场竞争力。但是,只修改一些无法满足市场需求及客户需求的过程,也不能将其归入服务创新的范畴。服务创新是一个动态的、持续性的过程,一次的改进无法保障具有长期效果,所以必须根据实际情况不断进行服务创新。

(4)服务创新与过程创新紧密相连。服务创新涵盖了产品设计、技术研发、生产过程、交付流程等多方面创新。由于服务的不可储存性,服务产品和服务过程之间就不可能相互独立。因此,要进行服务创新活动首先需要改进的就是过程,而且任何服务创新活动通常都会贯穿于产品的整个服务程。

(5)服务创新是以客户需求为中心。服务创新一般是由客户需求驱动,关注客户的需求对服务创新有着积极的推动作用。客户导向是服务创新的内在动力,制定服务创新战略时必须以客户客户的需求为基础,对客户需求的变化及时作出反应和调整。一般来讲,客户需求包括潜在需求、外在需求两部分。服务于客户的外在需求能够应付当前情况,而挖掘和分析客户的潜在需求,就能够走在行业创新的前列。

(6)服务创新的核心是服务质量。一方面,服务质量是指客户实际获得的服务感知与其期望中的服务感知的差别,作为衡量服务质量的指标具有主观色彩。另一方面,可以从服务质量的保证性、有形性、功能性、舒适性、响应性、经济性、可靠性等维度来衡量实际服务质量。因此,服务企业应以科学的服务理念为指导,结合服务运营实际状况,创新服务质量保障机制。

4. 服务创新的影响因素

依托新技术满足客户需求的服务能力不断提高,对服务的个性化需求加大,服务业发展理念发生了巨大变化。重视客户需求、注重客户体验、强调价值共创成为现代服务业发展的主流趋势。

(1) 客户需求。现代服务业发展理念认为,客户参与价值创造具有决定性作用,客户需求不可忽视。服务创新的目的是通过不断满足客户的需求实现服务的价值,因此无论如何强调服务创新所采用的新技术或新产品,如果其使用价值不被认可,则服务产品的新颖性就无从谈起。因此,从外向角度也就是从客户感受的角度来评价新服务具有的新颖性会更加可靠,得到市场认可的新颖性才最为关键。

(2) 利益回报。通过"实现新组合"获得利益回报是创新的构成要素。为此,构成服务创新的前提条件包括:

①可实施性,创新必须在企业运作的实践中加以应用;
②可获利性,创新要为实施创新的企业带来利益回报;
③可复制性,创新可以为其他企业或第三方所使用。

基于以上的条件,服务创新的本质可进一步概括为:服务创新是一种全新服务或者是在原有基础上加以改进而出现的一种新服务;新服务要加以实施并为企业带来利益回报;利益回报来源于为客户提供的新颖性服务所产生的附加值。因此,不能忽视利益回报作为服务创新构成要素的重要性以及必要性。

(3) 价值共创。服务创新具有鲜明的行业特点,不仅具有无形性还具有价值共创性。价值共创是由服务的生产与消费同步性产生,因为实现服务价值创造离不开供方与客户的共同参与。由于服务创新具有无形性以及共创性,服务创新在产品与过程两个方面相互交织且往往结为一体,加之服务创新经常被认为是过程和结果,因此服务创新在本质上意味着在价值共创方面具有新颖性。

实际上,服务创新是通过满足客户需求在价值与收益方面所产生的变化,具有新颖性的服务产品通过价值共创与客户体验而获得的市场利益回报。对于购买并使用新服务的客户而言,服务产生的新价值要比服务带来的新特点更为重要,因为他们并不在乎如何开发并形成服务新特点的过程,而是更加在乎新服务能够给他们创造何种价值。强调价值共创和关注客户体验是现代服务业发展的主要特点。

二、汽车服务创新产品

1. 产品服务系统类型

产品服务系统(Product Service System,PSS)是由产品及其服务构成的经营体系。通过产品和服务两者的有机结合,可实现客户需要的某种功能或效用,甚至在客户不拥有产品所有权的情况下其需求也能得到满足。PSS 是服务经济背景下的一种新的商业模式,以实现可持续发展为最终目的。在满足客户需求的同时,尽可能减少物质产品的数量和能源的消耗,并保证企业的利益增长、延长产品的生命周期及降低对生态环境的破坏。

依据产品和服务所占比重以及客户对产品所有权的不同,产品服务系统分为三种类型,即面向产品、面向使用和面向效用导向的产品服务系统。面向产品导向的服务系统,是指产品生产企业出售产品产权给客户,并为客户提供必要的维修服务;面向使用导向的产品服务系统,是指产品生产企业保留产品产权,以多种方式(租赁、共享等)向客户出售产品使用权;面向效用导向的产品服务系统,是指产品生产企业向客户出售的是一种关于服务绩效的承诺,产权保留在产品生产企业方。三种产品服务系统模式在经济学意义上都属于传统的特色和利益营销,即强调合乎品质要求的产品和令人满意的客户服务,追求产品和服务上的特色和利益。面向效用导向的产品服务系统相较于另外两类产品服务系统,其服务化程度最高;在整个产品的全生命周期内,产品的使用权和所有权都归企业或生产者所掌握。此外,根据竞争优势对产品或服务依赖程度的不同以及交易过程中产权是否发生转移,还可将产品服务系统划分为面向产品的产品服务系统、面向方案的产品服务系统、面向应用的产品服务系统和面向效用的产品服务系统四种类型。

2. 产品服务融合经营

随着服务经济的兴起和发展,全球制造业正在经历从"生产型制造"向"服务型制造"的转变。服务型制造是在制造价值链的各节点上,通过产品和服务的相互融合、客户全程参与,为客户提供产品服务的一种经营模式。许多制造企业都在进行服务化转型,并在此过程中以客户需求为中心,不断进行服务创新。产品服务融合是"产品+服务"相互整合的经营模式,当制造商向客户提供产品的同时也向客户提供服务。

基于产品服务融合的服务创新模式已在某些装备制造企业的经营中得到应用。通过服务化转型,实现了从提供产品的制造商向提供集成解决方案的服务商的转变,企业从产品经营向服务运营转变。以产品服务所产生的利润增长为目标,进行产品与服务的相互融合,为客户提供产品服务,如售后支持服务、升级改造服务、备件服务、循环利用服务等。其中,售后支持服务是为客户提供产品的技术咨询、安装调试、检验维修、技术培训等;升级改造服务是对设备技术性能进行升级,使其能够继续创造使用价值;备件服务是提供零库存管理服务;循环利用服务是提供报废回收、再利用和再制造等服务。

3. 商用汽车大客户服务创新产品

所谓大客户(Key Account,KA),又称重点客户、主要客户、关键客户、优质客户等,是指对产品(或服务)使用频率高或使用量大,对产品生产企业的经营业绩能产生一定影响的客户。另外,根据产品使用的特点,还有行业大客户之分。行业大客户是指产品的使用量较大,而且每年还有一定的新增数量,能够给生产企业带来一定的品牌影响或经济收益,相对稳定或有成长性的行业性客户,如公交公司、物流集团等。

商用车作为运输生产工具,其使用要求是运行安全、生产效率高和经济效益好。随着运输市场集约化发展,商用车运用由分散型经营逐步转变为集团化运作。汽车制造商之间的市场竞争也由价格、配置竞争,过渡到品牌、服务竞争。由于大客户一次性购买或保有的车辆数量较大,除对车辆的安全性、可靠性、经济性及环保性等提出较高的要求外,还对售后服务有更高的要求。因此,传统的售后服务模式已逐渐无法满足商用车大客户的服务需求。在各品牌商用车质量趋于同质化的环境下,客户要求制造商直接提供服务的意愿也在不断加强,尤其在服务的便利性方面需要提供服务创新产品。于是,各大商用汽车制造商积极对标国际上的服务创新模式,以大客户为中心开发服务创新产品。

针对商用车大客户的服务创新产品主要有"全网签约服务、延长保期服务、全包保修服务"三大类型,以创新服务的方式推动形成"产品+服务"的全价值链经营体系。

1) 全网签约服务

全网签约服务是指大客户与制造商签订维修服务协议,其所有车辆的维护及"三包"以外的修理业务全部在制造商的服务网络店(4S店)站(特约维修站)进行,要求使用原厂配件、维护修理费用统一结算,在签约服务网络店站进行维修后不需单独当次结算。全网签约服务产品可为大客户的所有车辆在维修、结算等方面提供全网络、全过程无忧服务,这种服务产品涉及制造商、服务商和大客户三方面利益,各方面的职责主要是:

(1) 制造商职责:对服务网络中为大客户车辆提供维修服务的行为进行监管和考评,并与服务网络店站结算相关费用。

(2) 服务商职责:提供相关维修服务,向制造商申报费用并接受其监管和考评。

(3) 大客户职责:负责对其车辆进行监管并对需要维修的车辆进行确认,按规定时间与签约制造商对账结算后支付维修服务费。

2) 延长保期服务

延长保期服务是面对大客户车辆超过保修期后的服务需求,由制造商或服务商提供延长保修期的服务产品。例如,对大客户车辆给予一定的延长保修时限、里程等优惠。这种服务产品不仅适用于大客户车辆,还可适用于符合条件的个人车辆。

3) 全包保修服务

全包保修服务是由专业汽车服务商承接大客户车辆的定期维护、故障维修等业务,或者全面参与大客户车辆管理的一种服务产品。其主要针对大客户的"只管用车,不管维修"的用车需求,并以提高车辆使用效率及减低使用费用为目标。

4. 其他汽车服务创新产品

1) 保姆式服务

保姆式服务是指全过程、全方位、24h随叫随到的服务产品。对于集团大客户,目前已有部分制造商采取保姆式服务。实践证明,保姆式服务对提升大客户满意度有一定的效果。保姆服务模式主要从运营线路保障、服务站驻点保障、专项配件储备、定期回访和维护提醒、定期上门拜访及培训、利用车联网开展运营支持等方面提供服务。

保姆式服务还针对大客户设立服务顾问,从售前检查、交车、运营、走保、定保全程跟踪保障,全面负责车辆的保修、协调、跟踪、反馈、培训等工作,紧密跟踪车辆的使用状况。

2) 管家式服务

在保姆式服务基础上升级为管家式服务,即通过监测客户车辆的性能参数,增加车辆管理功能,相对保姆式服务是一种服务创新。通过建立快速反应服务体系,充分利用技术专家团队,通过微信群等联络形式,及时协调处服务诉求。同时,借助车联网平台实时监控车辆运营状态,参与车辆管理,确保车辆运营效率。

3) 个性化服务

个性化服务是指根据客户的不同需求,定制区别于其他客户的、具有特色的、能充分满足客户独特需求的服务产品。如根据客户的主要运行路线,为客户定制服务保障方案,在其运营线路沿线提供配件储备,开启绿色通道为客户优先调配发运配件等,确保维修服务及时到位等。另外,根据大客户车辆维护修理特点、长期运营的区域等因素,选择较优的地理位置建立服务站,为大客户提供更大的便利性服务。

此外,"互联网+"是提高汽车服务便捷性和有效性的重要途径。基于车联网和智能化技术,开发具有车辆运行状态远程监控、故障状态智能诊断或对驾驶行为进行大数据分析的智能化系统,可为保障车辆运行安全、提高运输效率、降低运营成本提供智能化服务管理。

大客户作为最优质的客户资源,需要制造商或服务商提供差异化的服务。再按传统模式提供服务保障,已经不能满足大客户的需求。特别是,为适应汽车产品电动化、智能化及网联化的发展,制造商或服务商必须不断深入探讨客户需求以创新产品服务模式。

复习思考题

1. 名词解释:
①服务产品;②有形产品;③无形产品;④产品服务;⑤汽车服务产品;⑥生产要素;⑦生产系统;⑧生产;⑨运作;⑩线性作业;⑪间歇性作业;⑫订单生产;⑬服务创新;⑭大客户;⑮产品服务系统。

2. 按照产品中无形服务部分所占的比例可以把产品分为几种类型?

3. 服务产品的生产有何特点?

4. 产品服务的主要特点是什么?

5. 汽车服务产品有几种类型?

6. 生产要素有几类?

7. 汽车维修服务生产要素有哪些?

8. 生产系统有几种转换类型?

9. 生产系统应该具备哪几方面的功能?

10. 生产过程通常有几项基本活动?

11. 生产与运作的表现形态有何不同?

12. 服务过程管理的主要依据有哪些?

13. 简述汽车销售服务运营体系结构。

14. 简述汽车维修服务生产体系结构。

15. J. A. 熊彼特归纳总结的主要创新形式有哪些?

16. 服务创新主要体现哪些变化?

17. 服务创新有哪些主要特征?

18. 服务创新有哪些主要影响因素?

19. 产品服务系统分为哪三种类型?

20. 针对商用车大客户服务产品创新的类型与特点有哪些?

第五章 汽车服务价值及其价格

第一节 服务产品的使用价值

一、使用价值及交换

使用价值是一切商品都具有的共同属性之一，任何商品都必须具有可供人类使用的价值；反之，毫无使用价值的物品是不会成为商品。商品具有能满足人们某种需要的效用，如粮食能充饥，衣服能御寒，是交换价值的物质承担者，是形成社会财富的物质内容，如空气、草原等自然物以及不是为了交换的劳动产品是没有价值，但有使用价值。因此，商品的使用价值是指能够满足人们某种需要的属性。使用价值是物品的自然属性，使用价值是价值的物质基础，与价值构成商品二重性。

在商品交换中，普遍注意到的是使用价值，并且将其与满足人们需要的程度相联系。在长期的生产与交换实践中，对使用价值概念的共同认识是，凡不能满足人们某种需要的物，不论是自然占有物还是劳动产品，都不具有使用价值。实际上，使用价值在市场中具有两种基本属性，一是相对于人类而存在的自然属性，反映的是人与自然界的关系。也就是自然占有物或劳动产品作为自然界的物质而存在，能够满足人们的某种需要，其使用价值由物的自然属性加以规定，且随着科学技术的不断进步而不断得到开发。这说明物的使用价值是随着人类物质生产活动方式的不断进步而被不断得到开发和利用的。如果包含在物中的有用性越多，那么为人类所利用的范围就越广，因而物的使用价值也就越大。二是交换者主观需要上的使用价值。不为交换者主观需要的物品，即使具有使用价值，也很难用于交换。实际上，在市场交换中，使用价值应首先不为占有者所需要，也就是在让渡过程中，使用价值对于占有者来说是作为非使用价值而存在的，而对交换的另一方来说是使用价值。这是从市场的社会性来考察使用价值的，因而反映了使用价值的社会属性。

使用价值从人和自然界的关系去考察，反映着使用价值的自然属性，这种自然属性在任何历史条件下都存在。使用价值用于交换，则反映了交换者主观需要上的使用价值，它包含着隐藏在其中的社会属性，它由一定的经济条件和社会条件所决定。总之，前者是形成交换的必要条件，而后者则是形成交换的充分条件。

由于生产、交换和消费是人类从事物质生产活动的基本内容，因而物的使用价值最先为人们所注意，正如马克思曾经推测到的："使用物品可能成为交换价值的第一步，就是它作为非使用价值而存在，作为超过它的所有者的直接需要的使用价值量而存在，物本身存在于人之外，因而是可以让渡的"。即使最原始的交换，如果占有物不具有上述两种属性，那么交换也不会发生,因而价值也无从考察。

任何商品都具有价值和使用价值两种属性,并通过价格为表现形式。价值就是凝结在商品中的无差别的人类劳动,商品的价格是由价值决定。从微观上讲,使用价值、价值和价格三者互相影响,互为因果关系,商品价格围绕价值波动,也会受到使用价值的影响。例如,二手车的使用价值、价值和价格。二手车即所说的旧汽车,是经过使用一段时间以后转卖的汽车,而且具有手续齐备、价格较低的特点。在进行购车时,必须要明确有车辆的使用价值,并对汽车的继续使用价值进行相应的鉴定,才能确定购买价格。

二、服务产品的使用价值

人类的劳动会产生两类成果:一类是以实物形式存在的劳动成果,即实物劳动成果,或称为产品、货物;另一类是不能以实物形式存在的劳动成果,即非实物劳动成果。前者一般被称为实物产品,后者一般被称为服务产品,或称为服务。

不管劳动成果采取实物形态,还是非实物形态,只要它能满足人的需要,解除相对稀缺,就说明人类从事劳动的目的已经达到,人们也就承认它是社会产品。而服务,比如教育服务、医疗服务、文艺服务、交通服务、旅游服务、信息服务等,事实上都具有满足人多方面需要的功能,并由此与实物劳动成果构成互相补充或互相替代的关系,理所当然地被包括在社会产品之中。

按照产品使用价值的用途,服务产品也可以分别归入第一部类和第二部类。

首先,服务产品既包括为工农业生产服务的产品,比如农业科技服务、农业销售服务、工业运输服务、工业信息服务等,也包括为服务业本身生产所需的服务产品,如流通部门所需的信息咨询服务,商业部门所需的仓储、维护、货运服务,科技部门所需的电信、保安、清洁服务等,这些都构成了服务形式的生产资料;其次,服务产品还包括为人们生活服务的产品,如家政服务、社区服务、教育服务、卫生服务、文化娱乐服务、客运服务、旅游服务等,这些构成了服务形式的生活资料。另外,精神产品或知识产品,在存在形式上可分别采取实物形态或非实物形态,一类是以实物形式存在的,比如设计图纸、书刊、报纸、图画、唱片、音像制品、磁带、摄影作品、电影拷贝、计算机软件等,另一类是以服务形式存在的,如咨询服务、演出服务、教学服务等。但不论以哪种形态存在,只要属于服务产品的,也都可以归入生活资料或生产资料的两大部分。

服务与劳务的主要区别在于:第一,服务是社会劳动分工的产物,是生产力发展的表现;而劳务是人们将自己的劳动能力提供给他人驱使,是生产关系发展的表现。第二,在生产活动过程中,服务生产的特点是服务生产者必须具备劳动者、劳动资料,其劳动对象则由消费者来提供或指定;劳务生产的特点则是,劳务生产者仅具备有劳动者,劳动对象和劳动资料均由消费者提供。因此,服务和劳务是性质不同的两个经济范畴。

服务是对他人(自然人或法人)增加价值,并主要以活动形式表现的使用价值或效用。服务的实用价值或效果,往往在短期内不易感受到,通常要等一段时间后,使用或享用服务的人才能感觉到服务所带来的利益。服务是一种执行的活动,由于它的无形性,服务在被购买之前,无法像有形产品一样被消费者看到、尝到或感觉到,这正是服务与有形产品之间的差异所引起的。所以客户在购买服务产品时,有时因为难以确定其品质而要承受不确定与风险;因此,当代服务提供者正尽可能使无形的服务有形化,即在某些情况下服务提供者的生产形式是"物化服务"。

"物化服务"就是把服务物质化,一种情况是服务生产者改变了一些人或者他们所拥有的商品的状态以后,服务就被认为是"物化"了,这种改变对个人或商品所有者是有实际价值的,如学生受益于教师的物化服务,病人受益于医生的物化服务;另一种情况是现代化手段实现物化服务,比如把乐队演奏或演员演出的全过程录音录像,制成磁带或录像带,把计算机程序编成软件等,这就实现了服务的物质化。

按照服务对资本、技术、劳动力投入要素的密集程度,服务可分为:资本密集型服务,如空运、通信、工程建设服务等;技术和知识密集型服务,如银行、金融、法律、会计、审计、信息服务等;劳动密集型服务,如旅游、建筑、维修、生活消费服务等。随着科学技术的发展,服务行业产生了质的变化,使得服务业迅速扩大,服务项目迅速增加,成为社会经济中的主要部门。

许多服务行业是从制造业分离出来,形成独立的行业,其中以技术、信息、知识密集型服务业发展最快,其他如金融、管理咨询等服务业,由于运用了先进的技术手段,包括硬件和软件技术的应用,也很快在全世界范围内扩展,即使是传统的服务业,如运输、贸易、旅游、饮食、建筑等也借助于先进的科学技术手段,加速生产设备的更新换代,大大提高了劳动生产率。所以服务相对于第一和第二产业的大多数产品来说,知识和技术含量大,智力因素较高。

应当指出的是,服务的以上特性只是相对的,在现代市场经济体系中,特别是随着知识经济的到来,服务与商品存在一定的替代性和统一性。在不少情况下,替代性表现在服务可以替代商品,如运输服务可以替代工农业生产者的自备运输工具,到餐馆就餐可以替代消费者自己的炊事活动。反过来,商品也可以替代一部分服务。另外,在当前,人们对于商品和服务的需求都是通过货币购买来实现的,而且一部分服务与商品已连为一体,不可分离,这充分体现了两者的统一性。

服务产品的使用价值主要体现在以下几方面:

(1)作为消费资料可以满足人们生活需要。人的生活需要一般可分为生存需要、发展需要和享受需要。在服务业提供的服务产品中,有相当一部分是生活必需品,能满足人们衣食住行最基本的需要;服务在提高人们素质中也起着重要作用,比如外出旅游,增长见识等;人们在享受实物商品时,往往也离不开服务的补充,例如人们在外出就餐时,不仅要享受美味佳肴,而且还要享受一流的服务和美的就餐环境。

(2)作为生产资料可以满足生产需要。例如在现代社会,为生产者提供信息,能增加公司的生产率和提高工作效率。为生产服务的行业,既包括围绕企业生产进行的,如生产管理咨询、计算机应用、会计、广告等,也包括一些相对独立的产业服务,如金融业、保险业、房地产业、法律和咨询业等,这些在发达国家均占重要地位,现代市场经济条件下,它们的扩张与生产经营活动变得更加复杂和紧密相连。

(3)服务的使用价值也是社会物质财富的表现形式。在发达国家,说科学技术服务和信息服务是财富,绝不会有人怀疑。事实上,现在世界上很多国家和地区,都把发展服务的生产作为增加国民财富的重要方面,如巴拿马的经济支柱就是巴拿马运河上的各种服务业创造的服务产品;奥地利的蒂洛尔州,旅游业的收入占国民生产总值的1/2。

(4)服务的使用价值还具有一些特殊功能。

①具有节约社会劳动时间的功能。由于服务社会化程度提高,为一切消费服务的人们节约了生产时间、工作时间,增加了空闲时间。而且,在现代发达市场经济社会,各种各样的

专业化服务,对全社会都有节约劳动时间的功能。

②具有提高社会劳动生产率的功能。由于服务的使用价值具有节约社会时间的功能,因而也就具有提高社会劳动生产率的功能。现代发达国家的生产率之所以提高,其中的一个重要原因就是形成了发达的服务产业,建立起了生产、流通和消费的服务体系。

③具有密切各部门各地区经济联系的功能。服务业的许多部门,如交通运输、邮电通信、商业金融、咨询广告、信息流通等行业,实际上是社会经济的循环系统和神经系统。

④许多服务的使用价值有延展性。使用价值并不随着消费活动的终止而完结,因为消费者得到的有些服务是终身受益的,如教育服务,就不是短暂的而是长远的,知识类的服务有些甚至是无价的。

三、汽车服务产品使用价值

商品是为了出售而生产的劳动成果,是人类社会生产力发展到一定历史阶段的产物,是用于交换的劳动产品。使用价值是指商品能够满足人们某种需要的属性,价值是指凝结在商品中的无差别的人类劳动。商品的基本属性是价值和使用价值,价值是商品的本质属性,使用价值是商品的自然属性。汽车服务产品有许多种,其使用价值各不相同,见表5-1。

汽车服务产品使用价值　　　　　　　　表5-1

服务对象	服务主体	服务类型	服务产品	使用价值
生产商	相关企业	生产服务	开发设计、试验认证、材料供应、配套产品	支持产品的生产
	经销商	营销服务	市场调查、整车销售、零部件销售、用品销售	实现产品的销售
经销商	相关企业	流通服务	物流、仓储、配送	支持产品的流通
消费者或使用者	经销商	购车服务	信息咨询、现场导购、证照代办、金融贷款	实现商品的交换
	加油站	消费或使用服务	燃料供给	支持使用
	维修厂	消费或使用服务	故障救援	支持使用
	维修厂	消费或使用服务	车辆维护、车辆修理	保持或恢复性能
	检车站	消费或使用服务	安全检验、环保检验、综合检验	检测性能、保障安全
	清洗美容	消费或使用服务	美容装饰、车辆清洁	支持使用
	驾校	消费或使用服务	驾驶培训、节能驾驶	支持使用
	交易平台	消费或使用服务	状态评估、旧车交易	实现旧车销售
	保险公司	消费或使用服务	保险、定损、理赔	权益保障
	公估公司	消费或使用服务	事故鉴定	权益维护

第二节　服务产品的价值分析

一、服务产品的价值体现

1. 价值的形成

马克思的劳动价值论认为,产品的价值由产品中所包含的劳动量决定,劳动创造价值,从而社会生产、交换、分配都应建立在劳动之上。马克思指出,社会化生产中的劳动过程,是一种分工协作的共同劳动,即总体劳动,凡与生产产品直接间接有关的劳动,包括科技人员和管理人员的劳动,都是总体劳动中必要的构成部分,都创造价值。按照这个观点,在市场经济条件下,服务业的产品,不论是有形还是无形产品,都形成价值。

从逻辑上说,既然服务业提供的服务产品具有使用价值,那么,只要这种服务产品是为交换而生产的,它作为用于交换的劳动产品就同商品一样具有使用价值和价值二因素。简单来说,服务的价值是由服务劳动的凝结性、社会性和抽象等同性决定的,它的质的规定性就是凝结在服务产品的使用价值上的、得到社会表现的抽象劳动。既然服务的价值是服务产品生产者劳动力消耗的单纯凝结,那么它当然是服务业劳动者创造的,绝非从任何别的领域转移或"再分配"过来的。

具体到服务业的各种劳动,有的属于创造价值的生产劳动,有的属于实现价值或价值形态转换的流通劳动,有的则属于分割现存价值的分配劳动。对服务业的每一种劳动,应当作具体分析。

2. 流通服务的价值

由于流通服务的使用价值直接同有形商品的生产有关,能够直接追加或转入相关的商品价值中去。在服务业中,商品运输、分类、包装、保管等劳动,属于生产过程在流通领域的继续,是创造价值的劳动。因为这些业务为商品的使用价值的保存、完善、改变空间和在消费过程中的充分实现提供了服务。这些服务只要是经济上必要的和在合理的限度内,它们所耗费的劳动就都形成价值,构成商品价值的组成部分。

对于纯粹的商业人员的劳动来说,按马克思在《资本论》中的分析,这类劳动只实现价值而不创造价值,但在现实经济活动中,实际上很难把纯粹商业劳动与商品运输、分类、包装、保管等劳动截然分开。

3. 科教服务的价值

科研、教育、文化、卫生等部门,有人认为不属于物质生产部门,因而这些部门的劳动不创造价值。其实,这些部门的劳动不仅创造价值,而且能创造更多的价值。例如,科研工作者的劳动是高度复杂的创造性的劳动,与一般劳动相比,可以在相同的时间内创造更大的价值,这种价值通过科研成果在生产中的运用体现出来。教师的劳动实际上也是科学劳动的一部分,通过他们的劳动,文化知识、科学技术得以传播、继承和发展,教师的劳动凝结为专业技术人才和劳动者的劳动能力,成为劳动力价值的重要构成部分,因此,教师的劳动被看作是创造价值的劳动。这些部门的劳动都应看作创造价值的劳动,所不同的是,有的价值凝结在物质产品中,有的价值凝结在其他部门劳动者的身体中,并通过其他劳动者的劳动得到体现。

此外,各种设计和规划、软件编制、信息咨询、经营管理技术服务、经济预测预报、法律会计咨询等,其使用价值既是创造有形产品价值的有机组成部分,也可以是完善、提高、丰富、扩大有形产品的使用价值。因此,这类服务在生产中所耗费的劳动,形成了新的价值。

4. 其他服务的价值

金融、保险、咨询、信息服务等其他类服务的价值,虽然同有形商品的生产过程的关系没有那么直接,但从整个国民经济来看,它们所起的作用也许更大,它们所形成的价值,应直接加入到整个社会的新价值中去构成全社会在一年内新创造价值的重要组成部分。例如,金融业、保险业、教育等服务部门的劳动,是现代市场经济中总体劳动的有机组成部分。这些部门服务的价值在于提高创造物质使用价值的社会能力和水平,尤其是在新技术革命突飞猛进、人类已经进入知识经济社会的今天,这一类服务业重要性越来越突出。

二、服务产品价值量的决定

大多数服务同其他商品一样,其价值量也是由耗费在其中的劳动量来决定的。虽然从表面上看,很多服务是无形的,似乎没有物化,但它同样是劳动的体现,是价值的对象。服务的生产,一般具有特殊性,在很多情况下,生产者是根据消费者的特殊要求提供服务的,比如餐厅的服务要根据消费者的习惯和爱好制作菜肴,提供个性化服务等。当然,少数服务商品具有单一性或唯一性,其价值决定则比较复杂,有的以劳动对象为转移,有的因服务劳动者而异。但无论具有唯一性的服务情况那么特殊,它的价值实体仍然是劳动,并且可以转化成社会劳动,形成应有的价值。

服务产品的价值量决定分为两种情况:一是重复型服务产品。因服务劳动过程的主客观条件的差别,生产同服务产品需各不相同的个别劳动时间,故其价值量由生产这种商品所耗费的社会必要劳动时间决定。二是创新型服务产品。它的非重复生产性、扩散性和共享性,使其价值量由最先生产出这种产品所耗费的个别劳动时间决定。服务产品的价值量也由三个部分构成:第一,不变资本 C,是指服务生产过程中所消耗的燃料、物料或辅助材料的价值以及服务工具和设施的折旧费。随着社会科学技术的不断进步,服务产品中不变资本所占比重有不断增长的趋势。第二,可变资本 V,是指服务劳动者必要劳动所创造的价值。第三,剩余产品值 M,是服务业乃至整个社会发展的基础。

世界经济已进入后工业社会,以产品为基础的经济正转化为或已经转化为以服务为基础的经济。服务商品的使用价值是一种运动形式的使用价值,或叫作非实物使用价值。一方面,由于它是使用价值,因而具有一切使用价值都具有的共性,即可消费性,可满足人的物质或精神需要;另一方面,由于服务商品的特殊性,它一般是一种在活动形态上提供的、不能离开服务劳动者单独存在的、不采取实物形式的特殊使用价值,即非实物使用价值。在当代使用价值的发展使财富观念发生演变,例如"信息就是金钱""服务也是财富",知识、信息、服务已成为当今社会的战略性资源,由它们构成的无形财富是社会财富的重要组成部分。

三、汽车服务业价值链分析

1. 价值链理论

产业价值链理论认为,每一个企业都是在设计、生产、销售和辅助其产品的过程中进行种种活动的集合体,所有这些活动可以用价值链来表达。企业的价值创造是通过一系列活动构成的,这些活动可分为基本活动和辅助活动两类,基本活动包括生产作业、市场销售、服务等;而辅助活动则包括采购、技术开发、人力资源管理和企业基础设施等。这些互不相同但又相互关联的生产经营活动,构成了一个创造价值的动态过程,即价值链。

价值链是现代经济活动构成的基本要素,同时结合现代物流供应链体系构成了经济运行的基本规律。企业与企业之间通过上下游价值链构成了企业产品生态,企业内部各业务单位构成了企业业务生态。价值链的每一环节的活动均会对整个价值链产生影响,从而最终决定企业所能实现的经济价值。

价值链理论提出,企业之间的竞争不只是产品的竞争,而是整个价值链的竞争,企业的竞争力往往决定于其价值链的建立与管理,而不是单纯产品的竞争。例如,现代国际大型企业苹果公司、通用电气、西门子电器等,都拥有完整生态的价值链运作与管理。

2.汽车产业价值链构成

按照价值链理论,汽车作为一种普通的商品,在其生命周期中所产生的价值可以分为三个层次:

第一层是汽车作为商品的属性,即拥有使用价值的物品,其核心价值是能为人们带来日常生活的便利,提高劳动生产率。

第二层是汽车作为一种大件商品所特有的、有形的属性,如外观式样、品牌、质量、内饰做工等物品,是显而易见的特征,消费者通过购买行为而实现其直观的价值。

第三层是汽车销售后必然会产生的附加产品和服务,它既包括有形的售后商品实体,也包括无形的服务提供。

根据价值链理论的分析,汽车已不仅是普通意义的商品本身,即出售并不意味着交易过程的结束,从产业角度来讲,它涉及第二、三产业的大量经济领域和实体。

一般来讲,汽车作为耐用消费品,其正常使用年限可达20年以上。对于第一、第二层次,汽车厂家根据自身的技术能力、设计能力、市场能力出发,经过设计、制造、宣传、销售,消费者根据自身经济实力,同时通过对汽车产品的知名度、性能需求、外形内饰等因素进行比较定位,形成购买行为。根据价值理论,汽车产品与使用价值转移到消费者手中。同时,第三层次的价值链开始进行传递,且会始终伴随至汽车使用报废为止。这也是一个连续的长期的过程,期间会产生维修、美容装饰、加装改装、金融保险、车主俱乐部活动等。通过这一过程,汽车产业链的三个层次将生产商、销售商、消费者联系起来,形成了完整的汽车产业价值链。同时,在不同的时期,人们对三个层次的关注度各有不同,在汽车产业刚刚发展的新兴市场,人们往往更关注第一、二个层次,及汽车制造、销售所带来的利润;而随着生产率的提高、市场竞争的加剧,市场不断成熟,由于生产成本越来越透明,制造利润越来越低,人们则将更多的目光转向了第三层次,即提供附加产品及服务。从未来的发展趋势来看,汽车产业的利润来源也越来越依赖汽车服务业的发展与进步。

第三节 服务产品价值量及价格

一、价值量及其决定

商品的价值量是由生产商品的劳动活动的时空关系决定的,商品的效用是由劳动对象的自然物质结构和劳动运动空间轨迹共同构成的。商品的价值量不是由各个商品生产者所耗费的个别劳动时间决定的,而是由社会必要劳动时间决定的。

商品是用于交换的劳动产品,商品的价值是由劳动形成的,因而它的价值量要由生产商品所耗费的劳动时间来衡量。在其他条件不变的情况下,商品的价值量越大,价格越高;商品的价值量越小,价格越低。若其他因素不变,单位商品的价值量与生产该商品的社会劳动生产率成反比。价值决定价格,价格是价值的货币表现,价值是价格的基础。

商品的价值有质的规定性和量的规定性两个方面,从质的规定性来讲,它是物化在商品中的抽象劳动,是无差别的人类劳动的凝结,从量的规定性来讲,它是由实现在商品中的劳动量决定的。

商品价值量的决定,首先是通过生产部门内部商品生产者之间的竞争,使"个别劳动时间"转化为"社会必要劳动时间",个别价值转化为社会价值即市场价值的过程。

假定市场上商品供求平衡,不存在竞争,某生产部门生产条件分为优、中、劣三种,那么,商品价值量的决定就有以下三种情况:

(1)在这个部门的生产中,如果中等生产条件占统治地位,中等生产条件生产的产品在这个部门的产品中占绝大多数,那么,生产这种商品的社会必要劳动时间就由中等生产条件生产商品的个别劳动时间来决定,商品的社会价值就由中等生产条件生产出来的商品个别价值来决定。

(2)在这个部门的生产中,如果劣等生产条件占统治地位,劣等生产条件生产的产品在这个部门的产品中占绝大多数,那么,生产这种商品的社会必要劳动时间就由劣等生产条件生产商品的个别劳动时间来决定,商品的社会价值就由劣等生产条件生产出来的商品个别价值来决定。

(3)在这个部门的生产中,如果优等生产条件占统治地位,优等生产条件生产的产品在这个部门的产品中占绝大多数,那么,生产这种商品的社会必要劳动时间就由优等生产条件生产商品的个别劳动时间来决定,商品的社会价值就由优等生产条件生产出来的商品的个别价值来决定。

如果把市场供求关系和市场竞争引入,并且假定市场供求关系平衡,在这个部门的生产中,中等生产条件占统治地位,生产这种商品的社会必要劳动时间,由中等生产条件生产商品的个别劳动时间来决定,这种商品的社会价值由中等生产条件生产出来的商品个别价值来决定。这样,商品价值量的决定就有以下情况:

(1)如果市场上商品供不应求,价格上涨,不仅具有优等和中等生产条件的企业生产该种商品的利润量增长,而且具有劣等生产条件的企业生产该种商品也有利可图;于是劣等生产条件企业大量涌入,致使劣等生产条件在该部门生产中占统治地位,其产品数量在该部门的产品中占绝大多数,这样,生产该种商品的社会必要劳动时间,就由劣等生产条件生产商品的个别劳动时间来决定,该种商品的社会价值就由劣等生产条件生产的商品的个别价值来决定。

(2)如果市场上商品供过于求,价格下跌,具有劣等生产条件的企业甚至一部分具有中等生产条件的企业退出生产行列,致使优等生产条件在该部生产中占统治地位,这种条件下生产的商品在该部门产品中占绝大多数,这样,生产该种商品的社会必要劳动时间就由优等生产条件生产商品的个别劳动时间来决定,优等生产条件生产的商品的个别价值就决定该商品的社会价值。

(3)通过市场竞争所引起的市场供求不断变化、价格上下波动和生产条件的不断变动,最后,商品生产者生产商品的个别劳动时间转化为社会必要劳动时间,商品的个别价值转化为社会价值。

以上情况说明,个别劳动时间转化为社会必要劳动时间,个别价值转化为社会价值的过程,就是生产商品的个别生产条件,个别劳动时间、商品个别价值的加权平均过程。

由此可得以下结论:决定商品价值的生产条件是社会平均生产条件,决定商品价值的社会必要劳动时间是生产商品的社会平均劳动时间;商品的社会价值可以看作一个部门所生产的商品的平均价值(这里的平均是加权平均);也可看作这个部门的平均(加权平均)生产条件下生产的构成该部门产品很大数量的那种商品的个别价值。

商品价值量的决定,还要受按比例分配社会劳动规律的支配。马克思指出:"要想得到和各种不同的需要量相适应的产品量,就要付出各种不同的和一定的社会总劳动。这种按一定比例分配社会劳动的必要性,绝不可能被社会生产的一定形式所取消,而可能改变的只是它的表现方式"。在商品经济条件下,这一按比例分配社会劳动的规律,对商品价值量的决定起着十分重要的作用。

这种作用的具体表现是:要生产一定的产品量,就需要投入一定的劳动量;社会为满足人们对某种产品的需要,就要按比例地向这个部门投入一部分社会必要劳动量;如果某种商品的产量超过了当时的社会需要,社会劳动时间的一部分就浪费掉了,这时,这个商品量在市场上代表的社会劳动量就比它实际包含的社会劳动量要小得多。这说明,一种商品的市场价值总量,不是由这个部门随便投入的劳动总量来决定,而是由社会为满足对这种商品的需要而按比例地投到这个部门的社会必要劳动总量所规定的。这就是上面所说的决定商品价值的社会必要劳动时间的另一种含义。

从商品价值量的决定中可以看出,两种含义的社会必要劳动时间的关系:第一种含义的社会必要劳动时间是第二种含义的社会必要劳动时间的历史和逻辑的起点,第二种含义的社会必要劳动时间要通过第一种含义的社会必要劳动时间发挥作用。

二、商品价值量的影响因素

影响和决定商品价值量的因素是:社会必要劳动时间和劳动生产率。

社会必要劳动时间对商品价值量的影响和决定表现在:生产商品所需要的社会必要劳动时间越多,单位商品的价值量越大,反之则越小,单位商品的价值量与生产商品的社会必要劳动时间成正比。

劳动生产率对商品价值量的影响和决定有以下几个方面:

(1)对商品使用价值量的影响和决定:劳动生产率越高,单位时间内生产的使用价值量越多;反之,则越少;劳动生产率与这一劳动所生产的使用价值量成正比。

(2)对商品价值总量的决定和影响:无论劳动生产率如何变化,在同一时间内,同一劳动所创造的价值总量不变。

(3)对单位商品价值量的决定和影响:劳动生产率越高,单位商品的价值量越小;反之,则越大;单位商品的价值量与这一劳动的劳动生产率成反比。

三、服务产品的价格确定

1. 价格释义

价格是商品同货币交换时单位商品需要的货币的数量,或者说价格是价值的表现。价格是商品的交换价值在流通过程中所取得的转化形式。在经济学及营商的过程中,价格是一项以货币为表现形式,为商品、服务及资产所订立的价值数字。在现代社会的日常应用之中,价格一般指进行交易时,买方所需要付出的代价或付款。

在现代市场经济学中,价格是由供给与需求之间的互相影响、平衡产生的;在古典经济学以及马克思主义经济学中,价格是对商品的内在价值的外在体现。事实上,这两种说法辩证地存在,共同在生产活动中起作用。在物物交换的时代,不存在价格的概念。当一般等价物或者说货币产生的时候,价格问题才随之产生。在微观经济学中,资源在需求和供应者之间重新分配的过程中,价格是重要的变数之一。

价值的变动是价格变动的内在的、支配性的因素,是价格形成的基础。但是,由于商品的价格既是由商品本身的价值决定的,也是由货币本身的价值决定的,因而商品价格的变动不一定反映商品价值的变动。例如,在商品价值不变时,货币价值的变动就会引起商品价格的变动;同样,商品价值的变动也并不一定就会引起商品价格的变动。例如,在商品价值和货币价值按同一方向发生相同比例变动时,商品价值的变动并不引起商品价格的变动。因此,商品的价格虽然是表现价值的,但是,仍然存在着商品价格和商品价值不相一致的情况。在简单商品经济条件下,商品价格随市场供求关系的变动,直接围绕它的价值上下波动;在商品经济条件下,由于部门之间的竞争和利润的平均化,商品价值转化为生产价格,商品价格随市场供求关系的变动,围绕生产价格上下波动。因此,价格矛盾的同时由供给与需求以及商品本身的价值决定。商品的价格和生产力成反比,生产力的高低是相对于需求来定义的,所以从广义上讲,价格是需求和生产力之比。

价格在商品交换和经济活动中具有以下职能:

(1)标度职能。即价格所具有的表现商品价值量的度量标记。在商品经济条件下,劳动时间是商品的内在价值尺度,而货币是商品内在价值尺度的外部表现形式。货币的价值尺度的作用是借助价格来实现的,价格承担了表现社会劳动耗费的职能,成为从观念上表现商品价值量大小的货币标记。

(2)调节职能。即价格所具有的调整经济关系、调节经济活动的功能。由于商品的价格和价值经常存在不相一致的情况,价格的每一次变动都会引起交换双方利益关系的转换,因而使价格成为有效的经济调节手段和经济杠杆。最典型的例子就是当有许多人想要买黄金饰品时,黄金饰品的价格就会自动上升,从而使那些买不起的人放弃消费,做到调节有限的资源。

(3)信息职能。即价格变动可以向人们传递市场信息,反映供求关系变化状况,引导企业进行生产、经营决策。价格的信息职能,是在商品交换过程中形成的,是市场上多种因素共同作用的结果。

(4)表价职能。就是价格表现商品价值的职能。表价职能是价格本质的反映,它用货币形式把商品内含的社会价值表现出来,从而使交换行为得以顺利实现,也向市场主体提供和传递了信息。商品交换和市场经济越发达,价格的表价职能越能得到充分体现,也越能显示出其重要性。

(5)核算职能。是指通过价格对商品生产中企业乃至部门和整个国民经济的劳动投入进行核算、比较和分析的职能,它是以价格的表价职能为基础的。由于具体的劳动和不同商品的使用价值是不可综合的,也是不可进行比较的。价格的核算职能不仅为企业计算成本和核算盈亏创造了可能,而且也为社会劳动在不同产业部门、不同产品间进行合理分配,提供了计算工具。

(6)分配职能。是指它对国民收入再分配的职能,它是由价格的表价职能和调节职能派生出来的。国民收入再分配可以通过税收、保险、国家预算等手段实现,也可通过价格这一经济杠杆来实现。当价格实现调节职能时,它同时也已承担了国民经济收入企业和部门间的再分配职能。

价格的作用是价值规律作用的表现,是价格实现自身功能时对市场经济运行所产生的效果,是价格的基本职能的外化。在市场经济中价格的作用主要有:

(1)价格是商品供求关系变化的指示器。借助于价格,可以不断地调整企业的生产经营决策,调节资源的配置方向,促进社会总供给和社会总需求的平衡。在市场上,借助于价格,可以直接向企业传递市场供求的信息,各企业根据市场价格信号组织生产经营。与此同时,价格的水平又决定着价值的实现程度,是市场上商品销售状况的重要标志。

(2)价格水平与市场需求量的变化密切相关。一般来说,在消费水平一定的情况下,市场上某种商品的价格越高,消费者对这种商品的需求量就越小;反之,商品价格越低,消费者对它的需求量也就越大。而当市场上这种商品的价格过高时,消费者也就可能作出少买或不买这种商品,或者购买其他商品替代这种商品的决定。因此,价格水平的变动起着改变消费者需求量、需求方向以及需求结构的作用。

(3)价格是实现国家宏观调控的一个重要手段。价格所显示的供求关系变化的信号系统,为国家宏观调控提供了信息。一般来说,当某种商品的价格变动幅度预示着这种商品有缺口时,国家就可以利用利率、工资、税收等经济杠杆,鼓励和诱导这种商品生产规模的增加或缩减,从而调节商品的供求平衡。价格还为国家调节和控制那些只靠市场力量无法使供求趋于平衡的商品生产提供了信息,使国家能够较为准确地干预市场经济活动,在一定程度上避免由市场自发调节带来的经济运行的不稳定,或减少经济运行过程的不稳定因素,使市场供求大体趋于平衡。

所谓价格弹性,即是需求量对价格的弹性,则指某一产品价格变动时,该种产品需求量相应变动的灵敏度。而价格弹性分析,就是应用弹性原理,就产品需求量对价格变动的反应程度进行分析、计算、预测、决策。

价格弹性是指某一种产品销量发生变化的百分比与其价格变化百分比之间的比率,是衡量由于价格变动所引起数量变动的敏感度指标。当弹性系数为 1 的时候,销售量的上升和价格的下降幅度是相抵的。当 0~1 之间的弹性意味着价格上升也将使得收益上升,而价格下降使得收益下降,我们说这类物品的需求是相对缺乏弹性的,或者说价格不敏感。大多数食品的需求弹性是低的,而大多数奢侈品的需求弹性,如香水、高档服装等都相对较高。

弹性系数的计算公式为:

$$\varepsilon = \frac{dQ/Q}{dP/P}$$

式中:ε——价格弹性系数;
　　dQ/Q——需求变动率;
　　dP/P——价格变动率。

价格弹性表明供求对价格变动的依存关系,反映价格变动所引起的供求的相应的变动率,即供给量和需求量对价格信息的敏感程度,又称供需价格弹性。商品本身的价格、消费者的收入、替代品价格,以及消费者的爱好等因素都会影响对商品消费的需求。价格弹性是指这些因素保持不变的情况下,该商品本身价格的变动引起的需求数量的变动。在需求有弹性的情况下,降价会引起购买量的相应增加,从而使消费者对这种商品的货币支出增加;反之,价格上升则会使消费者对这种商品的货币支出减少。在需求弹性等于 1 的情况下,降价不会引起消费者对这种商品的货币支出的变动。

价格弹性取决于该商品的替代品的数目及其相关联(即可替代性)的程度、该商品在购买者预算中的重要性和该商品的用途等因素。价格弹性主要应用于企业的决策和政府的经济决策。

2. 价格制定的影响因素

产品价格制定的基本内容包括:

(1)确定成本,包括原材料成本、设备折旧成本、工资成本、管理成本等及总成本;

(2)制定价格,包括成本价格、出厂价格、批发指导价、零售指导价。产品价格是企业最关注的、最敏感的、影响力最大的营销因素之一,企业的产品价格制定合理、价格策略运用得当,会促进产品的销售,提高产品的市场占有率,增强企业的市场竞争力。

影响价格制定的内部因素主要有:

(1)材料成本。

(2)研发成本。企业会针对产品、生产工艺等方面投入资金、人力等进行改善、更新从而延长产品的生命周期。所以,一个产品从立项到上市,企业投入的研发成本也是影响价格制定的一项重要因素。

(3)生产成本。生产过程中的损耗、人工、机器折旧、水电、租金、办公成本等都需要产品创造利润来进行维护,这也是产品固定成本的一部分。

(4)运输成本。企业需要承担的运输成本也随着各种因素的变化而波动,包括物流公司、石油价格、装卸成本等。

影响价格制定的外部因素主要有:

(1)产品定位。企业会针对市场的需求而立项,从而设计出相应的产品,每个产品都被寄予不同的希望,比如创造利润、占领市场、打造品牌,从而产品的定价采取不同的策略。以占领市场为目标的产品具有销量大、速度快、竞争型价格优势,以实现规模效应和保持长期利益;以创造利润为目标的产品具有渠道完善、市场领先、高价高品质等特质,来实现企业对利润的追求;以打造品牌为目标的产品具有技术领先、高品质、领导市场、性价比高等品质,可以保持企业的良好竞争优势及行业领先地位。

(2)竞品资源。价格是买方与卖方协商出来的价值体现,而产品的出现也是应市场需求而生,若脱离实际情况则难逃失败的命运。所以,产品的使用成本不能超出效益成本,产品的性价比应该是最优越的才最具有竞争力。

在既定的市场中,竞品的成本、操作方式、价格及市场价格反应也是很重要的参考信息。企业需要将产品的价格、质量与竞品相比较,找出优劣势,从而完善自己的产品。

(3)市场策略。产品的运作是作为市场领导者还是追随者、是推广型产品还是渠道型产品对于价格制定的影响也很大。

(4)渠道类型。目标市场的渠道完善程度也会影响产品的定位从而影响产品的定价,比较完善的渠道企业选择的余地就会比较大。

3. 价格体系设计的基本原则

价格和价格体系是两个完全不同的概念,价格是基础,价格体系是发展,价格的制定是为价格体系的设计而服务的。价格的制定要严谨、科学、谨慎,不可盲目独断;价格体系的设计要遵循与渠道类型相匹配原则、资源下移原则和利益均衡原则。企业为其产品制定的价格一般不会只是单一的价格,而是一组结构性的价格,即价格体系。一般地先设计出零售价格或出厂价格,再按照渠道层次分别设计价格体系。设计价格体系应该遵循以下几个原则:

(1)与渠道类型匹配原则。在市场操作过程中,企业面对不同类型的渠道会采取不同的定价策略以适应市场竞争的需求,但不管什么样的渠道其终端零售价格必须统一,否则市场价格就容易混乱。应根据产品特点及毛利空间设计价格体系,毛利空间较大、需做深度分销的产品,其销售渠道可以做得长一些;反之则可以设计得短一些。

(2)资源下移原则。所谓资源下移是指把更多的毛利让给渠道供应链中的下游成员,以提高成员对他们对产品推销的积极性,这一点对传统渠道尤为重要。关于每一层次的利润设计主要看企业是为了抢占终端还是中间渠道。

（3）利益均衡原则。这是价格体系设计中最重要的原则,运用得当能稳定市场秩序和渠道秩序,否则,则会引乱市场。因为销售规模与毛利空间之间反向匹配原则,经销商规模比下级分销商规模越大,其销售单位产品所要求的劳动强度和投入的精力会越小,这与其付出的劳动量成正比关系。

总而言之,价格制定的是否合理决定着价格体系是否具有竞争力,从而影响企业的市场操控和盈利能力。

第四节　汽车维修费用及工时定额

一、汽车维修费用

1. 汽车维修价格管理

根据《中华人民共和国道路运输条例》第四十四条规定,"机动车维修经营者应当按照国家有关技术规范对机动车进行维修,保证维修质量,不得使用假冒伪劣配件维修机动车。机动车维修经营者应当公布机动车维修工时定额和收费标准,合理收取费用"。该条款并未硬性规定汽车维修工时定额和汽车维修收费标准,主要是考虑到各省、自治区、直辖市的经济发展水平不同、劳动力价格的差异以及消费指数的不同,因此汽车维修工时定额和汽车维修收费标准不宜作统一的规定。具体应当由各地省级交通主管部门按国家有关规定制定,报当地物价主管部门批准实施。

根据《交通运输部关于修改〈机动车维修管理规定〉的决定》(中华人民共和国交通运输部令 2015 年第 17 号),新版《机动车维修管理规定》中第二十六条要求如下：

机动车维修经营者应当公布机动车维修工时定额和收费标准,合理收取费用。

机动车维修工时定额可按各省机动车维修协会等行业中介组织统一制定的标准执行,也可按机动车维修经营者报所在地道路运输管理机构备案后的标准执行,也可按机动车生产厂家公布的标准执行。当上述标准不一致时,优先适用机动车维修经营者备案的标准。

机动车维修经营者应当将其执行的机动车维修工时单价标准报所在地道路运输管理机构备案。

汽车维修价格原则上坚持统一工时定额,有条件的可放开工时单价。如放开工时单价的,要实行优质优价,采用企业自由定价、同行议价或浮动价等形式。但不论采取什么方式,企业必须明码标价,接受消费者和物价部门、交通主管部门、道路运输管理机构的监督。因此,各省、自治区、直辖市的机动车维修工时定额和收费标准可以不同,但在一个省内基本上是相同的。

2. 维修费用计算方法

维修费用 = 工时定额 × 工时单价 × (车型复杂系数) + 配件价格 × (1 + 加价率)
　　　　 = 工时费 + 材料费 + 其他费用

(1) 工时费。是指某项维修作业所需要支付的劳动时间费用,其由工时定额和工时单价确定。即

工时费 = 工时定额 × 工时单价

工时费应包含企业经营、生产与管理的固定成本,企业应获得的利润以及上缴的税金。

(2)材料费是指维修过程中实际消耗的外购件费(含配件、漆料、油料、辅助材料等)和自制配件费。

(3)其他费用包括外加工费、材料服务费等。

外加工费是指在维修过程中,发生在厂外加工的费用,按实际外加工费结算。

材料服务费是指材料的采购过程中发生的装卸、运输、保管、损耗等费用。

(4)车型复杂系数是指由于车辆结构、技术水平的差异使某维修项目的作业复杂程度不一样而导致的作业时间变化的修正系数。

汽车维修费用结算时,注意出示维修记录和结算清单,并根据维修标准核对收费价格是否合理。汽车维修经营者应当按照公示的汽车维修工时定额、工时单价、材料配件价格收取费用;汽车制造企业未提供维修工时定额的,应当执行交通行政管理部门制定的维修工时定额。汽车维修经营者与托修方结算费用时,材料费和工时费应当分项计算,并出具维修结算清单。

二、维修工时

1. 维修工时内涵

维修工时是指完成某项作业所需要的全部劳动时间,简称工时。目前,维修企业对外多以工时定额及单价与维修客户计费;对内则多以完成的定额工时,作为班组或技工个人计核其提成收入的依据。因此,对工时及工时定额收费含义的理解与剖析,从经营、管理角度来说,具有重要意义。

首先要正确理解工时,并认识到工时不等于实际作业时间。按照维修理论中对维修时间的定义,维修时间应由以下时间组合构成:

(1)维修准备时间。包括业务接洽、计划调度,场地、工具、配件准备等工作时间。

(2)故障诊断时间。包括维修前检测与诊断所消耗的时间。

(3)实际作业时间。包括拆卸、分解、清洗、安装等作业时间。

(4)试验调试时间。维修后的试验检测、性能调试等作业时间。

(5)场地清理时间。维修工作完成后的辅助工作时间等。

2. 涂装工时构成

汽车维修工时体系应随着维修行业的市场化、汽车种类和品牌的多样化而不断修订完善,目前对于维修工时还没有形成公认的测定方法和应用标准。例如,各保险公司在事故车辆定损中,依据各品牌主机厂的工时标准来确定品牌车辆维修工时费用;依据市场协议价,确定普通车辆维修工时费用。但是,由于主机厂工时标准优先考虑的维修条件与事故车辆维修的状况有差异,由此定损的误差较大;而根据市场协议价确定维修费用,受人为主观因素影响较大,很难保证客观公正性。另一方面,随着人力成本的增加,维修行业中人员成本已经超过了物料成本的支出。为了准确计算人员成本支出和科学确定维修人员薪酬体系,绝大维修企业也需要有一个合理的工时体系来衡量维修工作量。

中国保险行业协会和中国汽车维修行业协会发布了团体标准 T/IAC CAMRA20.1—2018《事故汽车维修标准工时测定及应用规范 第1部分:涂装工时》。标准主要包括前言、范围、规范性引用文件、术语和定义、内容及结构要求、测定方法、附录等共7部分。本标准可以通过实车测试和合理推导的方法制定事故车喷漆维修工时,为维修企业工时计算、保险公司事故车定损提供相关行业规范,同时也可为管理部门规范管理创造条件。

《事故汽车维修标准工时测定及应用规范 第1部分:涂装工时》规定了事故汽车维修涂装对象分类和涂装工时结构以及标准的适用范围。为便于标准应用者理解和应用,标准对涂装工时的组成、工艺分类等概念进行了解释,规定了损伤类型及对应的涂装工艺分类、工时单位及最小工时数值、涂装工时计算方法、涂装工时结构分类;对主要作业工时构成部分规定了涂装主要作业工时的工艺面积等要素与车辆一致性相关参数要求。

根据《事故汽车维修标准工时测定及应用规范 第1部分:涂装工时》标准规定,涂装工时由以下部分构成:

(1)主要工时。直接在事故汽车板件上进行涂装作业所消耗的时间。
(2)准备工时。进行事故车涂装维修前所需进行的涂装准备工作所消耗的时间。
(3)辅助工时。在涂装维修作业过程中从事辅助工作所消耗的时间。
(4)宽放工时。为保证涂装作业的正常进行,所须消耗的非作业附加时间。
(5)涂装标准工时。社会平均生产条件下进行标准的涂装作业需耗费的时间除以单位工作时间所得的无量纲量值。

3. 涂装工时计算

根据涂装板件的类型分为新件涂装、划伤涂装、整形涂装三类。整形涂装中根据原子灰施涂面积分为小损伤涂装、中损伤涂装、大损伤涂装。

工时单位以60min为1工时,工时最小按照0.1工时计算,0.1工时为6min。

汽车涂装工时可分为涂装主要作业工时、宽放工时、准备作业工时和辅助作业工时四部分工时选取叠加所得。

主要作业工时由涂装对象的面积、表面特征、外形轮廓和涂装工艺确定。不同车型、不同板件的涂装主要作业工时可通过标准涂装实测确定,也可通过满足该标准要求的标准工时推算模型确定。

准备、辅助工时根据涂装对象、工艺要求和漆料类型选取对应准备和辅助工时单项工时并相加所得工时。同车多件涂装时准备工时和辅助工时仅发生一次,所以在同车多件涂装准备辅助工时计算中,各准备、辅助工时单项仅计算一次。

单件涂装工时的计算方法为:

$$T_p = T_1 + T_2 + T_3 + T_4 \tag{5-1}$$

单车多件涂装工时的计算方法为:

$$T_{total} = \sum (T_{i1} + T_{i2}) + T_3 + T_4 \tag{5-2}$$

式中:T_p——单件涂装工时;
T_1——主要工时;
T_2——宽放工时;
T_3——准备工时;
T_4——辅助工时;
T_{total}——单车多件涂装工时;
T_{i1}——多件喷涂中涉及部件的主要工时;

T_{i2}——多件喷涂中涉及部件的宽放工时。

准备作业时间是进行事故车涂装维修前所需进行的准备工作所消耗的时间,由进行涂装工作所需的准备事项和工艺准备流程所需时间构成。准备作业时间在指定区域按照标准维修场地进行实测确定。

辅助作业时间是指在涂装作业过程从事调漆、洗枪等辅助工作所消耗的时间,是涂装工艺流程中对部分相对独立,且在实际操作中可选择执行、多件涂装中可以合并进行或由于漆料颜色变换的作业时间。最常见的辅助作业时间有喷枪清洗、调色、调多色、抛光、低遮盖力颜色等。

$$T_3 = T_{3\max} \tag{5-3}$$

$$T_4 = T_{4\max} \tag{5-4}$$

式中:$T_{3\max}$——涂装对象中单件喷涂准备最长时间;

$T_{4\max}$——涂装对象中单件喷涂辅助最长时间。

宽放时间是为保证涂装作业的正常进行,所需的必要的其他相关耗时,如人员生理恢复和工具熟悉。

宽放率是宽放时间与主要作业时间的比值。

作业宽放时间是为了保证工作质量和作业连续而进行的必要的主要作业时间以外的工作所消耗的时间。

生理宽放时间是为了保证工作质量和作业的连续性,由于生理恢复所需要消耗的时间。

宽放工时主要由生理宽放时间和作业宽放时间换算所得,其与主要工时的数量相关。宽放工时可使用一定比例的主要工时来替代,见式(5-3)。比例系数的可按照特定区域的实际涂装作业习惯、涂装工艺要求和相关行政法律法规确定。

$$T_2 = T_1 \cdot W \tag{5-5}$$

式中:W——宽放率。

4. 涂装工时测定

有关汽车涂装维修工艺是基于实用性原则,在充分研究事故车维修质量要求和涂装工艺内容并结合实际制定的技术要求。根据我国《中华人民共和国劳动法》和《国务院关于职工工作时间的规定》中关于工作时间和劳动计量标准的规定,制定涂装标准工时。同时,根据不同的喷涂对象、喷涂工艺流程和社会平均执行标准,在事故车涂装操作中进行多次实测和数据拟合工作,并对喷涂工时的结构、工时测试方法和测试流程进行标准化。为测定涂装工时标准,通过对常见车型的诸多数据进行采样,推算工时偏差率,完成对喷漆工时的测试与验证工作。

工时测定过程的要求及步骤:

(1)测试环境要求。测试时的温度为 20~25℃、环境湿度不大于70%、标准大气压。测试场地应符合 GB 7692—2012《涂装作业安全规程 涂漆前处理工艺安全及其通风净化》GB 14444—2006《涂装作业安全规程 涂装室安全技术规定》、GB/T 16739—2014《汽车维修业开业条件》的规定,满足对应的标准涂装工艺要求,具有涂装作业必备的安全防护用品和工艺所需标准设施设备。

(2)喷涂作业人员要求。有 3~5 年工作经验的专业喷漆技师,具备中级职业资格证书,年龄 25~30 岁,身体健康。喷涂时,手臂摆动速度约为 1 次/s,工作步行速度约为 0.5m/s。

(3) 标准喷漆工时测定步骤如下：

步骤一,确定涂装工作环境、设备、人员满足本标准要求。

步骤二,登记所测量车辆基本信息、喷漆种类、零部件及编号。

步骤三,涂装作业技师按照工艺要求进行涂装准备工作和涂装工作。同时,记录人员按照涂装步骤和工艺分别对每个涂装工艺和流程进行时间测定。要求记录人员与涂装技师距离不得大于 5m。在观测过程中,每逢一个操作单元结束,即按停秒表,读取秒表上读数,然后立即将秒表指针快速回到零点,在下一个操作单元开始时重新启动。前一个操作工艺的结束点即为下一个工艺的开始点。

步骤四,记录人员和维修技师确定测定时间。

步骤五,检查涂装质量是否满足要求。

(4) 数据记录。在测试中记录各单元的实际作业时间和耗材使用情况。同一对象同一漆料涂装测试重复次数不少于 3 次。

(5) 数据处理和校验。求取多次作业中同一作业单元的作业时间,剔除测定条件设定范围外及喷涂作业中缺陷修整等异常样本后进行数据拟合,要求线性拟合度大于 0.7,计算公式为:

$$R^2 = 1 - \left[\frac{\sum (T_{pi} - \sum T_{pn})^2}{\sum t^2} \right] \tag{5-6}$$

式中:R^2——拟合线性值；

T_{pi}——单件第 i 次涂装测得工时；

T_{pn}——单件多次涂装测得工时；

t——单件除第 i 次之外的涂装工时离差。

将各作业单元作业时间除以各涂装对象面积,得各作业单元的面积关联时间。要求同一漆料、相同损伤类型和相似外观形状涂装部件的面积关联时间偏差率小于 10%。关联时间偏差率计算如下:

$$r = 1 - \frac{\dfrac{T_{pn}}{S_n}}{\dfrac{T_p}{S}} \tag{5-7}$$

式中:r——偏差率；

T_{pn}——单件多次涂装测得工时；

S_n——单件多次涂装面积；

T_p——单件涂装工时；

S——单件涂装面积。

三、维修工时定额

1. 工时定额释义

工时定额主要是指在一定的生产技术与生产相应组织条件的基础上,对生产工具进行全面的利用,以合理的方式进行劳动方式的组织,同时通过先进技术和经验对某一产品进行实际生产,或者是对某一工序在实际作业中使用时间的具体计算。即在一定的技术状态和生产组织模式下,按照产品工艺工序加工完成一个合格产品所需要的工作时间、准备时间、休息时间与生理时间的总和。

工时定额作为时间定额,是劳动生产率指标。根据工时定额可以安排生产作业计划,进行成本核算,确定设备数量和人员编制,规划生产面积。因此工时定额是工艺规程中的重要组成部分。确定工时定额应根据本企业的生产技术条件,使大多数工人经过努力都能达到,部分先进工人可以超出,少数工人经过努力可以达到或接近平均先进水平。合理的工时定额能调动工人的积极性,促进工人技术水平的提高,从而不断提高劳动生产率。随着企业生产技术条件的不断改善,工时定额定期进行修订,以保持定额的平均先进水平。

对于汽车维修的工时定额,不同品牌档次、车型结构、维修技术、服务环境等差异使工时定额都不相同,这也导致了同样维修项目的作业时长、工时单价难以统一。不过,统一维修工时的测定办法及工时计量单位,能让消费者更清晰地了解维修时长。如果各品牌同一维修项目的维修时长、工时单价公开发布,或将像配件的"零整比"一样影响消费者的购车选择。

2. 维修工时定额确定

根据《交通运输部关于修改〈机动车维修管理规定〉的决定》(中华人民共和国交通运输部令2015年第17号),新版《机动车维修管理规定》中第二十六条的第二款规定:"机动车维修工时定额可按各省机动车维修协会等行业中介组织统一制定的标准执行,也可按机动车维修经营者报所在地道路运输管理机构备案后的标准执行,也可按机动车生产厂家公布的标准执行。当上述标准不一致时,优先适用机动车维修经营者备案的标准"。

新版《机动车维修管理规定》中第二十六条的第四款规定:"机动车生产厂家在新车型投放市场后六个月内,有义务向社会公布其维修技术信息和工时定额。具体要求按照国家有关部门关于汽车维修技术信息公开的规定执行"。

由此可见,汽车维修工时定额的确定可以采用不同的方式,但是必须保证工时定额信息公开。例如,中国保险行业协会和中国汽车维修行业协会发布了团体标准《事故汽车维修标准工时测定及应用规范 第1部分:涂装工时》(T/IAC CAMRA20.1—2018),对涂装工时的测定方法及应用规范提出相应要求。针对企业具体执行的定额标准,还要结合企业生产经营状况、主要承修的车型构造、作业内容、工艺设备、工人技术熟练程度及其管理水平等因素来确定。汽车维修经营者如果使用汽车制造企业或者自行制定的结算工时定额的,将由指定机构统一审核办理,提供的文本应当参照维修结算工时定额的规范格式,并以小时为结算单位。

四、维修工时单价

新版《机动车维修管理规定》中第二十六条的第三款规定:"机动车维修经营者应当将其执行的机动车维修工时单价标准报所在地道路运输管理机构备案"。此外,为规范汽车维修结算工时定额和工时单价备案行为,有效实施汽车维修信息公开制度,一般是由运输管理部门或与汽车维修行业协会联合制定汽车维修工时定额和工时单价备案管理规定,定期对机动车维修经营者报备的工时定额和工时单价在网站、行业报刊上进行公布,保证维修消费者知情权。

汽车维修工时单价实行市场调节价的要从经营资质条件、服务质量与诚信考评等级、经营成本与市场需求等综合因素合法、合理、规范地制定工时单价。备案后的工时单价,是最高价格,并要求保持有相对的稳定期;如果需要下浮工时单价的,应当向消费者说明情况,并在结算清单中注明;汽车维修材料费实行市场调节价,维修材料费应当明码标价,并提供纸质文本或者网上信息让维修消费者查询,保证维修消费者知情权。

1. 名词解释:
①使用价值;②价值;③物化服务;④价值链;⑤价格;⑥价格弹性;⑦维修费用;⑧工时费;⑨材料费;⑩外加工费;⑪材料服务费;⑫车型复杂系数;⑬维修工时;⑭准备作业时间;⑮辅助作业时间;⑯宽放时间;⑰宽放率;⑱作业宽放时间;⑲生理宽放时间;⑳工时定额;㉑维修工时单价。

2. 服务与劳务的主要区别有哪些?
3. 服务产品的使用价值主要体现哪些方面?
4. 汽车服务使用价值的体现形式在哪些方面?
5. 用于交换的劳动产品具有的二重性是什么?
6. 服务产品的价值量由哪些因素来决定?
7. 汽车产业价值链由哪些部分构成?
8. 商品的价值量的决定因素是什么?
9. 价值量与价格有何关系?
10. 商品价值量的影响因素有哪些?
11. 劳动生产率对商品价值量的影响是什么?
12. 价格在商品交换和经济活动中具哪些职能?
13. 价格制定的影响因素有哪些?
14. 价格体系设计的基本原则是什么?
15. 简述汽车维修价格管理的相关规定。
16. 简述汽车维修费用的计算方法。
17. 汽车维修涂装工时由几部分构成?如何计算涂装工时。
18. 简述汽车维修工时定额确定的基本要求。
19. 简述汽车维修工时单价的确定与管理要求。

第六章　汽车服务市场供需分析

第一节　供求理论简述

一、供求理论基本观点

1. 供求关系是商品经济基本关系

商品经济的许多范畴都可以统一到供求关系之中,例如生产与消费、价值与使用价值、商品与货币等相互对立的概念;一旦把它们与市场相联系,实际表示的就是供给与需求的关系。在研究商品和价值的一般关系时不涉及市场,因而不以供求关系表示。在市场上,互相对立的只是两个范畴:买者和卖者,需求和供给。在商品的供求关系上再现了下列关系:第一,使用价值和交换价值的关系,商品和货币的关系,买者和卖者的关系;第二,生产者和消费者的关系,尽管二者可以由第三者即商人来代表。

2. 供给和需求是生产的两个方面

供给和需求是由生产导致的两个方面,即供给就是需求,需求就是供给。在增加供给的生产活动同时,也增加了对生产资料的需求;由于增加对劳动的需求而增加对消费资料的需求。换言之,生产中的生产需求也可以说是供给,即供给和需求的辩证关系。

3. 供求与社会必要劳动时间相关

供给和需求同由生产决定,但供给和需求不必然任何时候在量上都相等。理论上假设的供求均衡只是在不均衡的波动中才存在。由于在市场上"供给"提供的是价值,而"需求"要的是使用价值。价值是抽象劳动,供给的商品中虽然花费了"劳动",但产品不为社会所需要,供给成为"无效供给"。另一方面,从人的自然属性来说,需求具有无限性,但只有相应货币购买力的需求才是能实现的"有效需求"。市场上只承认有效供给和有效需求,实质上是商品经济条件下,劳动者之间存在交换劳动的关系。这种相互交换劳动的关系就是:社会必要劳动时间。

4. 供求关系不决定价值但决定价格波动

供求关系虽然是商品经济的基本关系之一,但它对商品经济的本质关系——价值关系却没有决定作用,它只作用于价值的表现形式价格。价格随供求关系上下波动,但价格与供求是互动关系,供求的不平衡在"互动"作用下有自动消除不平衡的趋势。"趋势"是指供求的不平衡的消除不是瞬间的事,有时可能波动得很强烈。完全靠自身调节会给经济运行造成损害,需要借助外力调节。但由于不平衡有自动恢复的趋势,外力调节不能违背供求自动均衡的基本原理,就是供求和价格的"互动",达到均衡的最终调节力量都来自"价值":价值运动是市场运动,包括供求运动的真正动力。

二、需求理论

1. 需求及其表达

需求是指消费者在某一特定时期内,在每个价格水平时愿意而且能够购买的某种商品量。需求是购买欲望与购买能力的统一,影响需求的因素包括影响购买愿望与购买能力的各种经济与社会因素。这些因素主要是价格、收入、消费者嗜好与预期,以及某种商品的需求还与其他相关商品的价格相关。可见,需求概念有如下含义:第一,限定了特定的时期和市场;第二,指既有购买欲望又有购买能力的有效需求;第三,总是涉及价格和数量两个变量,不是指实际的购买量,是指人们想要进行的购买量。

需求分为个人需求和市场需求两方面。个人需求是指单个消费者对某种商品的需求,市场需求是指所有个人需求的加总。需求可以用三种方法来表示:

(1)需求表。需求表是用来描述某种商品的价格与需求量相互对应关系的表格,描述某种商品在各种不同价格下的个人需求量和市场需求量的变化状况。

(2)需求曲线。根据需求表中给定的需求量和商品价格之间关系的数据,可以在坐标图中绘出需求曲线。因此,需求曲线是在坐标图中用来描述商品需求量与价格相互对应关系的曲线,如图6-1所示。在图6-1中,横坐标Q代表需求量,纵坐标P代表商品价格,D为需求曲线,从图中可看到需求曲线呈现出向右下方倾斜的特征。

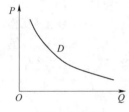

图6-1 需求曲线

(3)需求函数。从需求的概念可知,需求涉及两个变量,把商品的价格P作为自变量,把商品的需求量Q作为因变量,则可用函数关系来表示价格与需求量之间的关系,这种函数就是需求函数,可表示为:

$$Q = f(P)$$

在这种函数形式下,只有价格是影响商品需求量的因素,其他影响商品需求的因素被假定不变。事实上,影响商品需求的因素有许多,如用$a、b、c、\cdots、n$代表影响需求的诸因素,则需求Q_d函数可表示为:

$$Q_d = f(a, b, c, d, \cdots, n)$$

2. 需求原理

需求原理是指在其他条件不变的情况下,某种商品的需求量与价格成反方向变化,即商品的价格越低,需求量越大;商品的价格越高,需求量越小。

需求价格是指一定时期内购买者对一定量商品所愿意支付的最高价格,它取决于这一定量商品对购买者的边际效用。由于物品对消费者的边际效用是随着物品购买量的增加而递减,所以,需求价格随商品量的增加而呈递减趋势。

市场由卖方市场转变为买方市场以后,研究消费者需求理论对于指导企业的生产和经营有着十分重要的意义。需求就是指消费者具有货币支付能力的实际需要,具体包括两个方面的内容:一是消费者的实际需要;二是消费者愿意支付并有能力支付的货币数量。前者取决于消费者实际需要的商品的价格P和替代商品的价格P_t。后者取决于消费者的实际收入水平(I)和消费者的支付心理(E)。于是,消费者需求可以用函数模型表示为:

$$Q = f(P, P_t, I, E)$$

由于需求函数是用来表示影响需求的因素与需求之间的关系,根据函数模型可以得出以下结论:

(1)消费者需求由消费者的实际需要决定。

(2)消费者需求量总是受消费者收入水平的限制。理性的消费者总是希望用较少的钱去获得尽可能多的商品。因此,商品的价格与需求量呈反比例关系。

(3)消费者的收入增加,有利于消费支出的增加。但是理性的消费者绝不会愿意用更多的钱去购买与过去完全同质的商品。因此,只有提高商品的档次,才能满足收入增加后的消费者的实际需要。

(4)只要有替代商品存在,相互替代的商品的价格由商品的差异决定。

3. 影响需求的因素

影响需求的因素包括影响购买愿望与购买能力的各种经济与社会因素,这些因素主要是价格、收入、消费者嗜好与预期。

(1) 消费者的收入。一般来说,在其他条件不变的情况下,消费者的收入越高,对商品的需求越多。但随着人们收入水平的不断提高,消费需求结构会发生变化,即随着收入的提高,对有些商品的需求会增加,而对有些商品的需求会减少。经济学把需求数量的变动与消费者收入同方向变化的物品称为正常品,把需求数量的变动与消费者收入反方向变化的物品称为劣等品。

(2)消费者的偏好。当消费者对某种商品的偏好程度增强时,对该商品的需求数量就会增加。相反,当偏好程度减弱时,需求数量就会减少。人们的偏好一般与所处的社会环境及当时当地的社会风俗习惯等因素有关。

(3)相关商品的价格。某种商品的需求还与其他相关商品的价格相关,相关商品有互补品和替代品两种。互补品是指共同满足一种欲望的两种商品,它们之间是相互补充的。两种互补品之间价格与需求呈反方向变动。替代品是指可以互相代替来满足同一种欲望的两种商品,它们之间是可以相互替代的。两种替代品之间价格与需求呈同方向变动。

当一种商品本身的价格不变,而和它相关的其他商品的价格发生变化时,这种商品的需求数量也会发生变化。如果其他商品和被考察的商品是替代品,由于它们在消费中可以相互替代以满足消费者的某种欲望,故一种商品的需求与它的替代品价格成同方向变化,即替代品价格的提高将引起该商品需求的增加,替代品价格的降低将引起该商品需求的减少。如果其他商品和被考察的商品是互补品,如汽车与汽油,由于它们必须相互结合才能满足消费者的某种欲望,故一种商品的需求与它的互补品的价格成反方向变化,即互补品价格的提高将引起该商品需求的降低,互补品价格的下降 将引起该商品需求的增加。

(4)消费者对商品价格的预期。当消费者预期某种商品的价格在将来某一时期会上升时,就会增加目前的需求,当消费者预期某商品的价格在将来某一时期会下降时,就会减少对该商品的现期需求。

此外,还有很多因素会影响商品的需求,如人口的数量、结构和年龄、消费政策等。

4. 需求量的变动与需求的变动

(1)需求量的变动是指其他条件不变的情况下,商品本身价格变动所引起的需求量的变动。需求量的变动表现为同一条需求曲线上的移动。

（2）需求的变动是指商品本身价格不变的情况下其他因素变动所引起的需求的变动。需求的变动表现为需求曲线的平行移动。

从需求函数的角度上说，需求量的变动是需求函数的自变量变动引起的因变量数值的变化。无论如何变化，都在函数的值域范围之内。因而表现在图形上为同一曲线（即需求曲线）上点的移动。相反的，需求的变动是由于函数外的原因（外生变量）的变化引起的函数整体的变化。在需求函数中表现为需求函数自变量外的因素，如收入、嗜好等的变化引起的需求变化。因而整个函数改变，表现为整体曲线的平行移动。

从需求表、需求函数和需求曲线所表示的商品价格变动和需求量变动之间的关系中可以看到，商品的需求量随着商品价格的上升而减少，即需求曲线是向右下方倾斜的，斜率为负值。这说明，在影响需求的其他因素既定不变的条件下，商品的需求量与价格呈反方向变动的关系，这就是需求规律。经济学家认为这是理性的消费者追求效用最大化的结果。

值得指出的是，上述需求规律是对一般情况和一般商品而言的。在现实生活中，也有一些例外的情形，即需求曲线是向左上方倾斜的，如吉芬商品。1845年爱尔兰发生灾荒时，土豆价格上涨，而土豆的需求量却反而增加，这个现象被称为"吉芬难题"。造成这种现象的原因是灾荒造成食品价格普遍上涨，人们的实际收入急剧下降，无力购买较贵的食品，转而大量购买价格相对便宜的土豆维持生存。另外，某些用于表示人们社会地位和身份的炫耀性消费品，如珠宝、名贵邮票、古董等商品，其需求量与价格之间的关系也有类似情况。再如，有些商品的需求曲线呈现出不规则变化，如证券、黄金等。

三、供求定理

供求定理是指任何一种商品价格的调整都会使该商品的供给和需求达到平衡。在其他条件不变的情况下，需求变动分别引起均衡价格和均衡数量的同方向变动；供给变动引起均衡价格的反方向的变动，引起均衡数量的同方向的变动。也就是说，均衡时的价格和数量（需求量）均由供求决定。

（1）当供给不变时。需求增加使需求曲线向右上方移动，均衡价格上升，均衡数量增加；需求减少使需求曲线向左下方移动，均衡价格下降，均衡数量减少。应当注意，供求定理不是供给定理和需求定理的总和。供求定理表明的是供求变动对均衡的影响；而供给定理和需求定理表示商品价格变化对其供给量和需求量的影响。

（2）当需求不变时。供给增加使供给曲线向右下方移动，均衡价格下降，均衡数量增加供给减少使供给曲线向左上方移动，均衡价格上升，均衡数量减少。可以归纳为，需求的变动引起均衡价格与均衡数量同方向变动供给的变动引起均衡价格反方向变动，均衡数量同方向变动。

四、需求层次理论

1943年，美国心理学家亚伯拉罕·马斯洛提出需求层次理论，认为人类价值体系存在两类不同的需要，一类是沿生物谱系上升方向逐渐变弱的本能或冲动，称为低级需要和生理需要；一类是随生物进化而逐渐显现的潜能或需要，称为高级需要。即将人类需求像阶梯一样从低到高按层次分为五种，分别是：生理需求、安全需求、社交需求、尊重需求和自我实现需求。

人都潜藏着这五种不同层次的需要,但在不同的时期表现出来的各种需要的迫切程度是不同的。人的最迫切的需要才是激励人行动的主要原因和动力。人的需要是从外部得来的满足逐渐向内在得到的满足转化。低层次的需要基本得到满足以后,它的激励作用就会降低,其优势地位将不再保持下去,高层次的需要会取代它成为推动行为的主要原因。有的需要一经满足,便不能成为激发人们行为的起因,于是被其他需要取而代之。高层次的需要比低层次的需要具有更大的价值。热情是由高层次的需要激发。人的最高需要即自我实现就是以最有效和最完整的方式表现他自己的潜力,唯此才能使人得到高峰体验。

人的五种基本需要在一般人身上往往是无意识的。对于个体来说,无意识的动机比有意识的动机更重要。对于有丰富经验的人,通过适当的技巧,可以把无意识的需要转变为有意识的需要。

需要层次理论的构成,是根据3个基本假设:

(1)人要生存,他的需要能够影响他的行为。只有未满足的需要能够影响行为,满足了的需要不能充当激励工具。

(2)人的需要按重要性和层次性排成一定的次序,从基本的(如食物和住房)到复杂的(如自我实现)。

(3)当人的某一级的需要得到最低限度满足后,才会追求高一级的需要,如此逐级上升,成为推动继续努力的内在动力。

马斯洛理论把需求分成生理需求、安全需求、社交需求、尊重需求和自我实现需求五类,依次由较低层次到较高层次,从企业经营消费者满意(CS)战略的角度来看,每一个需求层次上的消费者对产品的要求都不一样,即不同的产品满足不同的需求层次。将营销方法建立在消费者需求的基础之上考虑,不同的需求也即产生不同的营销手段。

根据五个需求层次,可以划分出五个消费者市场:

(1)生理需求:满足最低需求层次的市场,消费者要求产品具有一般功能即可;

(2)安全需求:满足对安全有要求的市场,消费者关注产品对人身安全的影响;

(3)社交需求:满足对交际有要求的市场,消费者关注产品否能提高交际形象;

(4)尊重需求:满足对产品有与众不同要求的市场,消费者关注产品的象征意义;

(5)自我实现:满足对产品有自己判断标准的市场,消费者拥有自己固定的品牌。

需求层次越高,消费者就越不容易被满足。经济学上,消费者愿意支付的价格,即消费者获得的满意度,也就是说,同样的产品满足消费者需求层次越高,消费者能接受的产品定价也越高。市场竞争总是越低端越激烈,价格竞争显然是将"需求层次"降到最低,消费者感觉不到其他层次的"满意",愿意支付的价格当然也低。

第二节 汽车产品与服务消费需求

一、汽车产品消费需求

汽车产品的消费需求具有层次性特征,如图6-2所示。将汽车产品的消费需求由低到高依次排列为:出行工具、驾驶安全、使用经济、动力性能、高级舒适、经典品牌、体现身份、彰显个性、文化象征等,分为基本需求、社交需求、尊重需求等层次。

层次较高的汽车消费需求是追求精神满足和个人价值的实现,而对汽车本身的价值没

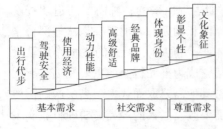

图 6-2　汽车产品消费需求的层次特征

有强烈的要求;层次一般的汽车消费需求,更重视汽车本身的价值。

(1)基本需求层次。

①出行代步需求。汽车作为代步工具,是汽车消费的最基本的需求。

②驾驶安全需求。汽车驾驶安全包括制动性、操纵稳定性、被动安全性等。

③使用经济需求。汽车行驶能量消耗少、价格低、维修费用小等主要因素。

④动力性能需求。汽车最高车速、加速性、爬坡能力等性能充盈,满足使用需要。

(2)社交需求层次。

①高级舒适需求。汽车内饰考究、空间宽大、设备齐全等,体现。

②经典品牌需求。汽车制作豪华,容易识别,驾乘经典品牌引人关注需求。

③体现身份需求。汽车作为个人身份的象征,体现成就感、荣耀感等需求。

(3)尊重需求层次。

①彰显个性需求。汽车消费已超越用车概念,完全为追求以车为中心的生活需求。

②文化象征需求。汽车环保理念深入人心,对汽车低能耗、低排放、低噪声的需求。

汽车产业面临诸多变化,各种因素推动着汽车市场的深远变革。其中,市场的力量、汽车消费群体的演变是核心因素。尤其是国内汽车消费者越来越懂行,购买经验也越来越丰富,对传统经销商的服务意兴阑珊,转而对数字化体验青睐有加,对新技术也最乐意接受。

调查显示,我国年轻一代汽车消费者是"联网"一族,对拥有私家车的兴趣似乎并不大。主要表现在:

(1)视为非必需品。52%觉得没有私家车不影响日常生活,36%同意当今时代拥有一辆车没有过去重要,38%表示如果有免费共享出行,愿意放弃自购私家车。

(2)认为互联不足。认为当前车载系统(娱乐、导航等)已经过时的人群中,年轻人比其他群体多10%,当中有83%认为手机——汽车同步功能"十分有吸引力"。车载服务需求大,79%的消费者有车载功能需求,且十分挑剔。如果需求没有得到满足,64%的消费者不惜更换品牌,这比美国(37%)和德国(19%)都要高。50%的受访者对其车载娱乐和导航服务感到满意,另50%则认为这些功能已经过时,且作用有限。在功能和易用性上,消费者希望车载系统可以媲美智能手机。此外,50%的受访者还希望手机应用可以和车载功能进行同步。中国消费者对智能互联的需求更高:33%的受访者表示连接性至关重要,相比之下,美国只有20%,德国只有18%;只有11%的受访者不愿意额外付费加装车载连接系统,相比之下,德国有43%,美国有30%。

(3)愿意共享出行。80后每周使用拼车服务的概率是年长人群的两倍(12%比6%),使用P2P汽车租赁服务的可能性也更高(14%比9%)。在更年长的消费群体中,22%不愿在P2P汽车租赁平台上共享私家车,而只有11%的80后不愿意。

(4)偏爱电子商务。年轻一代更喜欢网购(23%,而24岁以上的人群仅有10%)。

(5)对广告信任低。年轻消费者对经销商客户服务中心、电视广告、报纸以及路演等推广的信任度比更年长的群体低3~8个百分点。

针对这些问题,汽车制造商可运用数字化方案来解决。在消费的初始阶段,在线渠道占主导,开发线上线下相结合的全渠道消费服务——从社交媒体、线下活动以及"朋友圈"开始,随后拓展至所有经销商。调查结果显示,87%的消费者十分看重经销商的专业知识和售后服务。消费者希望可以在店内自由参观、试驾心仪的车型。通过这些线上线下的无缝衔接,汽车制造商即可以从消费者对其官网的信赖中获益,但也应重视4S店一对一的服务体验。尽管消费者在购车前会多次前往4S店,但只有49%的人对4S店的体验满意,其主要原因是信息透明度低、购车手续复杂耗时、4S店距离很远、服务技术含量低及耗费时间等。

自2001年开始提出汽车进入家庭,以及在中国加入世贸组织迎来的全球化助推下,我国在2009年就已成为世界第一的汽车产销大国。汽车市场在不断地扩张,市场趋势在不断地变化,消费者对汽车的需求和消费观念,以及各大主机厂的关注重点也在不断地进行发展转变。中国汽车市场的发展大致划分为四个阶段:

(1)2008年以前。各大汽车品牌,特别是自主品牌以提升实物质量为主,以出色性价比夺取市场份额,消费者购车更关注性价比。

(2)2009—2013年。国内主流汽车厂商开始更多注重感官品质的提升,包括漂亮的外观、精致的内饰、舒适的空间和较高的配置;随着汽车消费观念的日渐成熟,消费者购车时更关注外观、内饰和配置。

(3)从2014年开始至今。国内主流汽车厂商开始更多注重驾乘体验;用户消费观念转变,一方面看重外观大气的SUV车型,另一方面愿意购置智能化、网联化程度更高、性能更好、驾乘体验更舒适的汽车。

(4)今后几十年。国内主流厂商注重汽车行业的"云+AI生态"、服务与运营,以提升云生态和AI生态的服务与运营为主,拓展基于云端的软硬件生态和基于AI的软硬件生态,提供更优质科学的汽车服务与运营,而消费者将追求在各类用车情景下更加丰富的用户体验。

二、汽车服务消费需求

汽车消费者逐步认同"买汽车就是买服务"的观念,高质量的汽车服务不仅是保障汽车产品技术状态正常,而且也是影响汽车消费行为的重要因素。从汽车消费者角度出发,汽车售后服务需求涉及汽车销售至汽车报废过程。截至2017年,全国共有46.18万家汽车维修店。其中,4S店2.63万家,承担了58.5.%的汽车售后业务;品牌汽修连锁店的业务量占22.5%,传统大型修理厂占12.5%,个体路边店占4.4%,网上预约线下合作维修点占1.2%,上门维修占0.6%。

汽车服务消费者对售后服务要求主要表现在以下方面:服务顾问(专业性)、服务设施(便利性)、服务质量(修复率)、服务时间(等待时间)和服务价格(公开透明)。

(1)对服务顾问专业性的要求。对服务顾问的关注点从表象要素转为专业性要素,包括车辆检查是否专业高效、维修建议是否合理、解答问题是否专业清楚等。30~39岁年龄段的人更容易接受服务顾问给出的维修建议,50~59岁年龄段的人相对不相信给出的建议。不同年龄段的消费者接受维修顾问建议的比例如图6-3所示。

(2)对服务设施便利性的要求。距离近、便于寻找等便利性要素是汽车消费者对服务设施的要求,而所谓的休息区、茶点、电视等舒适性要素并不在意。不同年龄段对服务设施与居住距离近要求的比

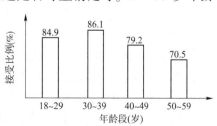

图6-3 不同年龄段接受顾问建议的比例

例如图 6-4 所示。

（3）对服务技术优质性的要求。一次修复率是对服务的技术能力、维修质量等是汽车服务消费者最为关注的评价指标，发生返修将导致部分客户流失。有近 60% 的 1~3 年购车用户，在发生返修时倾向于更换服务企业。

（4）对服务时间容忍性的要求。在服务时间方面，延迟 20min 是可容忍的界限。另外，汽车服务消费者还关注预约后到店是否等待、是否告知维修时长、是否按照约定时间交车、结算环节是否需要等待等问题。

（5）对服务价格公开性的要求。在服务价格方面，汽车消费者对维修配件价格最为敏感，要求价格公开透明。39 岁以下用户更能够接受目前经销店的维修价格，40 岁以上用户对价格更为敏感，尤其是 50 岁以上用户。不同年龄段汽车服务消费者对价格公开要求的比例如图 6-5 所示。

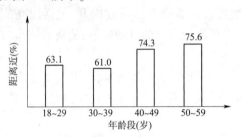

图 6-4　不同年龄段对距离近要求的比例

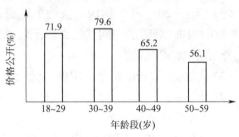

图 6-5　不同年龄段对价格公开要求的比例

在同一企业多次进行汽车服务消费的主要原因是信任度高（技术好、态度好）、地点便利、快捷周到，环境、价格等因素并不是消费者关注的重点。影响汽车服务消费需求的主要因素有：

（1）服务价格。一般而言，汽车后市场商品的价格与汽车后市场的需求量呈反方向变动，即价格越高，需求越少，价格越低，需求越多。

（2）保有量。汽车保有量决定了汽车后市场的现实需求量。

（3）收入水平。当消费者收入提高时，会增加对汽车装饰、汽车改装的需求量。

（4）能源价格。汽油、电力是与汽车后市场最相关的商品。当汽油价格、电价上涨时，对汽车和电动汽车的需求量会下降，对汽车后市场产品和服务的需求量会下降。

（5）消费者偏好。当对某种商品的偏好程度增强时，该商品的需求量就会增加；相反，当对某种商品的偏好程度减弱时，该商品的需求量就会减少。

（6）政策导向。当对汽车的消费税增加时，对汽车的需求量就减少，相应对汽车后市场产品和服务的需求量就下降。

（7）消费者预期。当预期未来的收入将上升时，将增加对汽车后市场产品和服务的现期需求，反之则会减少对汽车后市场产品和服务的现期需求。

（8）人口因素。由于城市化建设等因素，当城市的人口增加时，汽车后市场产品和服务的需求量就会上升。

中国汽车流通协会统计数据显示，2018 年我国汽车销量约为 2780 万辆，虽然与 2017 年度 2880 万辆相比有所减少，但是仍占 2018 年全球汽车总销量约 9500 万辆中的 30%。新车市场规模日渐壮大的同时，广大消费者对于汽车售后服务的要求也日渐提升。在此背景下，通过更加优质的售后服务来满足消费者日益提高的消费需求是汽车服务业面临的一大挑战。而品质化的售后服务不仅可以树立行业发展"标杆"，还可以增强厂家与客户黏性，从而留住客户。近年来,由于各大主机厂对自身外在形象关注度提高,各地经销商门店往往通过升级改造、提升服务范围方面下功夫。事实上,对于广大消费者而言,更重要的是经销商能通过切实的服务满足他们的需求。

根据中国汽车售后服务质量监测大数据平台(CADA 云数聚)发布的《2018 互联网+中国汽车售后服务消费者体验报告》,2018 年总体售后服务满意度得分为 91.59 分。该报告是根据超过 100 万条真实用户体验评价综合分析撰写,涵盖行业售后质量整体状况、售后服务消费者体验状况、售后服务消费者口碑状况、汽车品牌售后服务水平现状及各汽车品牌售后服务质量具体表现等内容。数据采集时间为 2018 年 5—12 月,共收集 112 个国内 1~4 线城市的 27 万个有效样本,覆盖 60 个汽车主流品牌。调查采用访问实际进店维修客户,通过店端扫描二维码及系统对接线上回答的方式。测评模型共有 5 项一级指标,包括服务顾问、服务设施、维修质量、维修时间、维修价格,各项指标的权重分别是:服务顾问为20.48%、服务设施为 14.08%、维修质量为 30.84%、维修时间为 17.92%、维修价格为 16.68%。评分是通过用户满意度指数,以 100 分衡量售后服务实际体验。围绕汽车售后满意度这个主题,集中在维修时间、维修价格、维修质量、品牌分析等四方面,不再局限于服务态度、服务顾问水平等传统环节,力图在品牌众多的国内汽车后市场里求得满意度得分、失分项,帮助汽车服务行业业更好地了解消费者需求变化。

随着汽车保有量的增多,汽车消费者对于汽车消费服务质量将会提出更高的要求,新的汽车消费服务形式有以下几方面表现:

(1)多元化经营取代单一模式。汽车后市场领域的巨大盈利空间使得汽车主机厂、汽车经销商集团、第三方独立企业争相布局,4S 店以外的快修连锁品牌急剧扩张。2017 年 5 月,Mercedesme 正式营业。这不只是餐厅,更是汽车品牌梅赛德斯—奔驰的全球体验中心,未来奔驰会将 Mercedesme 体验店的一些元素和理念运用于建设经销商网络。产品展厅除了具有 4S 店的功能外,还可以让消费者品尝到葡萄酒、风味美食、专有咖啡,或许梅赛德斯—奔驰的时装周也将以 Mercedesme 体验店为作品展示平台。当营销模式把一些原本毫不相干的元素进行融合、互相渗透,彰显出一种新的经营理念,这种尝试可以说是各大汽车制造商服务模式转型的范本。

国内汽配行业有生产商、分销渠道、零售终端和消费者参与。由于汽配行业的特殊性,按分销渠道又分为两类,4S 店体系和独立后市场体系。其中,独立后市场体系除了批发商和经销商外,目前还有 B2B 和 B2C 汽配营销模式。自 2017 年 7 月《汽车销售管理办法》实施后,部分非原厂配件可以进入 4S 店体系,使得批发商成为 4S 店额外的配件渠道。同时,4S 店体系内的原厂件也可以在外部进行流转,进入独立后市场体系。这一方面降低了消费者在 4S 店进行维修的费用,另一方面也满足了消费者在非 4S 店体系对原厂配件的需求。但是,这种方式的局限性主要体现在:国内汽车消费者对汽车零配件信息了解有限,在不确定汽车故障的情况下无法进行配件选购工作;另一方面线上平台需要有大量线下维修店给终端客户提供专业服务,而服务的水准很难统一。

(2)数据及智能技术驱动行业改变。所谓数据驱动是一种技术带动产品,产品开发期间并不知道终端用户是否会使用,所以具有高风险。汽车零部件在维修上的表现形式是"适配",但是适配的数据化表现不能反映出终端诉求。需求是客观、平面化、广义的,基于共性的表现,而诉求则是主观的、立体的、精准的、基于个性化的表现。很可能出现乔布斯口中"消费者并不知道他们需要的是什么"的情况,这就不仅是"配"的固化形态,而是"修与配"一体化的要求。事实上，由于两者之间的共存关系被割断，形成了"修配"过程中的"配件"孤岛。从作业逻辑上说，"修"是前置，"配"是后续。智能化处理服务作业数据、配件仓储数据等，需要汽车服务界以更开放包容的姿态来面对。

（3）汽车后市场环境变化而消费升级。在"互联网+"时代汽车后市场环境发生变化，消费需求不断升级，汽车服务消费也有新变化。2017汽车服务消费趋势调查报告显示，4S店依然是大多数汽车服务消费者的首选场所，4S店体系仍然是售后服务市场的主导。但是，汽车服务的根本诉求，还是服务的质量，包括专业程度、软硬件保障、流程与规范等；对服务收费的关注还是在收费的合理性；新一代的消费者更趋于理性、互联网化及人性化。

第三节　汽车产品及服务需求预测方法

一、需求预测简介

需求预测指根据有关调查资料对拟开发产品未来市场需求变化进行细致的分析研究，掌握需求的内在规律，对其发展趋势作出正确的估计和判断，以确保拟开发产品或品种符合市场需要，具有较强的竞争能力。需求预测是可行性研究的前提和基础，依据是市场调查资料，根据产品的复杂程度和项目特点确定市场调查的内容。目的在于通过充分利用现在和过去的历史数据、考虑未来各种影响因素，结合本企业的实际情况，采用合适的科学分析方法，提出切合实际的需求目标，从而定制订购需求计划，指导原材料或商品订货、库存控制、必要设施的配合等工作的开展。

需求预测是为企业给出其产品在未来一段时间里的需求期望水平，并为企业的计划和控制决策提供依据。既然企业生产的目的是向社会提供产品或服务，其生产决策无疑会很大程度地受到需求预测的影响。需求预测与企业生产经营活动关系最紧密，对企业产品或服务的实际需求是市场上众多因素作用的结果。其中，有些因素是企业可以影响甚至决定的，而另外一些因素则是企业无法控制的。在众多的因素中，一般来讲，某产品或服务的需求取决于该产品或服务的市场容量以及该企业所拥有的市场份额。

二、需求预测方法

1. 需求预测基本方法

市场需求预测是在营销调研的基础上，运用科学的理论和方法，对未来一定时期的市场需求量及影响需求诸多因素进行分析研究，寻找市场需求发展变化的规律，为营销管理人员提供未来市场需求的预测性信息。

（1）购买者意向调查法。多用于工业用品和耐用消费品，适宜作短期预测。

（2）综合销售人员意见法。即分别收集销售人员对预测指标估计的最大值、最可能值及最低值及其发生的概率，集中所有参与预测者的意见，整理出最终预测值的方法。

（3）专家意见法。小组讨论法、单独预测集中法、一级特尔菲法等。

（4）市场试验法。多用于投资大、风险高和有新奇特色产品的预测。

（5）时间序列分析法。将某种经济统计指标的数值，按时间先后顺序排列形成序列，再将此序列数值的变化加以延伸推算，预测未来发展趋势。

产品销售的时间序列（Y），其变化趋势主要是受下四种因素的影响：趋势（T）、周期

(C)、季节(S)、不确定因素(E)。

(6)直线趋势法。运用最小平方法,以直线斜率表示增长趋势的外推预测方法,即:
$$Y = a + bX$$
式中:a——直线在Y轴上的截距;
b——直线斜率;
Y——预测目标值;
X——时间。

在已知n个观察值(x_i, y_i)的情况下$(i = 1, 2, \cdots, n)$。
可依据参数a、b,然后建立直线趋势方程进行预测。

(7)统计需求分析法。统计需求分析是运用统计学方法,发现影响企业销售的最重要的实际因素及其影响力的方法。

2. 需求预测方法分类

需求预测方法是指估计未来一定时间内整个产品或特定产品的需求量的方法,大致分为定性预测法和定量预测法。

(1)定性预测法。是基于判断、直觉和经验判断的方法,本质上来说是主观的。包括德尔菲法、部门主管人员意见法、用户调查法、销售人员意见法等。

(2)定量预测法。根据已掌握的比较完善的历史统计数据,运用数学方法进行加工整理,借以揭示有关变量之间的规律性联系,用于预测和推测未来发展变化情况的预测方法。可分为因果模型和时间序列模型两大类。

①因果模型。需求是由很多因素决定的,如产品服务的定价、政府规定、金融信息等,常见的因果模型有回归模型、经济计量模型、投入产出模型。

②时间序列模型。是指按一定时间间隔,把某变量数值依发生先后顺序排列起来的序列。这些数值可以是销售数量、收入、利润、产量、运量等。时间序列模型又可细分为时间序列平滑模型和时间序列分解模型。时间序列平滑模型有简单移动平均法、加权移动平均法、一次指数平滑法、二次指数平滑法等;时间分解平滑模型有乘法模型、加法模型等。

三、预测内容及步骤

1. 预测的主要内容

市场需求预测是指通过对消费者的购买心理和消费习惯的分析以及对国民收入水平、收入分配政策的研究,推断出社会的市场总消费水平。市场需求预测的分析对象是消费者的购买心理,预测方法采用购买者意向调查法并进行对比分析,其内容包括:

(1)对某一种或几种产品潜在需求的预测。
(2)对潜在供应的估计。
(3)对拟设中的产品市场渗透程度的估计。
(4)某段时间内潜在需求的定量和定性特征。

2. 预测的基本步骤

需求预测的基本步骤为:
(1)收集并分析当前消费量及其在一段时期的变化率。
(2)按市场每个部分将消费量数据分类。

(3) 确定以往需求的决定因素，以及其对以后需求的影响。
(4) 预测这些决定因素的发展及其对需求的影响。
(5) 以一种或几种方法的组合，对这些决定因素进行判断，并预测需求。

四、预测程序

1. 选择预测目标

进行市场预测首先要明确预测的目标，即预测的具体对象的项目和指标，要说明为什么要进行预测及其要达到的目的。其次要分析预测的时间性、准确性要求，划分预测的商品、地区范围等具体问题。

对市场经济活动可以从不同的目的出发进行预测，预测目标不同，需要的资料、采取的预测方法也都有区别。有了明确的预测目标，才能根据目标需要收集资料，才能确定预测进程和范围。

确定了预测目标，还要分析预测的时间性和准确性要求。预测的地区范围应是企业的市场活动范围，每次预测要根据管理决策的需要，划定预测的地区范围，过宽过窄都会影响预测的进程。

2. 广泛收集资料

进行预测必须要有充分的市场信息资料，因此，在选择、确定市场预测目标以后，首要的工作就是广泛系统地收集与本次预测对象有关的各方面数据和资料。收集资料是市场预测工作的重要环节。按照市场预测的要求，凡是影响市场供求发展的资料都应尽可能地收集。资料收集得越广泛、越全面，预测的准确性程度就能相应提高。

收集的市场资料可分为历史资料和现实资料两类。历史资料包括历年的社会经济统计资料、业务活动资料和市场研究信息资料。现实资料主要包括目前的社会经济和市场发展动态，生产、流通形势、消费者需求变化等。收集到的资料，要进行归纳、分类、整理，分门别类地编号保存。在这个过程中，要注意标明市场异常数据，要结合预测进程，不断增加、补充新的资料。

3. 确定方法选择

收集完资料后，要对这些资料进行分析、判断。常用的方法是首先将资料列出表格，制成图形，以便直观地进行对比分析，观察市场活动规律。分析判断的内容还包括寻找影响因素与市场预测对象之间的相互关系，分析预测期市场供求关系，分析判断当前的消费需求及其变化，以及消费心理的变化趋势等。

在分析判断的过程中，要考虑采用何种预测方法进行正式预测。市场预测有很多方法，选用哪种方法要根据预测的目的和掌握的资料来决定。各种预测方法有不同的特点，适用于不同的市场情况。一般而言，掌握的资料少、时间紧，预测的准确程度要求低，可选用定性预测方法。掌握的资料丰富、时间充裕，可选用定量预测方法。在预测过程中，应尽可能地选用几种不同的预测方法，以便互相比较，验证其结果。

4. 建立模型及进行计算

市场预测是运用定性分析和定量测算的方法进行的市场研究活动，在预测过程中这两方面不可偏废。一些定性预测方法，经过简单的运算，可以直接得到预测结果。定量预测方法要应用数学模型进行演算、预测。预测中要建立数学模型，即用数学方程式构成市场经济变量之间的函数关系,抽象地描述经济活动中各种经济过程、经济现象的相互联系,然后输入已掌握的信息资料,运用数学求解的方法,得出初步的预测结果。

5. 评价结果及其编写报告

通过计算产生的预测结果是初步结果,还要加以多方面的评价和检验,才能最终使用。检验初步结果,通常有理论检验、资料检验和专家检验。理论检验是运用经济学、市场学的理论和知识,采用逻辑分析的方法,检验预测结果的可靠性程度;资料检验是重新验证、核对预测所依赖的数据,将新补充的数据和预测初步结果与历史数据进行对比分析,检查初步结果是否合乎事物发展逻辑,符合市场发展情况;专家检验是邀请有关方面专家对预测初步结果作出检验、评价,综合专家意见,对预测结果进行充分论证。

对预测结果进行检验之后,就可以准备编写预测报告。与市场调查报告相似,预测报告也分为一般性报告和专门性报告,每次预测根据不同的要求,编写不同类型的报告。

6. 进行预测结果跟踪判别

预测报告完成后并不是预测活动的终结,下一步还要对预测结果进行追踪调查。市场预测结果是一种有科学根据的"假定",这种"假定"毕竟仍要由市场发展的实际过程来验证。因此,预测报告完成以后要对预测结果进行追踪,考察预测结果的准确性和误差,通过分析总结原因积累经验,以促进预测水平的不断提高。

第四节 汽车产品及服务消费需求特点

一、汽车产品消费需求特点

1. 汽车保有率与人均收入的相关性关系

收入消费理论提出,除价格因素外,消费者的收入是影响需求的最重要的变量之一。消费者的收入水平直接决定了消费者的购买能力,即消费者的收入水平越高,其购买能力越强。收入水平的提高还将引起消费结构的升级,即高档消费品在个人消费中所占的比重会有提高。根据对世界各国汽车消费特点研究的结果,在人均 GDP 超过 1000 美元之后,消费结构发生跳跃升级,在达到 3000 美元时奢侈品消费进入高速增长期。我国自改革开放特别是加入 WTO 以来,人均收入水平不断提高,引致消费结构的升级,从而刺激和带动私人汽车的消费。

当收入增加时,人们就开始倾向于增加消费。但是,消费增加的程度却与收入增加的幅度不一样大,即需求的收入弹性不同。需求的收入弹性是指在其他条件不变的前提下,某种商品需求量的变化对收入变化的反应程度,即:

$$需求收入弹性 = \frac{需求量变化率}{消费者收入变化率}$$

若收入弹性大于零,则这些商品被称为正常品;若大于1,则被称为高档品(或奢侈品);若小于零,则被称为低档品。显然,低档品是指随着消费者收入水平的提高,绝对购买量反而减少的商品。当收入弹性处于 0~1 时,一般定义为低收入弹性。当消费者收入发生增减变化时,该商品或服务的需求量也会发生同方向的增减变化,只是需求量变化的百分比要小于收入变化的百分比;如果大于1,就是高收入弹性。一般认为,奢侈品通常具有较高的收入弹性,而必需品的收入弹性较低。

汽车是耐用消费品,其保有率与人均收入水平有显著的正相关关系,即人均收入水平越高,汽车的保有率也就越高;汽车保有率与人均收入水平不是匀速变动的关系,当人均 GDP 达到 1000 美元以后,汽车逐步进入普通家庭;人均 GDP 在 1000~4000 美元时,汽车保有率开始加速增长,并在人均 GDP 达到 4000 美元以后尤为明显。汽车保有率在人均收入水平相对较低的时候呈现较低的增长率,但随着收入水平的提高会逐渐加速增长。随着汽车保有率的增长,根据边际效用递减规律,增加购买单位汽车所带来的满足感逐渐减弱,再加上耐用品的使用周期较长,因此对于汽车消费达到一定水平后会逐渐进入减速增长时期。此时,虽然保有量还在不断地增长,但是增长的速度却在不断的变慢。从总体上看,汽车市场需求的发展大致可以分为四个阶段,如图 6-6 所示。即汽车进入普通家庭以前的生长阶段、汽车进入普通家庭到基本普及的高速增长阶段、汽车基本普及到高度普及的减速增长阶段和汽车高度普及后的平均发展阶段。

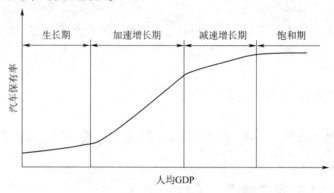

图 6-6 汽车保有率与人均 GDP 的关系

2. 汽车保有率与经济发展阶段的关系

人均汽车保有量的水平及其增长情况与经济发展阶段密切相关。经济发展阶段不同的国家或地区,其汽车的保有率和需求弹性不同。在经济发展起步阶段,人均汽车拥有量较低,汽车需求相对于经济增长的弹性系数略高于 1,这时汽车需求主要是对货车和客车的需求;在经济快速增长阶段,汽车需求量和保有量都增长较快,但此时汽车需求弹性基本保持不变或略有提高;当人均收入达到一定水平后,轿车开始进入普通家庭,人均汽车保有量急剧增长,汽车需求弹性可以接近或达到 1.5~2;在经济发达的国家或地区,在汽车普及率达到相对较高的水平之后,汽车需求趋于饱和,汽车的需求弹性接近 1。

3. 汽车产品消费需求增长的其他影响因素

汽车产品消费环境是制约汽车产业发展的重要因素。汽车消费环境可分为硬环境和软环境。硬环境包括道路密度、停车位数、能源供应等交通供给设施的完备性,而软环境主要是汽车消费政策、汽车服务市场体系及汽车消费权益保护机制等。

(1)城市化的水平。城市化水平的提高必然伴随着城市交通基础设施的完备,因此一般城市化程度高、城市建设速度快的地区,汽车的普及率也较高。城市化可推动汽车消费,而汽车消费的发展又会促使城市格局不断发生变化。另外,城镇居民具有较高的消费观念和时间价值观念,对舒适、便捷的交通工具格外青睐,再加上购物、旅游、娱乐等活动的频繁,汽车进入家庭就成为必然的发展趋势。

（2）交通设施建设。交通基础设施是汽车消费需求增长的约束条件之一。如果交通基础设施的建设落后于汽车消费的增长速度，那么将制约汽车消费需求的增长。另外，在某些城市存在着停车位数量不足以及停车位费用高等现象，在某种程度上也成为制约汽车消费需求的增长的因素。

（3）汽车消费政策。汽车消费政策在一定程度上会直接影响汽车工业的发展和汽车消费状况。通过实施鼓励汽车消费的政策，如允许汽车消费贷款、降低购置税率等，在一定程度上促进了汽车消费的增长。

二、汽车服务消费需求特点

1. 汽车制造与汽车服务需求的差异

汽车产业链中由零部件到整车制造属于汽车制造业范畴；新车销售与汽车后市场属于汽车服务业范畴。

汽车制造业属于产品需求驱动型，关键指标是汽车销量。汽车产品需求首先驱动新车销售，再带动整车制造与零部件制造，最后传到原材料加工行业。

汽车后市场则是服务需求驱动型，关键指标是汽车保有量，且与在用车龄分布结构有关。因此，随着汽车销售竞争的进一步激烈以及汽车消费者围绕汽车消费衍生出的多种服务需求的增加，使包括汽车销售及汽车后市场的汽车服务行业面临广阔的发展空间。

世界贸易组织认为，服务业的本质特征在于其提供产品的不可储存性。汽车服务是在汽车产业价值链中连接生产和消费的支持性、基础性行业。广义的汽车服务业包括新车销售服务、汽车后市场（包含零配件销售、二手车业务等）以及其他相关业务，内容繁多。新车销售服务中以产品体验、试乘试驾、销售人员培训、汽车品牌推广、营销策划和4S店销售为主；汽车后市场主要以维修服务、配件销售、旧车交易、汽车保险和汽车金融等为核心业务。

2. 新车销售服务

新车销售服务涉及从新车上市到消费者完成购买的整个过程，主要业务是为汽车制造商和经销商提供新车销售策划、上市定位、品牌推广等服务，帮助消费者了解车型特征、车辆特性及最终促成购买意向。相对于售后服务，也称为"售前服务"。

汽车售前服务在销售中的作用日渐凸显，服务对消费者购买行为起到了十分关键的作用。国内汽车售前服务形式经历了早期的销售员简单介绍汽车性能，到组织场地内的汽车试乘试驾活动，再到举办综合性产品体验活动等演变。销售服务的内容逐渐丰富并呈现专业化发展趋势，其目的都是使消费者在购买前对所选车辆有一定认识，激发消费者的购买意愿。即有利于汽车厂商品牌的推广，也有利于提升品牌的亲和力。同时，通过售前服务，汽车厂商也能了解到消费者的消费意向和购置心态，从而把握市场动向且能制定有效的销售策略。

近年来，随着国内汽车销售市场竞争的逐渐激烈和消费者购车理念的逐渐成熟，消费者逐步由崇拜汽车品牌，向注重个性化选择、乘用体验、性能指标方向发展。汽车厂商愈加重视汽车销售中的体验式营销，在新车推广中设计新颖的体验活动已成为新车市场推广的必备环节。汽车厂商需要在新车进入市场前确定产品定位和目标客户群体，通过组织综合性的产品体验与培训等推广活动让客户与产品密切结合，促进潜在客户充分了解产品性能，激发自身购车需求，达成购买意向以促进销售。

随着消费者汽车消费需求的多样化以及市场竞争的加剧,近年来汽车厂商加快了车型升级换代的速度,新车型也日渐多样化,新车销售在汽车销售中比重逐渐提高,售前服务在销售中的作用越来越明显,汽车厂商对售前服务愈加重视,并逐步交由专业的公司提供相关服务,已形成明显的外包趋势,由此带动产生了从事汽车销售方案策划、体验活动策划等专业类汽车服务公司。专业类汽车服务公司专业优势较为明显,与汽车制造厂商相比,这类公司因积累了丰富的市场信息更容易从客户需求角度确定新车的亮点,提出可行的产品体验方案,并拥有丰富的活动组织经验;相比广告公司,这类公司在新车测评、试乘试驾、汽车极限性能展示、活动组织等方面具有优势。汽车厂商对专业第三方提供的体验营销活动服务需求呈增长趋势,销售费用占营业收入比例维持在5%~7%。

3. 汽车后市场

汽车后市场是伴随汽车制造业成长壮大起来的高附加值行业,对整个汽车制造业的健康发展都起到决定性的支持作用。近年来,得益于国内汽车保有量的持续增加和消费者用车观念的改变,汽车服务业获得了巨大发展。汽车后市场是汽车产业链的重要组成部分,包括汽车销售领域的金融服务、汽车维修、零配件销售、汽车装饰、汽车租赁、二手车交易等。我国汽车后市场相关产业虽然在近年来得到了长足发展,但在汽车产业链利润分布中仍远低于发达国家水平,未来汽车后市场相关产业仍有很大的发展空间。

汽车的正常使用离不开维护,高质量的汽车维护服务能提高客户满意度。增值维护项目可以预防并减少车辆出现故障,减少修车次数,提高车辆的动力性、安全性、经济性,延长车辆使用寿命,有效避免车辆大修。

汽车修理服务和汽车维护是日常生活中最常见的汽车消费服务,亦是汽车后市场中服务占比最大的业务。初级维护的服务流程是最简单、最容易控制,在大多数汽车服务机构中都能完成。汽车修理服务流程是一个相对复杂且可以不断优化,完全能够将现在的汽车服务机构中的被动汽车修理服务变成主动修理服务,在得知汽车状态之后,可设计出最适合的汽车修理方案。

4. 其他相关业务

汽车行业其他相关业务包括汽车文化、汽车娱乐、汽车运动等在汽车行业发展到一定阶段衍生出来,以提高用车体验和娱乐性的细分行业。由于我国汽车行业在近年内才得到了长足发展,上述相关行业尚处于起步阶段,行业集中度较为分散,规模较小。

三、汽车消费需求增长点

1. 网约车出行服务需求

根据为全球能源和汽车市场提供经济预测的 IHS Markit 公司的研究显示,随着消费者逐渐接受网约车等按需出行服务,全球汽车销量在未来20余年内将会下降。这是"汽车产业悖论"——即用车量比以往任何时期都要多,但人均的汽车需求量将会减少。研究预计,在目前汽车年销量达8000万辆的美国、欧洲、中国以及印度市场中,在2040年度的汽车销量将下降至5400万辆左右;另外研究还发现,到2040年的全球汽车销售中仍将有超过80%的汽车在使用某种形式的石油燃料内燃机;纯电动汽车销量将占到销售总量的19%,插电混合动力车的销量将占到总销量的14%。

据波士顿咨询集团的预测,到2030年全球电动车产量约占总产量的14%;目前电池每千瓦时的成本约为200美元,而汽车制造商需要将成本降至每千瓦时100美元,才能具有与汽油车对等的竞争力。

尽管电动汽车的普及有一部分原因是技术的进步和政府的政策推动,但驱动消费的还有网约车服务需求。根据IHS Markit公司的数据显示,到2040年出行服务行业自身将消化逾1000万辆汽车,而2017年仅30万辆。尽管汽车销量将减少,但石油(尤其是非运输用途)的需求量预计将会上升,其中汽车的石油需求量将占石油需求总量的1/3。

2. 汽车金融服务需求

《2018年中国汽车消费金融发展报告》从汽车消费趋势、汽车金融场景、资产端、资金端、第三方机构、市场前景预测等层面,对中国汽车金融行业进行了多维度、全方位的解读,并对汽车金融行业的未来前景进行预测。

年轻消费群体和中小城市对汽车金融服务需求潜力大,汽车消费正在从"卖方市场"向"买方市场"过渡,消费者尤其是年轻消费群体对汽车金融服务的需求将会推动整个汽车行业持续增长。对于年轻消费群体来说,并不看重对汽车的所有权,而更在意汽车的"占有和使用权"以及"服务体验"。并且,借贷消费的意愿更强。在4S店覆盖率较低的四五线城市,"以租代购"模式风靡一时,其超低的购车门槛,更符合中小城市用户的消费能力。与此同时,农村消费能力也逐步增强,汽车金融服务需求也在快速增长。

3. 汽车增值服务需求

除了整车销售、汽车维修等传统业务外,随着汽车后市场规模的逐渐形成,汽车4S店及其他汽车服务机构将开展更多衍生业务,包括二手车置换、汽车精品、汽车美容、续投保险以及索赔等,这将为相关汽车服务行业带来新的利润增长空间。

汽车休闲娱乐分为车载娱乐和非车载娱乐,前者即指汽车车载的集成电子娱乐设备,而后者主要包括汽车酒吧、汽车影院、汽车餐厅及汽车旅馆等。

汽车自驾游在最近几年内迅速发展,汽车露营作为一种新兴的生态休闲旅游方式已然成为车主们追求的时尚。目前国内汽车休闲娱乐服务还处在发展初期,面对我国不断壮大的车主消费群体,在节假日等特殊时段已出现供不应求的局面。

当前,车载娱乐系统已开发出GSM/GPRS电话、Bluetooth无线耳机、互联网、车载摄像、语音识别系统统、车载办公等多种娱乐形式。总体来看,车载娱乐系统正向着图形化、智能化、信息化、集成化的信息系统平台方向发展。车联网、移动互联网等信息技术的不断融合,成为车载娱乐系统发展方向。

汽车改装来自赛车运动,现已成为一种时尚追求,是有车一族体现自我、展示自我的方式。通过改换车身颜色、加装大包围、车身表面贴彩纸来改换汽车的外观;或通过更换发动机或加装涡轮增压器提高汽车动力。此外,还有底盘和内饰等改装。

驾校的培训内容主要是针对考试科目要求,而现实中的驾驶技术却远不止于驾照考试内容。很多持有驾照的新手在开始时不敢单独开车,因此汽车驾驶技术培训仍然十分必要。

为满足汽车维修、汽车检测及汽车回收等服务需求,汽车消费代办服务的主要种类有:

(1) 维修代办。与汽车维修公司合作,代客户将车开到维修店进行汽车维护或维修。

(2) 年检代办。代客户将车开到检测站,按机动车运行技术条件规定进行车辆年检。

(3) 回收代办。报废汽车回收利用符合绿色循环经济的要求;随着汽车报废数量逐年增加,代办报废汽车回收的业务需求也将增加。

汽车租赁业在我国的发展速度缓慢,在风险管理、经营模式、法律法规等方面存在诸多问题。我国汽车租赁市场需求必将增加,但是目前的服务水平与市场需求相差甚远,市场需求不能及时有效的得到满足,导致汽车租赁供需不平衡。

汽车传媒主要包括汽车出版物、汽车网站、汽车电台等,提供的服务包括系统集成数据库、信息咨询服务等。我国汽车传媒与信息服务业已初具雏形,但缺乏汽车细分市场特色。目前,国内汽车网站已成为汽车产品信息发布、产品宣传广告、使用经验交流的重要平台,但信息内容有限和形式略显单一。

汽车文化产业是一种附加价值高、资源节约型、环境友好型的新兴产业,衍生出各具特色的服务消费需求。以汽车及其产业为载体,汽车文化蕴含着舒适便捷、经济环保、以人为本、诚信服务、生态和谐等购车用车理念。

汽车后市场中的增值服务项目众多,不能全部列举。目前,汽车俱乐部是增值服务中应用最为广泛、最具代表性的服务,随着汽车用户生活水平的不断提高,汽车改装、租赁、代办等增值服务将有扩大发展的趋势。

四、汽车服务行业风险特征

1. 宏观经济波动导致的风险

受益于我国经济发展势头良好,汽车行业发展迅猛,带动汽车服务相关行业需求增大。随着我国经济的高速发展,社会分工更加专业化,由汽车整车行业带动的汽车服务相关行业也进入高速发展阶段,行业规模不断扩大。若国民经济发展增速放缓,汽车整车行业销量下降,将会间接影响整个汽车相关服务行业的发展。

2. 汽车行业产业政策风险

2009年以来,我国推出的消费鼓励措施为国内汽车产业的快速发展提供了有利的政策支持,进而带动汽车相关服务行业快速发展。未来,如缺乏为汽车产业提供快速增长的政策支持,可能会影响消费者对购买汽车的需求,进而影响汽车相关服务行业的发展。

3. 市场规模较小的风险

专注于汽车销售的第三方服务业在我国起步较晚,虽然近几年发展迅速,但整体规模还较小。如未来几年汽车整车销售增速销量下降,进而影响汽车厂商对于广告推广费用的支出,会对汽车销售服务行业产生较大影响。

4. 市场竞争加剧的风险

专注于汽车销售服务行业的第三方服务业进入门槛较低,发展前景广阔,会吸引大量竞争者进入。随着汽车厂商对专业化和差异化服务需求的不断提高,汽车售前服务需要提供更有创意和个性化的服务,如未能前瞻性的把握行业发展趋势、掌握汽车行业整车销售市场的核心需求,则面临企业竞争力下降甚至被市场淘汰的风险。

1. 名词解释:
①需求;②需要;③需求价格;④需求量的变动;⑤需求的变动;⑥供求定理;⑦需求

预测。

2. 需求可以用哪些方法来表示？
3. 简述需求原理。
4. 如何用需求函数表示影响需求的因素与需求之间的关系？
5. 影响需求的因素有哪些？
6. 马斯洛理论将人的需求分为几个层次？具体内容是什么？
7. 汽车产品消费需求的层次特征表现在哪些方面？
8. 汽车服务消费者对售后服务要求主要表现哪些方面？
9. 影响汽车服务消费需求的主要因素有哪些？
10. 新的汽车消费服务形式主要表现在哪些方面？
11. 简述需求预测基本方法。
12. 简述汽车产品消费需求特点。
13. 简述汽车服务消费需求特点。
14. 简述汽车消费需求增长点有哪些？
15. 试分析汽车服务行业风险特征及其原因。

第七章 汽车服务产品消费行为

第一节 消费行为及其影响因素

一、服务消费释义

服务消费是指没有实物交换的、以服务为性质的消费。服务消费经历了一个从低层次到高层次,从自给到社会化、市场化,从占生活消费的比例较小到占比重越来越大的发展变化过程,并将在不断满足人们的消费需要、持续提升人们的生活质量等方面发挥作用。

广义上的服务是指为人们的生产、生活所提供的某种具有特殊使用价值的活动。作为一种特殊商品,服务同一般商品一样,具有价值和使用价值。在市场经济条件下,作为商品的服务,其价值同样是凝结的无差别的人类劳动,其使用价值不仅对于服务的需求者具有意义,服务的交换也遵循价值规律的要求,按照等价交换的原则参与市场流通。

与实物消费对比,服务消费具有以下几个特点:

(1)活动性。即服务消费的对象常以一种活动体现出来,一般不具有实物形态,在内容上呈现活动性。尽管这种活动的提供可能要借助一定的实物工具才得以实现(如消费网络信息需要借助计算机及其他相关的物质的工具),但服务消费本身一般并不具备实物形态。

(2)同一性。即服务消费的过程同时就是服务生产的过程;生产过程与消费过程不可分离,同步进行,这是服务消费的明显特征。在大多数情况下,服务的生产过程一旦结束,服务的消费过程也随之终结。服务不可储备,不像实物消费品那样常常在生产过程结束后,才能进入流通过程,可以储备、运输,能够发生空间位置的转移。

(3)依赖性。即服务的提供对于劳动者个人的能力、素质的依赖程度较高;服务消费对提供者本身具有很强的依赖性。无论是实物消费品的生产还是服务的生产,都离不开劳动力和生产资料的结合。尽管如此,在两种消费品的生产过程中,对于劳动力与生产资料的依赖性却不一样。生产技术、装备水平的提高可以为服务生产提供更为优越便利的条件的同时,还应该看到它们毕竟不能代替劳动者本身的技艺和创造能力,或者更确切地说,服务的生产主要依靠的是劳动力本身的作用、依靠活劳动的作用,尤其在精神生产领域,如科学、文化、艺术、信息服务等方面,需要极为复杂的脑力劳动,更加依赖于劳动者个人的创造性活动。显然,这与实物消费品生产过程中,随着资本有机构成的提高,生产的产品越多,经济效益就越高的情况是不一样的。

(4)差异性。即消费者对于服务消费效果的评价由于缺乏显性的客观标准,一般具有较大差异。与从生产流水线生产的实物消费品不同,服务消费品的质量评价和检验很难采用统一的标准。显然,一方面,是由于服务人员自身的主观因素,如心理状态、精神面貌等的影响,即使由同一服务人员提供的服务,其质量也完全可能不同。另一方面,由于消费者直接参与服务的生产和消费过程,于是消费者本身的因素,如知识水平、兴趣、消费偏好、消费习惯及消费能力等也直接影响服务的质量和效果。

服务消费的作用主要体现在:

(1)有利于提高消费水平,更好地满足消费需要。人们的消费需要层次是不断递升的,不仅体现在物质方面,而且也体现在精神文化方面;不仅体现在数量方面,而且也体现在质量方面;不仅体现在生存方面,而且也体现在享受和发展方面。随着社会生产力水平的不断提高,服务消费能够适应于不断完善的消费结构,提高消费水平、消费层次,满足人们的物质尤其是精神文化需要,从而真正体现社会的生产目的。

(2)有利于提高劳动力素质,促进社会生产力。某些服务性消费的发展有利于提高劳动者文化素质,如科学、文化、教育等;而有些服务消费的发展有利于促进家务劳动社会化,增加消费者的闲暇时间,可以进行多种多样的业余活动。总之,大力发展服务消费从其整体上看有利于劳动者素质提高,有利于人的全面发展,有利于人力资本的积累,从而对于社会生产力的发展将会起到重要的促进作用。

(3)有利于促进社会就业,增加需求供给能力。我国是劳动力资源丰富的国家,但就业压力巨大。大力发展服务消费业,能够吸纳多的劳动力。

(4)有利于产业结构优化,促进社会经济繁荣。发达国家和新兴工业国家的产业发展历程和趋势表明,各国产业结构的调整和升级必将沿着"三二一"的序列变化。我国服务产业结构的合理调整将有助于社会经济的全面繁荣。

服务消费的影响因素主要有:

(1)社会生产力的发展水平;
(2)第三产业的发展水平;
(3)劳务消费市场的发育程度;
(4)消费者的消费力状况。

服务消费的基本趋势是:

(1)服务消费在消费结构中的比重持续提高;
(2)服消费社会化和市场化的程度越来越高;
(3)服务消费内部结构中高层次部分的比重不断增加。

所谓服务消费市场化是指服务消费品进入市场,通过市场供求的变化,调节、满足人们的服务消费需求。在今天逐步走向成熟的市场经济条件下,由于商品正取得广泛而普遍的形式,以至于社会化服务和商品性服务越来越融为一体,服务消费社会化和市场化的内涵也越来越趋向一致。因此,服务消费社会化是服务消费自给化走向消费市场化的桥梁、纽带,是实现服务消费市场化的必然前提、唯一途径,是符合逻辑的客观事实。过去,由于我国的生产力水平相对较低,整体消费水平也较低;消费结构不合理,尤其是服务消费所占份额太小,即服务消费的社会化、市场化程度低。随着我国社会主义市场经济的建立和发展,服务作为一种商品,不仅其生产、流通客观上要求市场化。事实上,随着经济增长、社会发展,各项基本指标在数量上保持一定比例的均衡增长;在服务消费与实物消费的对比中,经济发展水平越高、社会文明发育程度越高,服务消费的比重越来越高。因此,应重视在提高消费水平的基础上,致力于消费结构的优化、消费质量的改善。

二、消费行为

消费行为是指消费者的需求心理、购买动机、消费意愿等方面心理与现实的表现总和。由于消费是生产过程的最终目的,又由消费者个人行为构成,而消费者的购买又是市场活动的中心问题,因此消费行为成为消费经济学的理论基础和行为科学的重要研究内容。

消费行为的核心问题是消费者的购买动机形成机制。按照行为学派的传统解释,一定的看得见的行动来自一定的刺激。一般用"S→R"表示某一行为,S代表一定的刺激,R表示一定的反应。然而,这种传统解释被认为过于简单化,消费者的行为趋向是决定和影响消费者的各种内在因素和外部环境共同作用的结果。因此,应对相关的所有内在因素和外部条件的作用进行系统的分析。

消费者是指购买、使用各种消费品或服务的个人或组织。消费者自身的欲望是驱动消费者去购买的主因,它既产生于消费者的内在需要,又来自外部环境的刺激。强烈的需要会成为决定某一时期的消费行为的支配力量。但是,某种需要还取决于消费者个人的习惯、个性和收入总水平与财产额的高低,以及家庭规模与结构特点等。外界环境是制约消费者行为的影响因素,包括社会因素和企业因素两个方面。

社会因素主要有:

(1)社会交往。每个消费者都有"社交圈",会购买与"社交圈"里的人大致相仿的消费品,如服装、住宅、耐用消费品等;

(2)某种社会舆论和活动的影响。

企业因素主要有:

(1)企业产品更新换代情况和质量、性能、包装所具备的吸引力;

(2)知名品牌带给消费者的信誉;

(3)企业的广告和推销员"劝说"形成的"拉力";

(4)企业位置与服务态度;

(5)商品价格及与它相联系的服务费用的高低等。

此外,形成消费者购买的重要条件还有:

(1)消费者对某种消费对象的"认识"与"理解";

(2)对购买该商品或服务的"经验"与"知识";

(3)通过对各种商品的比较和"判断"所形成的"态度"等。

消费行为最主要的表现是购买行为,其制约因素主要有:

(1)需要。包括生理的、社会的和心理的需要,其是购买的直接动因。

(2)可支配收入水平和商品价格水平。一般来说,消费总额和可支配收入水平是同向的变化。就某具体商品来说,可支配收入水平的提高并不一定意味着消费量的增加。例如,随着可支配收入水平的提高,对某些中、高档商品的购买和消费量会增加,而对低档商品的购买和消费量则会减少。商品价格对消费者的购买动机有直接影响。

(3)商品本身的特征及商品的购买、维护和修理条件。如商品的性能、质量、外形、包装等,商店的位置、服务态度等购买条件,以及商品的维护和修理条件等,都能在不同程度上诱发影响消费者的购买行为。

(4)社会环境的影响。消费者的需要,尤其是社会、心理的需要,受这种影响而变化的可能性更大。

三、购买行为

1. 购买行为过程

消费者寻找、购买、使用和评价用以满足需求的商品和服务所表现出的一切脑体活动过程称为消费行为过程,而消费者购买行为过程是:

(1) 确认需要。消费者经过内在的生理活动或外界的某种刺激确认某种需要。

(2) 搜集资料。通过相关群众影响、媒介宣传及个人经验等渠道获取商品有关信息。

(3) 评估选择。对所获信息进行分析、权衡,作出初步选择。

(4) 购买决定。消费者最终表示出的购买意图。

(5) 购后评价。包括购后满意程度和对是否重购的态度。

2. 购买行为特征

消费者购买行为的基本特征是:

(1) 时空分散性。消费购买涉及每一个人和每个家庭,购买者多而分散。为此,消费者市场是一个人数众多、幅员广阔的市场。由于消费者所处的地理位置各不相同,闲暇时间不一致,造成购买地点和购买时间的分散性。

(2) 购买频繁性。消费者购买是以个人和家庭为购买和消费单位的,由于受到消费人数、需要量、购买力、储藏地点、商品保质期等诸多因素的影响,消费者为了保证自身的消费需要,往往购买批量小、批次多,购买频繁。

(3) 购买差异性。消费者购买因受年龄、性别、职业、收入、文化程度、民族、宗教等影响,其需求有很大的差异性,对商品的要求也各不相同,而且随着社会经济的发展,消费者消费习惯、消费观念、消费心理不断发生变化,从而导致消费者购买差异性大。

(4) 购买冲动性。绝大多数消费者购买缺乏相应的专业知识、价格知识和市场知识,尤其是对某些技术性较强、操作比较复杂的商品,更显得知识缺乏。在多数情况下消费者购买时往往受感情的影响较大。因此,消费者很容易受广告宣传、商品包装、装潢以及其他促销方式的影响,产生购买冲动。

(5) 购买选择性。消费者购买必然慎重选择,加之当前市场经济比较发达,人口在地区间的流动性较大,因而导致消费购买的流动性很大,消费者购买经常在不同产品、不同地区及不同企业之间流动。

(6) 购买时尚性。有些商品消费者需要常年购买、均衡消费,如食品、副食品、牛奶、蔬菜等生活必需商品;有些商品消费者需要季节购买或节日购买,如一些时令服装、节日消费品,消费者购买常常受到时代精神、社会风俗习俗的导向,从而使人们对消费购买产生一些新的需要。如 APEC 会议以后,唐装成为时代的风尚,随之流行起来;又如社会对知识的重视,对人才的需求量增加,从而使人们对书籍、文化用品的需要明显增加。这些显示出消费购买的时代特征。

(7) 购买的发展性。随着社会的发展和人民消费水平、生活质量的提高,消费需求也在不断向前推进。过去只要能买到商品就行了,如今大家都在追求名牌;过去不敢问津的高档商品如汽车等,如今也有人消费了;过去自己承担的劳务也由劳务从业人员承担了等。这种新的需要不断产生,而且是永无止境的,使消费者购买具有发展性特点。

认清消费者购买的特点意义是十分重大,它有助于企业根据消费者购买特征来制定营销策略,规划企业经营活动,为市场提供消费者满意的商品或劳务,更好地开展市场营销活动。

3. 购买行为阶段

一个人的所有行为都是大脑对刺激物的反应,消费者购买商品也是如此,是大脑受到了某种刺激才会产生购买行为。而刺激在被消费者接受之后,要经过几个阶段,才能产生看得见的行为反应,或完成一次的购买行为。

(1) "不足之感"阶段。不足之感是指消费者在受到刺激之后,产生了缺少什么并由此需要此物(商品或劳务)的感觉,即消费需要。根据马斯洛的"需求层次"理论,消费者的某一层面的需要相对满足了,就会往高一层次发展,而追求更高一层次的需要就成为驱使消费者产生购买行为的动力。

(2) "求足之愿"阶段。求足之愿是指消费者在产生不足之感后,自然形成满足、弥补此不足的愿望,萌生购买动机,并希望通过购买产品来获得满足。同时,这种购买动机是可以诱导的。

(3) "购买行为"阶段。购买行为是指消费者为满足某种需要在购买动机的驱使下,以货币换取商品的行动。当然,在这之前消费者会根据需要先去了解、搜集各种相关信息,并对可供选择的商品进行综合的分析比较,最后才作出是否购买的决策。

(4) "购后行为"阶段。购后行为是指消费者使用了产品、获得了相应的消费体验和对本次购买作出了评价之后采取的一系列行动。消费者如果消费体验好,会采取正面的行动,出现再购买行为等;如反之,则会进行反面宣传,甚至劝阻他人购买等,或对于购买的产品进行出租、出借、束之高阁、折价处理、转赠他人、退货、抛弃等处理。

4. 购买行为类型

1) 按行为差异程度划分

(1) 复杂式的购买行为。如果消费者属于高度参与,且了解现有各品牌、品种和规格之间具有的显著差异,则会产生复杂的购买行为。复杂的购买行为指消费者购买决策过程完整,经历大量的信息收集、全面的产品评估、慎重的购买决策和认真的购后评价等各个阶段。

对于复杂的购买行为,营销者应制定策略帮助购买者掌握产品知识,运用各种途径宣传本品牌的优点,影响最终购买决定,简化购买决策过程。

(2) 失调感的购买行为。指消费者并不广泛搜集产品信息,并不精心挑选品牌,购买决策过程迅速而简单,但是在购买以后会认为自己所买产品具有某些缺陷或其他同类产品有更多的优点,进而产生失调感,怀疑原先购买决策的正确性。

对于这类购买行为,营销者要提供完善的售后服务,通过各种途径经常提供有利于本企业的产品的信息,使顾客相信自己的购买决定是正确的。

(3) 多样化的购买行为。指消费者购买产品有很大的随意性,并不深入搜集信息和评估比较就决定购买某品牌,而在消费时才加以评估,但是在下次购买时又转换其他品牌。转换的原因是寻求产品的多样性而不一定有不满意之处。

对于寻求多样性的购买行为,市场领导者和挑战者的营销策略不同。市场领导者力图通过占有货架、避免脱销和提醒购买的广告来鼓励消费者形成习惯性购买行为;而挑战者则以较低的价格、折扣、赠券、免费赠送样品和强调试用新品牌的广告来鼓励消费者改变原习惯性购买行为。

(4)习惯性的购买行为。指消费者并未深入搜集信息和评估品牌,只是习惯于购买自己熟悉的品牌,在购买后可能评价也可能不评价产品。

对于习惯性的购买行为的主要营销策略是:

①利用价格与销售促进吸引消费者试用;

②开展大量重复性广告,加深消费者印象;

③增加购买参与程度和品牌差异。

2)按购买目标选定程度划分

(1)全确定型。指消费者在购买商品以前,已经有明确的购买目标,对商品的名称、型号、规格、颜色、式样、商标以至价格的幅度都有明确的要求。这类消费者进入商店以后,一般都是有目的地选择,主动地提出所要购买的商品,并对所要购买的商品提出具体要求,当商品能满足其需要时,则会毫不犹豫地买下商品。

(2)半确定型。指消费者在购买商品以前,已有大致的购买目标,但具体要求还不够明确,最后购买需经过选择比较才完成的。如购买空调是原先计划好的,但购买什么牌子、规格、型号、式样等心中无数。这类消费者进入商店以后,一般要经过较长时间的分析、比较才能完成其购买行为。

(3)不确定型。指消费者在购买商品以前,没有明确的或既定的购买目标。这类消费者进入商店主要是参观游览、休闲,漫无目标地观看商品或随便了解一些商品的销售情况,有时感到有兴趣或合适的商品偶尔购买,有时则观后离开。

3)按购买态度与要求划分

(1)习惯型。指消费者由于对某种商品或某家商店的信赖、偏爱而产生的经常、反复的购买。由于经常购买和使用,他们对这些商品十分熟悉,体验较深,再次购买时往往不再花费时间进行比较选择,注意力稳定、集中。

(2)理智型。指消费者在每次购买前对所购的商品,要进行较为仔细研究比较。购买感情色彩较少,头脑冷静,行为慎重,主观性较强,不轻易相信广告、宣传、承诺、促销方式以及售货员的介绍,主要靠商品质量、款式。

(3)经济型。指消费者购买时特别重视价格,对于价格的反应特别灵敏。购买时,无论是选择高档商品,还是中低档商品,首选的是价格,他们对"大甩卖""清仓""血本销售"等低价促销最感兴趣。一般来说,这类消费者与自身的经济状况有关。

(4)冲动型。指消费者容易受商品的外观、包装、商标或其他促销努力的刺激而产生的购买行为。购买一般都是以直观感觉为主,从个人的兴趣或情绪出发,喜欢新奇、新颖、时尚的产品,购买时不愿作反复的选择比较。

(5)疑虑型。指消费者具有内倾性的心理特征,购买时小心谨慎和疑虑重重。购买一般缓慢、费时多。常常是"三思而后行",常常会犹豫不决而中断购买,购买后还会疑心是否上当受骗。

(6)情感型。这类消费者的购买多属情感反应,往往以丰富的联想力衡量商品的意义,购买时注意力容易转移,兴趣容易变换,对商品的外表、造型、颜色和命名都较重视,以是否符合自己的想象作为购买的主要依据。

(7)不定型。这类消费者的购买多属尝试性,其心理尺度尚未稳定,购买时没有固定的偏爱,在上述5种类型之间游移,这种类型的购买者多数是独立生活不久的青年人。

4）按购买频率划分

（1）经常性购买行为。经常性购买行为是购买行为中最为简单的一类,指购买人们日常生活所需、消耗快、购买频繁、价格低廉的商品,如油盐酱醋茶、洗衣粉、味精、牙膏、肥皂等。购买者一般对商品比较熟悉,加上价格低廉,人们往往不必花很多时间和精力去搜集资料和进行商品的选择。

（2）选择性购买行为。这一类消费品单价比日用消费品高,多在几十元至几百元之间;购买后使用时间较长,消费者购买频率不高,不同的品种、规格、款式、品牌之间差异较大,消费者购买时往往愿意花较多的时间进行比较选择,如服装、鞋帽、小家电产品、手表、自行车等。

（3）考察性购买行为。消费者购买价格昂贵、使用期长的高档商品多属于这种类型,如购买轿车、商品房、成套高档家具、钢琴、计算机、高档家用电器等。消费者购买该类商品时十分慎重,会花很多时间去调查、比较、选择。消费者往往很看重商品的商标品牌,大多是认牌购买;已购消费者对商品的评价对未购消费者的购买决策影响较大;消费者一般在大商场或专卖店购买这类商品。

四、消费行为影响因素分析

1. 内在因素

影响消费者购买行为的内在因素很多,主要有消费者的个体因素与心理因素。购买者的年龄、性别、经济收入、教育程度等因素会在很大程度上影响着消费者的购买行为。消费者心理是消费者在满足需要活动中的思想意识,支配着消费者的购买行为。影响消费者购买的心理因素有动机、感受、态度、学习。

1）动机

（1）需要引起动机。需要是人们对于某种事物的要求或欲望。就消费者而言,需要表现为获取各种物质需要和精神需要。马斯洛的"需要五层次"理论,即生理需要、安全需要、社会需要、尊重需要和自我实现的需要。需要产生动机,消费者购买动机是消费者内在需要与外界刺激相结合使主体产生一种动力而形成的。

（2）购买动机的类型。动机是为了使个人需要满足的一种驱动和冲动。消费者购买动机是指消费者为了满足某种需要,产生购买商品的欲望和意念。购买动机可分为两类:

①生理性购买动机。生理性购买动机指由人们因生理需要而产生的购买动机,如饥思食、渴思饮、寒思衣,又称本能动机。包括维持生命动机、保护生命动机、延续和发展生命的动机。生理动机具有经常性、习惯性和稳定性的特点。

②心理性购买动机。心理性购买动机是指人们由于心理需要而产生的购买动机。根据对人们心理活动的认识,以及对情感、意志等心理活动过程的研究,可将心理动机归纳为以下三类:感情动机。指由于个人的情绪和情感心理方面的因素而引起的购买动机。根据感情不同的侧重点,可以其分为三种消费心理倾向:求新、求美、求荣。

理智动机指建立在对商品的客观认识的基础上,经过充分的分析比较后产生的购买动机。理智动机具有客观性、周密性的特点。在购买中表现为求实、求廉、求安全的心理

惠顾动机指对特定的商品或特定的商店产生特殊的信任和偏好而形成的习惯重复光顾的购买动机。这种动机具有经常性和习惯性特点,表现为嗜好心理。

人们的购买动机不同,购买行为必然是多样的、多变的。要求企业营销深入细致地分析

消费者的各种需求和动机,针对不同的需求层次和购买动机设计不同的产品和服务,制定有效的营销策略,获得营销成功。

2)感受

消费者购买如何行动,还要看他对外界刺激物或情境的反映,这就是感受对消费者购买行为的影响。感受指的是人们的感觉和知觉。

所谓感觉,就是人们通过感官对外界的刺激物或情境的反应或印象。随着感觉的深入,各种感觉到的信息在头脑中被联系起来进行初步的分析综合,形成对刺激物或情境的整体反映,就是知觉。知觉对消费者的购买决策、购买行为影响较大。在刺激物或情境相同的情况下,消费者有不同的知觉,他们的购买决策、购买行为就截然不同。因为消费者知觉是一个有选择性的心理过程。

分析感受对消费者购买影响目的是要求企业营销掌握这一规律,充分利用企业营销策略,引起消费者的注意,加深消费者的记忆,正确理解广告,影响其购买。

3)态度

态度通常指个人对事物所持有的喜欢与否的评价、情感上的感受和行动倾向。作为消费者态度对消费者的购买行为有着很大的影响。企业营销人员应该注重对消费者态度的研究。消费者态度来源于:

(1)与商品的直接接触;

(2)受他人直接、间接的影响;

(3)家庭教育与本人经历。

消费者态度包含信念、情感和意向,它们对购买行为都有各自的影响作用。

(1)信念。指人们认为确定和真实的事物。在实际生活中,消费者不是根据知识,而常常是根据见解和信任作为他们购买的依据。

(2)情感。指商品和服务在消费者情绪上的反应,如对商品或广告喜欢还是厌恶。情感往往受消费者本人的心理特征与社会规范影响。

(3)意向。指消费者采取某种方式行动的倾向,是倾向于采取购买行动,还是倾向于拒绝购买。消费者态度最终落实在购买的意向上。

4)学习

学习是指由于经验引起的个人行为的改变。即消费者在购买和使用商品的实践中,逐步获得和积累经验,并根据经验调整自己购买行为的过程。学习是通过驱策力、刺激物、提示物、反应和强化的相互影响、相互作用而进行的。

"驱策力"是诱发人们行动的内在刺激力量。例如,某消费者重视身份地位,尊重需要就是一种驱策力。这种驱策力被引向某种刺激物——高级轿车,驱策力就变为动机。在动机支配下,消费者需要作出购买名牌轿车的反应。但购买行为发生往往取决于周围的"提示物"的刺激,如看了有关电视广告、商品陈列。他就会完成购买。如果使用很满意,他对这一商品的反应就会加强。以后如果再遇到相同诱因时,就会产生相同的反应,即采取购买行为。如反应被反复强化,久之,就成为购买习惯,这就是消费者的学习过程。

2. 外在因素

相关群体是指那些影响人们的看法、意见、兴趣和观念的个人或集体。研究消费者行为可以把相关群体分为两类:参与群体与非所属群体。

参与群体是指消费者置身于其中的群体,有两种两类:

(1) 主要群体是指个人经常性受其影响的非正式群体,如家庭、朋友、同事、邻居等。

(2) 次要群体是指个人并不经常受到其影响的正式群体,如工会、职业协会等。

非所属群体是指消费者置身之外,但对购买有影响作用的群体。有两种情况,一种是期望群体,另一种是游离群体。期望群体是个人希望成为其中一员或与其交往的群体,游离群体是遭到个人拒绝或抵制,极力划清界限的群体。

企业营销应该重视相关群体对消费者购买行为的影响作用;利用相关群体的影响开展营销活动;还要注意不同的商品受相关群体影响的程度不同。商品能见度越强,受相关群体影响越大。商品越特殊、购买频率越低,受相关群体影响越大。对商品越缺乏知识,受相关群体影响越大。

社会阶层是指一个社会按照其社会准则将其成员划分为相对稳定的不同层次。不同社会阶层的人,他们的经济状况、价值观念、兴趣爱好、生活方式、消费特点闲暇活动、接受大众传播媒体等各不相同。这些都会直接影响对商品、品牌、商店、购买习惯和购买方式。

企业营销要关注本国的社会阶层划分情况,针对不同的社会阶层爱好要求,通过适当的信息传播方式,在适当的地点,运用适当的销售方式,提供适当的产品和服务。

一家一户组成了购买单位,在企业营销中应关注家庭对购买行为的重要影响。研究家庭中不同购买角色的作用,可以利用有效营销策略,使企业的促销措施引起购买发起者的注意,诱发主要营销者的兴趣,使决策者了解商品,解除顾虑,建立购买信心,使购买者购置方便。研究家庭生命周期对消费购买的影响,企业营销可以根据不同的家庭生命周期阶段的实践需要,开发产品和提供服务。

每个消费者都是社会的一员,其购买行为必然受到社会文化因素的影响,文化因素有时对消费者购买行为起着决定性的作用。企业营销必须予以充分的关注。

第二节 服务消费购买决策过程

一、消费心理分析

需要是消费者产生购买行为的基础,影响消费者购买行为的全过程。消费者的整个购买过程分为以下六个阶段:

(1) 知晓阶段。消费者发现需要的产品存在。在这个阶段,一个真实的、能够满足消费者需要的产品是关键,厂商要真诚地向消费者传播真实有效的商品信息,以引起消费者的注意。

(2) 了解阶段。消费者了解产品的效用。消费者购买商品的目的是使用并满足需要,为此要切实了解产品的效用。在这个阶段,要向消费者演示产品使用过程,耐心地介绍产品的实际效用。产品的效用是吸引消费者的核心因素。

(3) 喜欢阶段。消费者对产品产生良好印象。要使产品在消费者心目中有良好的印象,产品的外形、性能、效用等必须引起消费者足够的关注。

(4) 偏好阶段。消费者对产品的良好印象已扩大到其他方面。这是由前面的对产品的知晓、了解、喜欢产生的、对产品表现出的一种肯定态度。

(5) 确信阶段。由于消费者对产品有"偏好"而产生购买愿望,认为购买是明智的选择并且不断地强化这个观念。

(6)购买阶段。消费者把购买态度转变为实际的购买行动,而且始终坚持所选择的产品。

上述六个阶段,是消费者从最初接触某个产品直至转变为购买行为的一个完整的思维活动过程。每个阶段的实际效果取决于消费者的三种基本心理状态:认识,即消费者个人对产品的认识思维;感情,即消费者个人对产品的情绪偏向;意愿,即消费者个人在了解产品的效用后所产生的购买动机。

影响消费者购买行为的因素主要是心理特征、商品刺激、效用激发和知觉。

(1)消费者个体的心理因素。包括性格特性、过去经验、价值观与态度等因素。每个人在性格上都有自己的独特性,所以存在不同的需要、购物动机和反应特质;过去购物的经历或经验,作为一种可以察觉的(意识记忆)或无法察觉的记忆(潜意识记忆),影响着消费者的购买思维及行为方式;消费者独立的态度与价值观,是每个人的概念、信息、习惯及动机的组合,既受厂商销售宣传的影响而有所改变,也受实际经验的制约而影响消费者的购买行为。

(2)信息对消费者的刺激度。消费者的购买行为是一个接受外界销售环境中商品信息的刺激、影响的结果。商品信息所产生的刺激主要有两种:第一是物理性刺激,消费者透过感觉接收器官如眼、耳、口、鼻、手等所接受的刺激;第二是社会性刺激,消费者家庭的需求、社团或朋友的期望等引起的刺激。当向消费者输入的商品信息对消费者的刺激没有达到"系统、有效、及时"的程度,消费者不会产生购买行为。

(3)宣传对商品效用的激发度。消费者购买商品的目的是满足自己的需要,所以消费者激发作用的产生是受"需求激动"的影响。当需求没有满足时,会产生"需要激动",个人内在系统会呈现不平衡现象,感觉不舒服(如饥饿难熬、感到寒冷或穿着尴尬),于是采取行动(如购买食物或衣物等)减低这种感觉。因此,当对商品效用宣传不足以激发注意时,消费者是不会选择该商品。

(4)自我参照准则。厂商与消费者之间不同的价值标准和文化差异,将成为影响消费者购买行为的重要障碍。

(5)消费者个人知觉的选择。当消费者的思维系统被激发后,就会变得主动与警觉。但每个消费者在购物过程中会碰到各种各样的刺激,有语言、文字、图形、实物等广告宣传,并利用"比较历程"有选择性地吸收或输入刺激。在选择过程中,个人的过去的经历或经验都会影响他的购买决定。经历或经验将提醒他哪类刺激是有用的或是无用的,然后作出购买决策。知觉具有很强的选择性,个人往往愿意接受与自己价值观或态度相融合的事物。

从消费者购买行为过程中的心理变化,提出消费者购买行为的心理状态是"SMILE"过程。那么,SMILE 的具体含义是:

(1)"S"就是指"Serve"即服务。优质的服务可以取得消费者的支持,使商家得到更多新客户,为此要注意服务的心态、素质与技巧。

(2)"M"就是指"mind"即理智。消费者进入成熟状态的表现是从"量的消费"发展到"质的消费",从关心产品的功能到关心产品的品质及服务。认真了解顾客的购买心理,理智地分析顾客的需求,以产品对顾客的真正效用为导向,真诚满足消费者不断变化的需求。

(3)"I"就是指"Information"即信息。在营销过程中要搜集并筛选来自顾客的信息,不管是开发新产品,还是改进服务方式都要以此类信息为基础。新产品是给顾客使用的,顾客是检验新产品质量和效用的最终检验员。

（4）"L"就是指"Learn"即学习。厂商与消费者之间应相互学习，只有通过相互学习与沟通才能解决影响消费者购买行为的重要障碍。要主动学习消费者的立场、观点、思维方式，即站在顾客的立场、用顾客的思维方式去思考问题。通过学习能够用消费者眼光去发现自己在的问题，从而改进工作，弥补拓展业务存在的不足，提高顾客的稳定性。其次，引导消费者学习，即采用某种方式使消费者接受信息、改变观念以使其行为持续地产生转变。

（5）"E"就是"Evaluate Effect"即评估。站在消费者立场评估产品对消费者的真正效用，并且在整理对产品效果的陈述的基础上，按消费者认为重要和满意的指标来评估产品效果。

二、消费者购买决策特点

消费者购买决策是指消费者谨慎地评价某一产品、品牌或服务的属性并进行选择、购买能满足某一特定需要的产品的过程。广义的消费者购买决策是指消费者为了满足某种需求，在一定的购买动机的支配下，在可供选择的两个或者两个以上的购买方案中，经过分析、评价、选择并且实施最佳的购买方案，以及购后评价的活动过程。它是一个系统的决策活动过程，包括需求的确定、购买动机的形成、购买方案的抉择和实施、购后评价等环节。广义的消费者购买决策程序如图7-1所示。

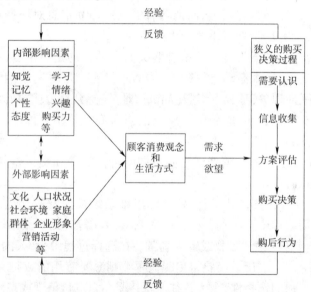

图7-1 广义的消费者购买决策程序

对于消费者购买决策有不同的描述过程，消费者购买决策特点主要有：

（1）目的性。消费者进行决策就是要促进一个或若干个消费目标的实现，这本身就带有目的性。在决策过程中，要围绕目标进行筹划、选择、安排，就是实现活动的目的性。

（2）过程性。消费者购买决策是指消费者在受到内、外部因素刺激，产生需求，形成购买动机，抉择和实施购买方案，购后经验又会反馈回去影响下一次的消费者购买决策，从而形成一个完整的循环过程。

（3）主体性。由于购买商品行为是消费者主观需求、意愿的外在体现，受许多客观因素的影响。除集体消费之外，个体消费者的购买决策一般都是由消费者个人单独进行的。随着消费者支付水平的提高，购买行为中独立决策特点将越来越明显。

（4）复杂性。心理活动和购买决策过程的复杂性。决策是人大脑复杂思维活动的产物。消费者在作决策时不仅要开展感觉、知觉、注意、记忆等一系列心理活动，还必须进行分析、推理、判断等一系列思维活动，并且要计算费用支出与可能带来的各种利益。因此，消费者的购买决策过程一般是比较复杂的。

决策内容的复杂性。消费者通过分析，确定在何时、何地、以何种方式、何种价格购买何种品牌商品等一系列复杂的购买决策内容。

购买决策影响因素的复杂性。消费者的购买决策受到多方面因素的影响和制约，具体包括消费者个人的性格、气质、兴趣、生活习惯与收入水平等主体相关因素；消费者所处的空间环境、社会文化环境和经济环境等各种刺激因素，如产品本身的属性、价格、企业的信誉和服务水平，以及各种促销形式等。这些因素之间存在着复杂的交互作用，它们会对消费者的决策内容、方式及结果有不确定的影响。

（5）情景性。由于影响决策的各种因素不是一成不变的，而是随着时间、地点、环境的变化不断发生变化。因此，对于同一个消费者的消费决策具有明显的情景性，其具体决策方式因所处情景不同而不同。

（6）差异性。由于不同消费者的收入水平、购买传统、消费心理、家庭环境等影响因素存在着差异性，因此，不同的消费者对于同一种商品的购买决策也可能存在着差异。

三、消费者购买决策模式

1. 购买决策的一般模式

人类行为的一般模式是 S-O-R 模式，即"刺激—个体生理、心理—反应"。该模式表明消费者的购买行为是由刺激所引起的，这种刺激既来自消费者身体内部的生理、心理因素和外部的环境。消费者在各种因素的刺激下，产生动机，在动机的驱使下，作出购买商品的决策，实施购买行为，购后还会对购买的商品及其相关渠道和厂家作出评价，这样就完成了一次完整的购买决策过程，如图7-2所示。

图7-2 顾客购买决策的一般模式

2. 科特勒行为选择模型

菲利普·科特勒提出的消费行为简单模式说明消费者购买行为的反应不仅要受到营销的影响，还有受到外部因素影响，如图7-3所示。而不同特征的消费者会产生不同的心理活动的过程，通过消费者的决策过程，导致了一定的购买决定，最终形成了消费者对产品、品牌、经销商、购买时机、购买数量的选择。

图7-3 科特勒行为选择模型

3. 尼科西亚模式

尼科西亚模式有四部分组成，如图7-4所示。其中，第一部分，从信息源到消费者态度，包括企业和消费者两方面的态度;第二部分,消费者对商品进行调查和评价,并且形成购买动机的输出;第三部分,消费者采取有效的决策行为;第四部分,消费者购买行动的结果被大脑记忆、贮存起来,供消费者以后的购买参考或反馈给企业。

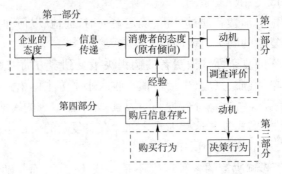

图 7-4　尼科西亚模式

4. 恩格尔模式

恩格尔模式又称 EBK 模式,是 1968 年由恩格尔、科特拉和克莱布威尔提出。EBK 模式分为 4 部分:

(1) 中枢控制系统,即消费者的心理活动过程;

(2) 信息加工;

(3) 决策过程;

(4) 环境,如图 7-5 所示。

恩格尔模式认为,外界信息在有形和无形因素的作用下,输入中枢控制系统,即对大脑引起、发现、注意、理解、记忆与大脑存储的个人经验、评价标准、态度、个性等进行过滤加工,构成了信息处理程序,并在内心进行研究评估选择,对外部探索即选择评估,产生了决策方案。在整个决策研究评估选择过程,同样要受到环境因素,如收入、文化、家庭、社会阶层等影响。最后产生购买过程,并对购买的商品进行消费体验,得出满意与否的结论。此结论通过反馈又进入了中枢控制系统,形成信息与经验,影响未来的购买行为。

5. 霍华德—谢思模式

霍华德—谢思模式的重点是把消费者购买行为分为四大因素去考虑:

(1) 刺激或投入因素(输入变量);

(2) 外在因素;

(3) 内在因素(内在过程);

(4) 反映或者产出因素,如图 7-6 所示。

霍华德—谢思模式认为投入因素和外界因素是购买的刺激物,它通过唤起和形成动机,提供各种选择方案信息,影响购买者的心理活动(内在因素)。消费者受刺激物和以往购买经验的影响,开始接受信息并产生各种动机,对可选择产品产生一系列反应,形成一系列购买决策的中介因素,如选择评价标准、意向等,在动机、购买方案和中介因素的相互作用下,便产生某种倾向和态度。这种倾向或者态度又与其他因素,如购买行为的限制因素结合后,便产生购买结果。购买结果形成的感受信息也会反馈给消费者,影响消费者的心理和下一次的购买行为。

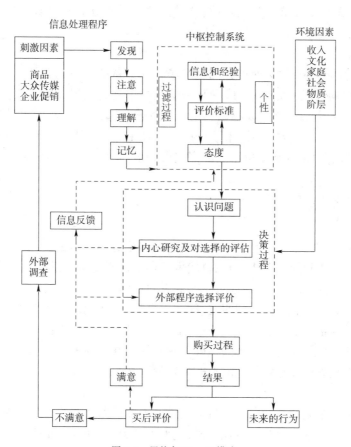

图 7-5 恩格尔(Engel)模式

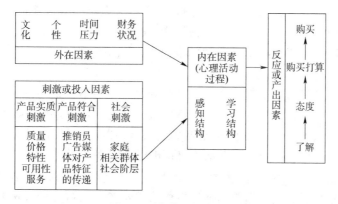

图 7-6 霍华德—谢思模式

四、消费者购买决策的影响因素

1. 个人因素的影响

1) 稳定因素

主要是指个人某些特征,诸如年龄、性别、种族、民族、收入、家庭、生活周期、职业等。稳定因素不仅能影响参与家庭决策者,而且影响人们决策过程的速度。在决策过程的某一特殊阶段,购买行为也部分地决定于稳定因素。例如,在搜集信息阶段,一个人的年龄和收入就会影响信息来源的数量和类型以及用来征集信息所花费的时间。稳定性因素也能够影响消费者对某产品的使用范围。

2）随机因素

是指消费者进行购买决策时所处的特定场合和具备的一系列条件。有时,消费者购买决策是在未预料的情况下做出的,或者某种情况的出现将延迟或缩短人们的决策过程,例如,一个正在考虑购买计算机的消费者可能会在评价与选择上耽搁,这种耽搁肯定会减慢决策过程或者会导致放弃这种购买。但是,假如此人在另一种不同的环境下,譬如工资上涨20%,购买决策过程可能会比工资不上涨完成得快得多。而且,随机因素对消费者行为的影响,往往还是多方面的。

2. 心理因素的影响

1）感觉

不同的人用不同的方法同时看到同一事物的结论是不一样的。同样,同一个人在不同的时间用不同的方式看同一事物,结论自然也不同。感觉是为了获得结果对输入的信息进行识别,分析和选择的过程。人们通过感官的看、听、闻、尝、摸等接受信息,即输入信息是通过各种感官获得,如听到广告、看到朋友、闻到污染的空气和水、摸到某种产品的时候可获得信息。虽然获得的是大量的信息,但只有一部分成为知觉。因为在选择某些信息的同时,也放弃其他大量的信息。这是因为无法在同一时间里去注意所有的信息,这种现象有时称为选择保留。这就是为什么有的信息能上升为知觉,有的却不行。

2）动机

动机是激励一个人的行动向一定目标迈进的内部动力。在任何时候购买者受多种动机影响,而不仅受一个动机影响。动机能降低或增大压力,当动机驱使朝向目标迈进时压力减弱;但是,当某个动机迫使向一个目标,另外动机又迫使转向到另一目标时,压力可能会增加。许多不同动机能立即影响购买行为,例如一个想买汽车的人可能被这个品牌汽车的特性所吸引,诸如外观式样、动力性、经济性等。所以,一个市场营销者通过强调仅有的一个有吸引力的特性去吸引顾客,也许这种努力不能得到一个满意的销售。

3）经验

包括由于信息和经历所引起的个人行为的变化。一些生理条件,如饥饿、劳累、身体变化、衰老、退休而引起的行为变化,不列入经验考虑范围,个人行为的结果强烈地影响着经验积累过程。如果个人的活动带来了满意的结果,那么在以后相同的情况下,会重复以前的做法;如果行为没有带来满意的结果,那么将来可能采取完全不同的做法。

要成功地推销产品,就要使消费者了解产品。消费者可以通过直接经验了解产品,许多营销者都设法在消费者购买产品前向他们提供直接经验。通过推销人员和广告作用,营销者在消费者购买前就要向其提供信息以影响消费者经验,从而使消费者对产品的态度有利于销售产品。

4）态度

态度由知识和对目标的积极和消极的情感构成。有时说一个人有"积极的态度",但这种表述不完整。只有知道了与这种态度相联系的目标时,这种表述才有意义。人们所持态度针对的目标可能是有形的或无形的,有生命的或无生命的。然而,个人的态度基本上是保持稳定的,不会时刻变化。同样,任何时候,个人的态度产生的影响都是不同的,有的强、有的弱。消费者对公司和产品的态度,对公司营销战略的成功或失败至关重要。当消费者对公司营销实践的一个或几个方面持否定的态度时,不仅他们自己会停止使用公司的产品,他们还会要求亲戚和朋友也这样。营销者应该估计消费者对价格、包装设计、品牌名称、广告、推销人员、维修服务、现存和未来产品的特点等各方面所持的态度,营销者有几种办法来估量消费者的态度,最简单的一种方法就是直接向人们提问题,动机调查中的推测技术也可以用来估计态度。

5) 个性

有的个性不一定引人注目,但每个人都有这种个性。个性是和人们的经验与行为联系在一起的内在本质特征。源于不同的遗传和经历,每个人的内心世界、知识结构、成长过程都不同。个性比较典型地表现为以下一种或几种特征,如冲动、野心、灵活、死板、独裁、内向、外向、积极进取和富有竞争心。营销者要试图发现这些特点和购买行为之间的关系,相信人的个性对所购商品的品牌和类型会有影响。例如,人们所购买的汽车、服装、首饰等类型也反映了一种或几种个性特征。通常,营销者把广告宣传瞄准在某些一般人都有的个性特点上,通过运用那些积极的有价值的个性特征来进行促销。

3. 社会影响

1) 角色和家庭

每个人都在一定的组织、机关和团体中占有一定位置,与每个位置相联系的就是角色。如果一个人占据多种位置,同时也要扮演多种角色。个人角色不仅影响一般行为,而且还影响购买行为。个人的多种角色需求可能不一致,因而个人的购买行为部分地受到其他人意见的影响。另外,在家庭扮演的角色直接也和购买决策联系在一起。

2) 相关群体

相关群体是指个人对群体的认可,并采纳和接受群体成员的价值观念,态度和行为。有的群体对个人来说可能是消极的相关群体,有些人在一定的时候是某个群体的,但后来却拒绝这个群体的价值观念而不成为其中的一员。同样,一个人可以采取特殊的行动避开某一个特殊群体。然而,这里讨论的是那种对个人有积极影响的相关群体。相关群体对个人来说可以起到参照物和信息来源的作用,顾客的行为可以变得和群体成员的行为和信念一致。相关群体对购买决策的影响程度,依赖于个人对相关群体影响的敏感性和个人与相关群体结合的强度。营销者有时要努力使用相关群体在广告中的影响,宣传每个群体中的人购买某种产品并获得高度的满足。通过这种呼吁的方式,广告商希望有大量的人会把推荐的那个群体作为相关群体,将会购买(做出更积极的反映)这种产品。这种广告宣传的成功要取决于广告在传递信息方面的效果,产品的类型和个人对相关群体影响的敏感性。

3) 社会阶层

社会阶层是具有相似社会地位的人的一个开放的群体。开放指的是个人可以自由地进入和离开。主要因素包括:职业、教育、收入、健康、地区、种族、伦理、信仰和财富。把某一个人归入某一阶层不需要考虑所有的社会标准,所选择的标准的数量及其重要性取决于所划入阶层的特点以及个人在阶层内的价值。在一定程度上,某个阶层内的成员采取的行为模式差不多,具有相似的态度、价值观念、语言方式和财富。由于社会阶层对人的生活的许多方面都有影响,同样可以影响购买决策。

4) 文化

文化是指人类所创造的物质财富与精神财富的总和,是人类劳动的结晶。文化同样也包括整个社会所能接受的价值和各种行为,构成文化的观念、价值和行为将一代接一代地学习和传授。文化对购买行为有广泛的影响,因为它渗透在日常生活中。文化对如何购买和使用产品有影响,而且还影响从中得到的满足。由于文化在某种程度上决定了购买和使用产品的方式,从而影响产品的开发、促销、分销和定价。

当营销者在其他国家推销商品时,常看到文化对产品的购买和使用的强烈冲击。国际营销者发现世界其他地区的人具有不同的态度、价值观念和需求,从而要求运用不同的营销方法以及不同的营销组合。一些国际营销者之所以失败是因为他们没有或者不能根据文化的不同而对营销观念组合进行调整。

第三节　消费者选择及权益相关理论

一、消费者理论简介

消费者理论主要研究的是消费行为规律,其重点是消费者的选择理论。消费者理论包括效用理论、有用性理论、需求理论、消费者选择理论等,其中还分为基数效用理论和序数效用理论。基数效用理论一般的采用的是边际效用分析法,序数效用理论则一般采用的是无差异曲线分析法。

1. 效用理论

1)经济人假设

在研究消费者行为时,假定消费者是追求效用最大化的和理性的,这也就是所谓的经济人假设。每一个从事经济活动的人都是利己的,总是力图以最小的经济代价去获得自己最大的经济利益。这个假设不仅是分析消费者行为的前提,也是整个经济学的一个基础。当然,这个假设只是一种理想化状态,现实中的情况并非总是如此。人们在从事经济活动时并不总是利己的,也不能做到总是理性的。

2)效用的定义

效用就是指商品或者服务满足人们某种欲望的能力,或者是消费者在消费商品或服务时所感受到的满足程度。效用是人们的一种心理感觉,是消费者对商品或服务满足自己的欲望的能力的主观心理评价,因此效用没有客观标准。

3)基数效用论和序数效用论

由于对效用的认识不同而形成两种效用理论,即基数效用论和序数效用论。19 世纪的经济学家们认为效用是可以直接度量的,存在绝对的效用量的大小,可以用基数,就是用 1、2、3、4……这些绝对数值来衡量效用的大小,如同长度、质量等概念。例如,一个面包的效用是 1 个效用单位,一件衣服的效用是 10 个效用单位等。20 世纪 30 年代以来,很多经济学家认为消费者是无法知道效用的绝对数值,只能说出自己的偏好次序。因此提出了序数效用理论。认为消费者可以知道自己对不同消费组合的偏好次序,用第一、第二、第三、第四……这些表示次序的相对数值来衡量效用。

基数效用论和序数效用论是分析消费者行为的不同方法,基数效用理论是运用边际效用论来分析,而序数效用理论是用无差异曲线和预算约束线来分析。

4)边际效用

按照基数效用理论,既然效用是可以计量,所以效用可以区分为总效用和边际效用。总效用指消费者在一定时期内,从商品或服务的消费中得到的满足程度的总和。也可以说是指消费者在一定时间内从若干数量的商品或服务的消费中所得到的效用量的总和。假定某一消费者对一种商品的消费数量为 Q，总效用为 T_U，则总效用函数为：

$$T_U = f(Q)$$

一般来说，总效用取决于消费数量。在一定范围内，消费量越大，则总效用就越大。

边际效用是指消费者增加一个单位的商品消费时，所带来的满足程度的增加或者效用的增量，即边际效用 M_U 为：

$$M_U = \frac{\Delta T_U}{\Delta Q}$$

从数学的意义上看，边际效用就是总效用函数的斜率。

边际效用的变动有一个趋势，就是边际效用递减的规律。即在一定时间内，随着消费某种商品数量的不断增加，消费者从中得到的总效用是在增加的，但是以递减的速度增加的，即边际效用是递减的；当商品消费量达到一定程度后，总效用达到最大值时，边际效用为 0；如果继续增加消费，总效用不但不会增加，反而会逐渐减少，此时边际效用变为负数。

效用是指消费者消费商品获得的满足，是消费者对商品的主观评价。效用理论用于分析消费者如何在满足不同需要的商品之间作出选择。例如，消费者在车辆和食品之间作出选择。效用理论不适用于分析消费者在满足相同需要的商品之间的选择，如消费者在车型 A 和车型 B 之间作出的选择。满足相同需要的商品之间的选择，可采用有用性理论来分析。效用理论分基数效用论和序数效用论。

效用论认为消费者在满足不同需要的商品之间作出选择时，消费者追求的是效用最大化。在商品的边际效用之比与商品价格之比相等时，消费者实现了效用最大化。

2. 有用性理论

有用性是指商品具有的满足消费者某种需要的能力。商品有用性是商品本身具有的客观的能力，可以采用物理、化学等科学方法准确测量。

有用性理论适用于分析消费者在满足相同需要的商品之间的选择行为。例如，用于分析消费者在两种车型中选择哪一个更好。而不能用于分析消费者在满足不同需要的商品之间的选择行为，因为满足不同需要的商品之间有用性不具有可比性。例如，有用性不能用于分析消费者在汽车和食品选择那个会更好。满足相同需要的商品之间，可以比较有用性的高低；满足不同需要的商品之间，有用性不具有可比性。

基数有用性是指商品的有用性可用一个数量来表示。例如，以车辆载质量为评价指标，即以车辆载质量表示有用性。若车辆 A 的载质量为 20000kg，车辆 B 的载质量为 10000kg，则车辆 A 的有用性是车辆 B 的 2 倍。

序数有用性是指商品有用性的可以定性的比较出来，但是无法用数量来表示。例如，车辆 A 的转弯半径为 10m，车辆 B 的转弯半径为 15m，车辆 A 比车辆 B 的通过性相对较高，在通过性方面车辆 A 的有用性就比车辆 B 高，但是无法用一个数量表示车辆 A 和车辆 B 的有用性的具体值。

有用性理论认为，消费者购买商品时，追求有用性与价格之比最高，也即常说的性能价格比最高。例如，车辆 A 的载质量为 20000kg，价格为 30 万元/辆，车辆 B 的载质量为 10000kg，价格为 20 万元/辆，此时消费者应该购买车辆 A；因为车辆 A 的有用性（载质量）与价格之比为 666.7kg/万元，高于车辆 B 的 500kg/万元。

3. 需求理论

消费者的需求分为消费者的有效需求和消费者实际需要两个不同的概念。

1) 消费者的有效需求

消费者的有效需求(简称消费者需求),是指在一定的价格之下,消费者愿意购买的商品数量。例如,对于某个消费者而言,如果洗车5元/次,每天愿意洗车1次;那么,消费者对洗车的有效需求就是每天1次。而当,洗车15元/次时,消费者愿意3天洗车1次,此时消费者的有效需求是每3天1次。消费者的有效需求可用于分析商品价格不同时商品的销量。

2) 消费者的实际需要

消费者的实际需要(简称消费者需要)是指假设价格为0时,消费者所需要的商品的数量。例如,当洗车价格为0时,某消费者需要每天洗车1次,超过1次不需要。消费者的实际需要用于分析消费者生活中对商品的实际需求。

4. 消费者选择理论

(1) 消费者在满足不同需要的商品间选择。例如,每天用车加油费用为50元/次,洗车10元/次。每天第1次、第2次、第3次加油的效用值分别是40、38、36;每天第1次、第2次、第3次、第4次洗车的效用值是8、5、2、0。若消费者每天加油2次和洗车3次,消费支出总计130元,实现最大效用93。加油1次需支付50元,得到40个效用,即1元得到0.8个效用;洗车1次需支付10元,得到0.8个效用。

(2) 消费者在满足相同需要的商品间选择。消费者在满足相同需要的商品间选择时,消费者追求有用性与价格之比最高,即性能价格比最高。

二、无差异曲线及其特点

1. 无差异曲线内涵

无差异曲线是分析消费者在满足不同需要的商品间进行选择的分析工具之一。

无差异曲线是用来表示两种商品或两组商品的不同数量的组合对消费者所提供的效用

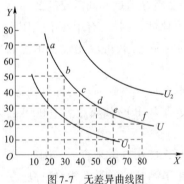

图7-7 无差异曲线图

是相同的,且符合这样要求:如果听任消费者对曲线上的点作选择,那么,所有的点对他都是同样可取的,因为任一点所代表的组合给所带来的满足都是无差异的。无差异曲线是一条向右下方倾斜的曲线,其斜率一般为负值,如图7-7所示。

这表明在收入与价格既定的条件下,消费者为了获得同样的满足程度,增加一种商品的消费就必须减少另一种商品,两种商品在消费者偏好不变的条件下,不能同时减少或增多。在一个有两种满足消费者不同需要的商品平面上,让消费者觉得无差异的一系列点组成的曲线,成为无差异曲线。无差异曲线与预算线的切点,就是消费者满足最大化的点。如图7-7中的c点,就是消费者满足的最高点。

如图7-7中,U_1、U、U_2是三条无差异曲线。U_1上所有点代表的商品组合对消费者而言效用是一样的,同理,U、U_1上的商品组合给消费者带来的效用也各自是一样的。不过,U_2曲线上的商品组合的效用大于U曲线上商品组合的效用,也大于U_1曲线上的商品组合的效用。

在现实生活中,每个人都面临着选择问题。人们对商品或服务的需要是无限的,但是人们的收入又是有限的,商品和服务不是免费可以取得的。因此,每个消费者都要在个人收入和市场价格既定的约束条件下,选择购买一定量的不同的商品或服务,以最大限度地满足自己的需要。也就是说,消费者要选择他能够支付得起的最优的消费组合。

根据消费者行为的某些共同特征,也为了便于分析,提出了如下关于偏好的基本假定:

(1)完备性:如果只有 A 和 B 这两种组合,消费者总是可以作出,也只能作出下面三种判断中的一种:一是对 A 的偏好大于 B,二是对 B 的偏好大于 A,三是对两者偏好无差异。完备性保证消费者总可以把自己的偏好准确地表达出来。

(2)可传递性:假定有 A、B、C 三种组合,如果消费者对 A 的偏好大于 B,对 B 的偏好又大于 C,那么对 A 的偏好必定大于对 C 的偏好。这个性质保证消费者偏好的一致性。

(3)消费者总是偏好于多而不是少。如果两组商品的区别只是在于其中一种商品数量的不同,那么消费者总是偏好较多的那个组合,也就是多多益善。

根据对消费者关于不同消费组合表现出的偏好关系,可以构造出一条无差异曲线。如图 7-7 中,横轴 X 代表汽车消费量,纵轴 Y 代表房产消费量,U 代表无差异曲线。在无差异曲线 U 上所有的点都能够给消费者带来同样的满足程度。图 7-7 中的 a、b、c、d、e、f 点,因为相同的偏好程度而位于同一条无差异曲线上。沿着这条曲线可以看到,当房产消费减少时,车辆消费就会增加;当车辆消费减少时,房产消费就会增加。当车辆减少而房产增加时,或当房产减少而车辆增加时,消费者的偏好都不受影响。但是当车辆和房产同时增加时,或同时减少时情况就不同了。当车辆和房产同时增加时,就会出现另一条无差异曲线 U_2。当车辆和房产同时减少时,也会出现另一条无差异曲线 U_1。因此,在同一个平面直角坐标系中,可以绘制出无数条无差异曲线,每一条都代表不同水平的偏好。

根据"多比少好"的假定,消费者对数量多的两种商品组合的偏好大于对数量少的两种商品组合的偏好,因此,无差异曲线离原点越近,代表的商品数量越小,消费者得到的满足程度水平越低;离原点越远,代表的商品数量越大,消费者得到的满足程度越高。从理论上来说,应该存在无数条这样的无差异曲线,把由一组描绘某个消费者偏好关系的无差异曲线构成的图称为无差异曲线图。

2. 无差异曲线主要特征

无差异曲线具有以下特征:

(1)离原点越远的无差异曲线,消费者的偏好程度越高。较高的无差异曲线代表的物品量多于较低的无差异曲线,因此,消费者偏好程度最高的是 U_2,最低的是 U_1,如图 7-7 所示。

(2)任意两条无差异曲线都不能相交,如图 7-8 所示。假设无差异曲线 I_1 和 I_2 相交于 A,因为 A 和 B 都在无差异曲线 I_2 上,那么消费者必定同样偏好这两种商品组合;同样,A 和 C 同处于无差异曲线 I_1 上,所以消费者也必定同样偏好这两种商品组合。根据偏好的可传递性的假定,消费者必定同样偏好 B 和 C,但这显然不可能。因为既然 B 比 C 具有更多的 X_2,那么 B 必定比 C 更受消费者偏好。因此,无差异曲线不能相交。

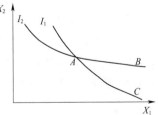

图 7-8 违反偏好的无差异曲线

(3) 无差异曲线从左向右下倾斜，凸向原点。这是因为，为维持同等的满足程度或效用水平，要增加 X_1 的数量就必须减少 X_2 的数量，因此，无差异曲线从左上向右下倾斜，斜率为负。这是由商品边际替代率递减规律所决定的。

所谓商品边际替代率是指在效用水平不变的条件下，消费者增加一单位某商品时必须放弃的另一种商品的数量。

如果用 MRS 表示商品边际替代率，一般将放弃纵轴 X_2 上商品的数量来获得横轴 X_1 额外 1 个单位商品来计算商品的边际替代率，即：

$$MRS = -\frac{\Delta X_2}{\Delta X_1} \tag{7-1}$$

这就表示放弃第二种商品 ΔX_2 个单位，获得第一种商品 ΔX_1 个单位。加一个负号是为了使边际替代率成为正数。如果依然用纵轴表示房产，横轴表示车辆，就表示为了获得一个单位的车辆，必须放弃的房产的数量，可以用图7-9加以说明。

在图7-9中，从 A 到 B，消费者愿意放弃 6 个单位房产以获得额外 1 个单位车辆，边际替代率为6，从 B 到 D，只愿意用 4 个单位房车来换取 1 个单位车辆，边际替代率为 4。

图7-9 商品边际替代率递减规律

当商品数量变化趋于无穷小时，式(7-1)可表示为：

$$MRS = -\frac{\Delta X_2}{\Delta X_1} = \lim_{\Delta X_1 \to 0} -\frac{\Delta X_2}{\Delta X_1} = -\frac{\mathrm{d}X_2}{\mathrm{d}X_1} \tag{7-2}$$

它表明无差异曲线上某一点的边际替代率就是无差异曲线上该点的切线斜率的绝对值。

如前所述，无差异曲线是凸向原点的，即当沿曲线下移时，无差异曲线斜率增加，其绝对值越来越小，也意味着商品的边际替代率沿曲线递减。例如，从 A 点到 B 点是6，D 点到 E 点是 2。其表明的经济上的含义是，随着一种商品消费量的逐渐增加，消费者为了获得这种商品的额外消费而愿意放弃的另一种商品的数量会越来越少。这就是所谓的边际商品替代率递减规律。在维持效用水平不变的前提下，随着一种商品的消费数量的连续增加，消费者为得到一单位的这种商品所需要放弃的另一种商品的消费量是递减的。边际替代率递减规律决定了无差异曲线的斜率的绝对值是递减的，即凸向原点。

三、消费者利益、权利及消费者主权

1. 消费者利益

消费者利益是指消费者应该享有的全部经济利益。经济利益是利益学说研究的重要内容，除了经济利益之外还有政治利益、环境利益和安全利益等。仅就消费者经济利益来说，其构成因素也是多方面的。例如，产品成本因素（生产成本、交易成本）、产品价格因素（价格制订方法及产品价格水平）、产品质量功能因素（质量高低和功能多少以及是否完善）、产品服务因素（服务周到与便捷程度）、产品与服务的选择性因素以及产品安全性因素等，都是影响消费者经济利益的构成因素。

在市场经济条件下，多元市场主体之间的利益冲突是客观存在的，各种市场主体都会有意或无意地损害消费者的经济利益。生产者或者经营者为了自己能够获得更多的经济利益，往往会自觉或不自觉地忽视消费者的利益，甚至常常损害消费者利益。这样一来，就产

生了保护消费者利益的问题。但是保护消费者利益又必须要有依据,其依据就是消费者的权利,因此,消费者权利就成了消费者利益的前提条件和保障条件。

2. 消费者权利

消费者权利是指消费者为了自己的物质利益所应该拥有的权利,也即是消费者利益权利。同时,消费者权利也是消费者利益在市场规则上或者是在法律上的表现形式。消费者权利保护的对象是消费者利益,同时,消费者权利也是保护消费者利益的重要手段。在市场经济国家里,一般都会在市场经济的有关规则中(例如在市场交易规则中)确立消费者权利条款,许多国家都用法律的形式设定消费者权利。也就是说,消费者权利是市场经济制度与法律制度确定的权利,是公民基本权利在经济活动中的具体体现,是受国家经济制度和法律保护的。因此,任何损害消费者权利(实质上是消费者利益)的行为,都是国家制度和法律所不允许的违规违法行为,可以运用法律手段来制裁侵害消费者权利的行为主体。

随着社会的发展,一方面消费者权利的具体内容不断得到充实而日益完善,另一方面消费者权利逐渐由政府确定而发展到由政府制度和法律都来确定,因而,消费者权利的保障条件越来越完整而严密。

3. 消费者权益

消费者权益是指消费者为了维持其生存发展在一系列生活消费过程中购买、使用商品或接受劳务服务时应享有的权利和应得到的利益。消费者权益是消费者利益和消费者权利的统一或综合,它反映的是生产者及经营者与消费者之间经济利益关系的规则或准则。

消费者权益是正确处理生产者及经营者与消费者经济利益关系的准则,保护消费者权益是市场经济正常有序运行的客观要求。如果消费者权益受到侵害,市场经济运行就会偏离正常有序的轨道,从而产生经济秩序混乱的后果。由于消费者在生活消费过程中的消费活动具有多样性和多变性,因而,消费者权益的内容是多方面的和不断演变的。

1994年1月1日开始实施的《中华人民共和国消费者权益保护法》规定,消费者应享有9项基本权益:

(1)在购买、使用商品和接受服务时,享有人身、财产不受损害的权利。
(2)享有知悉其购买、使用的商品或者接受的服务的真实情况的权利。
(3)享有自主选择商品或者服务的权利。
(4)享有公平交易的权利。
(5)因购买、使用商品或者接受服务受到人身、财产损害的,享有依法获得赔偿的权利。
(6)享有依法成立维护自身合法权益的社会团体的权利。
(7)享有获得有关消费和消费者权益保护方面的知识的权利。
(8)在购买、使用商品和接受服务时,享有其人格尊严、民族风俗习惯得到尊重的权利。
(9)享有对商品和服务及保护消费者权益工作进行监督的权利。

可以说,《中华人民共和国消费者权益保护法》是目前对消费者权益最完整的表述。

4. 消费者主权

消费者主权是指在生产经营者的经济活动中,消费者处于最终起决定性作用的地位。也可以说,在社会生产和再生产进程中,对生产什么和生产多少等基本经济问题最终起决定性作用的不是生产经营者自身,而是消费者。马克思在论述消费对生产的反作用时,早已指出了这种作用。

消费者主权或消费者统治实际上是市场经济条件下组织生产的一个关键性因素。事实确实如此,每个消费者购买商品或服务,就是用自己拥有的"货币选票"进行投票,以此表示对各种商品或服务的需求与选择。消费者选择的商品,进入消费领域,退出流通过程,其生产者就可以继续生产这些商品;消费者不接受的商品,滞留在市场上毫无用处,其生产者只能亏损,直至破产。消费者在这个过程中,的确起到了决定性的作用。这样一来,消费者购买商品或劳务的"货币选票",既为生产经营者生产经营的产品及其结构调整指明方向,同时也为生产经营者进行生产经营活动提供动力。根本原因就在于消费者的"货币选票",能够为适合消费者消费需求的商品创造继续生产的机遇,并且为这类商品的生产经营者带来利润。

消费者主权学说是市场理论和市场经济理论的一个有机组成部分,它反映了市场经济运行的基本规律,是商品经济的必然结果。因为在商品经济条件下,生产者是为实现商品的货币价值而生产使用价值。为实现商品的货币价值,就必须根据消费者的需求和偏好来进行生产。在市场经济条件下,市场经济运行中的市场交换活动和消费活动的展开,其主体是消费者,即是由消费者的消费需求引起的而由消费者的生活消费活动推动的,在此基础上又进一步启动了社会生产的再生产过程。因此,市场经济不仅以消费者主权为前提,而且还直接体现为消费者主权经济。

消费者主权经济的确立,赋予消费者必要的权益,这样才产生消费者权益问题。所以,消费者主权学说为重视消费者、消费需求和为保护消费者权益,提供了理论依据。重视消费者、消费者需求和重视保护消费者权益,是因为消费者在市场经济运行中对社会生产的基本经济问题起着决定性的作用。如若没有消费者的消费行为以及消费者在交换活动和消费活动中"货币选票"的作用,社会再生产过程就无法启动,也就不可能有市场经济运行。这样看来,消费者主权学说对于全面掌握市场经济理论并用以指导市场经济发展的实践有重要意义。同时,消费者主权学说还要求:第一,生产经营活动要以消费者的需求及其变化为依据进行决策;第二,政府应以消费者的根本利益为出发点,去妥善处理各种复杂的经济关系。只有这样,才能促进市场经济的正常运行与发展。

第四节 汽车服务消费行为与分析

一、汽车服务驱动汽车消费需求

随着我国汽车市场进入稳步增长的"新常态",汽车企业的竞争逐渐从单纯的产品竞争,朝着产品竞争、服务竞争与营销竞争的复合型态发展。消费服务也从过去的从属地位,朝着更加核心的方向转变。高标准的服务将不仅仅局限于做好传统服务,而是能够从消费者的角度出发,带来更多服务内容的创新和理念的改变。由于过去汽车使用相关信息不对称的格局已经因移动互联网的迅速普及而被打破,因此汽车企业必须重新审视和制定面对互联网时代的营销与服务策略。

例如,2014年,某品牌的后悬架质量问题成为普遍关注的汽车召回事件。通过相关数据的对比,可以从侧面分析出这并非单纯的产品质量问题,其发生也不是毫无征兆。2014年,J. D. POWER在中国汽车销售满意度研究报告中,该品牌的销售满意度仅排名第13位,与第1名的得分有近100分之差。而在售后满意度调查中,该品牌则更加靠后,排名在20

名之外,显然与其全年销售第1的地位极不匹配。售前与售后两个数据的低分值,使消费者的不满意态度与质量召回产生关联,在极短的时间内成为舆论焦点。任何一个细节上的失误或轻视都可以且演变为普遍关注的事件,"服务决胜论"此时显示出效果。

除此之外,我国汽车"召回""三包"政策的出台,对于汽车整体服务要求带来更大的约束力,并由此带动了汽车服务水平的提升。调查显示,有超过半数的消费者表示,购车时经销商对"三包"内容介绍不够全面仔细,在购车后的维修方面也存在过度维护、过度修理的情况。另外,也有一些消费者反映,在维修时间较长的情况下,经销商没有相应的代步解决方案等。

在经济新常态之下,汽车消费则呈现出由商品消费向服务消费驱动的新趋势,如汽车服务需求不断上升,汽车消费渠道互联网化,汽车消费智能化、高端化、绿色化等。首先,在服务消费的增速远高于商品消费的大背景下,汽车领域的服务消费成为亮点,诸如汽车装饰、改装服务、租车、专车服务、洗车、停车、代驾服务等需求都大幅度上升。其次,汽车消费渠道互联网化也是亮点之一,个性定制与大众消费分野,汽车网上定制开始流行;汽车电商开始出露端倪,汽车消费更加便利;再次,未来的汽车消费市场将出现智能化、高端化的趋势。智慧生活的理念正在影响着汽车消费,汽车的智能化水平快速提升使自动驾驶的相关技术受到普遍欢迎,无人驾驶汽车的消费不再遥远。另外,汽车消费的绿色化更是大势所趋,很多消费者在消费中对于环保和自身生存环境非常关注。随着汽车限行、限购的政策越来越严格,新能源汽车消费将成为新的市场机会并能创造出更多的商业服务模式。

二、汽车服务消费行为的主要影响因素

汽车服务消费者的消费行为主要取决于消费需求,而汽车服务消费者需求受到诸多因素影响。其中,相关因素主要有文化、社会、个人和心理因素4方面,即文化因素通过影响社会因素,进而影响消费者个人及其心理活动的特征,从而形成消费者个人的购买行为。

在汽车服务消费者对汽车服务消费观念逐渐成熟的背景下,对汽车服务消费行为的影响因素进行分析如下:

(1) 文化因素。对于消费行为而言,文化因素的影响即广又深。汽车服务商应该了解各种不同的文化群的特点,针对特点推出新型产品,或者是增设新的服务来吸引消费者。

(2) 社会因素。消费者在社会中所扮演的角色以及社会所对他们的影响不同,使得他们会作出不同的购买决策。社会学家根据每个人的职业、收入来源、受教育程度、价值及居住区域等按层次进行排名,不同层次的购买者具有不同的消费活动方式和购买方式。用户选择汽车服务产品和汽车服务商,周围人员都会对最终决策产生极大的影响。在消费者购买决策的参与者当中,不同的社会关系角色,会提出不同的购买意见。如消费者的价值观、审美观、个人爱好、消费习惯等,受家庭的影响比较大。

(3) 个人因素。在文化和社会因素大致相同的情况下,仍然存在汽车服务消费者购买行为差异极大的现象,主要原因就是因为消费者之间还存在着年龄、职业、生活方式和个性等差别。随着年龄的增长,人们不断改变购买行为,这是年龄对消费者购买决策的直接影响,还会通过社会的婚姻家庭状况来实现间接影响。职业状况对于人们的需求和兴趣有着重大的影响,通常汽车服务企业在制订营销计划时,必须分析营销所面对的消费者的职业状况,在产品细分许可的条件下,注意开发适合特定职业消费需要的服务产品。

个性是影响消费用户购买行为的另一个重要因素,即影响着消费需求和对市场营销因

素的反应。事实上,汽车服务消费者已经越来越多的选择不同的汽车服务产品来展示个性。

(4)心理因素。首先是动机。动机的形成来源于需要,但是商品的效用才是形成购买动机的根本条件。就汽车服务而言,不同服务具备不同的功效和体验。但同样的汽车服务对不同的购买者和不同的用途来说,其功效也不同。

然后是感知和学习。消费者有购买动机之后,会把它逐渐的转化为购买行为,这需要有感知和学习的过程。感知是指消费者会有选择的注意、理解和接受自己感兴趣的相关信息,会对与自己态度和观念一致的信息更加感兴趣,忘掉与自己态度和观念不一致的信息。而学习就是指汽车服务消费者在选择和体验汽车服务的实践当中,逐步获得和积累经验,并根据经验调整消费行为的过程。消费者的购买行为是受经验影响而形成和改变,需要通过多方收集有关信息之后,才能作出购买决策。

最后是信念和态度。消费者的信念和态度决定了企业和产品在他们心中的形象,并成为购买选择的依据。消费者的态度呈稳定一致的模式,不论他对该产品的态度是好是坏,一旦建立就很难改变。

汽车服务消费市场在我国仍然是个新兴市场,很多服务项目都是新型消费。大量新技术在汽车上的应用,一方面提高了汽车的品质,但另一方面又使得普通消费者面对越来越复杂的各项新技术、新产品、新服务在消费选择时无所适从。心理上,消费者对于大额耐用消费品的购置具有谨慎的消费倾向,对汽车服务消费也要作出理性判断;行动上,由于对汽车服务内容和技术水平评判能力的缺失,又使得消费者无法作出真正理性的选择,大多数消费者仅通过简单判断作出决策。也就是说,对复杂产品本身要作出比较理性的消费选择还有困难,因为汽车服务技术和工艺的复杂性使得决策者难以作到真正意义上的合理判断。

三、汽车服务消费行为分析方法简介

消费者行为分析一般需要了解的信息主要有:
(1)消费者购买或使用什么产品或品牌。
(2)消费者为什么购买或使用。
(3)购买和使用产品/品牌的消费者是谁。
(4)在什么时候购买和使用。
(5)在什么地方购买和使用。
(6)购买和使用的数量是多少。
(7)如何购买和使用的。
(8)从哪里获得产品/品牌的信息。
并结合消费心理及消费观念等方面的相关信息,对消费者的各种行为进行全面分析。
消费者行为分析的具体内容包括:
(1)消费者对产品/品牌认知状况。
(2)消费者对产品/品牌态度与满意度评价。
(3)消费者购买行为与态度。
(4)消费者使用行为与态度。
(5)产品/品牌促销活动的认知及接受。
(6)产品/品牌相关信息来源。
(7)消费者个人资料信息。

消费者行为分析的具体分析方法:
(1)聚类分析:根据研究对象间的相似性进行分类,对消费行为分层分析。
(2)回归分析:寻找影响因素、描述其影响程度及进行预测。
(3)因子分析:从众多观测变量中找到具有本质意义的因子,把握事物变化的原因。
(4)相关分析:研究各变量间关系的密切程度。
(5)差异性检验和方差分析:分析和检验不同类别或变量间是否存在显著差异。
(6)对应分析:用于探索和研究各分类变量之间的关系。
(7)判别分析:利用已经获得的信息来判断其属性。
(8)综合分析:确定消费者对产品属性的偏好,并在多属性之间作出选择。

随着汽车市场从卖方市场变成买方市场,我国汽车消费者的消费理念不断地成熟,对某品牌汽车消费过程的调查分析结果,见表7-1。

对某品牌汽车消费过程的调查分析结果　　　　表7-1

行　　为	我 国 现 状	外 国 现 状
选择	基于产品价格和产品性能	由使用要求、品牌形象、质量和价格多因素决定,考虑全寿命周期费用
	受周围使用该产品的群体意见影响	大多数由自己决定,受其他人影响少
购买	只关心价格,很少考虑售后服务利益	注重售后服务质量和保证时间
售后服务	价格仍然起作用,不重视服务质量	大多数问题由售后服务机构解决
再次购买	对原车型比较熟悉,愿意购买升级版	根据用车经验,选择最佳车型或其他品牌

复习思考题

1. 名词解释:
①服务消费;②消费行为;③消费者;④消费行为过程;⑤经济人假设;⑥效用;⑦边际效用;⑧有用性;⑨基数有用性;⑩序数有用性;⑪有效需求;⑫实际需要;⑬无差异曲线;⑭边际替代率;⑮消费者利益;⑯消费者权利;⑰消费者权益;⑱消费者主权;⑲汽车"三包";⑳汽车召回。

2. 服务消费具有哪些特点?

3. 服务消费的作用主要体现在哪些方面?

4. 消费者购买行为过程有哪些环节?

5. 消费者购买行为的基本特征是什么?

6. 购买行为分为几个阶段?

7. 按购买行为的差异程度、购买目标的选定程度、购买态度与要求、购买频率等,购买行为可划分为几种类型?

8. 简析消费行为的影响因素。

9. 消费者的整个购买过程有哪些阶段?

10. 描述消费者购买行为心理状态的"SMILE"有何含义?

11. 消费者购买决策主要特点有哪些?

12. 购买决策的一般模式是什么?
13. 简述科特勒行为选择模型、尼科西亚模式、恩格尔模式、霍华德—谢思模式的主要内容。
14. 简述消费者购买决策的主要影响因素。
15. 无差异曲线具有哪些特征?
16. 按《中华人民共和国消费者权益保护法》规定消费者应享有哪些基本权益。
17. 试分析汽车服务驱动汽车消费需求的主要原因。
18. 汽车服务消费行为的主要影响因素有哪些?
19. 简述汽车服务消费行为分析方法。

第八章 汽车服务产品营销方法

第一节 服务营销简介

一、服务营销研究概况

20世纪60年代,西方学者就开始服务营销问题研究。直到20世纪70年代中后期,美国及北欧才陆续有市场营销学者正式开展服务市场营销学的研究工作,并逐步创立了较为独立的服务营销学。服务营销学的发展经历了以下阶段。

(1)起步阶段。1980年以前,主要是探讨服务与有形产品的异同,并试图界定大多数服务所共有的特征——不可感知性、不可分离性、差异性、不可储存性和缺乏所有权。1977—1980年,营销学者的研究主要是基于服务同有形产品的比较,识别并界定服务的特征。

(2)探索阶段。1980—1985年,研究主要包括两个方面:一是探讨服务的特征如何影响消费者的购买行为,尤其是集中于消费者对服务的特征、优缺点以及潜在的购买风险的评估;二是探讨如何根据服务的特征将其划分为不同的种类,不同种类的服务需要市场营销人员运用不同的市场营销战略和技巧来进行推广。由于研究中肯定了服务特征对消费者购买行为的影响并普遍形成了一个共识,即服务营销不同于传统的市场营销,需要新的营销理论的支持。同时,不少营销学者还探讨了服务的分类问题。例如,根据产品中所包含的有形商品和无形服务的比重的不同,提出了其著名的"从可感知到不可感知的连续谱系理论",并且指出在现实经济生活中纯粹的有形商品或无形服务都是很少见的。根据顾客参与服务过程的程度,则把服务区分为"高参与服务"和"低参与服务"。尽管有不同的分类,但针对不同类型的服务,营销人员需要采用不同的营销策略和方法。

(3)拓展阶段。1986年至现代,研究主要包括服务营销组合、服务质量、"服务接触"理论、服务营销的特殊领域(如服务出口战略、现代信息技术对服务产生/管理以及市场营销过程的影响等)。20世纪80年代下半期,营销学者更加集中于研究传统的营销组合是否能够有效地用于推广服务、服务营销需要有哪些营销工具等问题;并逐步认识到了"人"在服务的生产和推广过程中所具有的作用,并由此衍生出关系市场营销和服务系统设计。

在这个阶段关于"服务质量"和"服务接触"两个方面的研究更富成果,感知质量、技术质量、功能质量等概念以及服务质量差距理论的提出,都为后来的服务质量问题研究奠定了重要的基础。在"服务接触"方面,服务人员与顾客在沟通过程中的心理与行为变化,服务接触对顾客服务感知的影响,如何利用服务人员和顾客双方的控制欲、"角色"、对服务过程和结果的"期望"等提高服务质量等课题,都纳入了研究者的视野。

服务营销是企业在充分认识满足消费者需求的前提下,为充分满足消费者需要在营销过程中所采取的一系列活动。服务作为一种营销组合要素,真正引起人们重视的是 20 世纪 80 年代后期,这时期由于科学技术的进步和社会生产力的显著提高,产业升级和生产的专业化发展日益加速,一方面使产品的服务含量,即产品的服务密集度日益增大。另一方面,随着劳动生产率的提高,市场转向买方市场,消费者随着收入水平提高,他们的消费需求也逐渐发生变化,需求层次也相应提高,并向多样化方向拓展。

服务营销分为两大领域,即服务产品的营销和产品(客户)服务的营销。服务产品营销的本质是研究如何促进作为无形产品的服务的交换;产品(客户)服务营销的本质则是研究如何利用服务作为一种营销工具促进有形产品的交换。无论是服务产品营销还是客户服务营销,服务营销的理念都是通过客户满意和忠诚来促进有利的最终交换实现。

二、服务营销基本要素

任何一种营销观念的产生和存在都有其历史背景和必然性,都是与一定市场环境、一定的历史时期相适应。营销观念对企业的经营活动具有深远的影响,对营销观念的探讨有利于企业从更高的层面来研究制定经营策略。1981 年,布姆斯和比特纳建议在传统市场营销理论 4Ps 的基础上增加三个"服务性的 P",即:人(People)、过程(Process)、有形展示(Physical Evidence),从而形成了服务营销的 7P 组合。随着 7P 的提出和广泛认同,服务营销理论的研究开始扩展到内部市场营销、服务企业文化、员工满意、客户满意和客户忠诚、全面质量管理、服务企业核心能力等领域。这些领域的研究正代表了 20 世纪 90 年代以来服务市场营销理论发展的趋势。

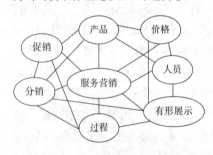

图 8-1 扩展的服务营销组合

服务营销组合包括七个要素,即服务产品(Product)、服务定价(Price)、服务渠道或网点(Place)、服务沟通或促销(Promotion)、服务人员与客户(People)、服务的有形展示(Physical Evidence)、服务过程(Process),如图 8-1 所示。

服务营销组合要素 7Ps 的核心在于:

(1)揭示了员工的参与对整个营销活动的重要意义。企业员工是企业组织的主体,每个员工做的每件事都将是客户对企业服务感受的一部分,都将对企业的形象产生一定的影响。应让每个员工都积极主动地参与到企业的经营管理决策中来,真正发挥员工的主人翁地位。

(2)企业应关注在为客户提供服务时的全过程。通过互动沟通了解客户在此过程中的感受,使客户成为服务营销过程的参与者,从而及时改进自己的服务来满足客户的期望。企业营销也应重视内部各部门之间分工与合作过程的管理,因为营销是一个由各部门协作、全体员工共同参与的活动,而部门之间的有效分工与合作是营销活动实现的根本保证。

服务营销 7Ps 虽然是针对服务业的特殊性而提出的,但其理论价值和实践上的指导意义却不仅仅限于服务营销的范畴,它对整个营销理论乃至企业理论的发展都有启迪。7Ps 的后三个 P 正是正在兴起的服务营销观念的体现。从表面上看,服务业(如酒店、旅游、运输、教育、电信等)为客户提供的是服务而不是有形的产品。所以,服务业具有不可感知性、不可分离性、差异性、不可贮存性等特征。但酒店的设施、运输的工具、电信的网络设备又似乎具有某些产品的特征。于是根据产品中所包含的有形商品和无形服务的比重的不同,提出了"从可感知到不可感知的连续谱系理论",指出在现实经济生活中纯粹的有形商品或无形服务都是很少见的,这就把服务业与产品制造业联系起来。反过来,如果把企业生产或提供的产品看作企业为客户提供某一方面服务的媒介,似乎又可将普通行业看作服务业。也就是说,服务业与普通行业并没有本质的不同,其区别仅仅在于服务业用于为客户提供服务的媒介是无形的、或虽有形但与他人共用的。因此,任何一个以盈利为目标的企业都可归属为服务企业,而任何产品(不论是有形或无形的)都可视为企业向客户提供服务的媒介,这就是服务营销的基本观念。

三、与市场营销观念的区别

同传统的营销对象相比较,服务营销的对象是服务。在传统的营销方式下,消费者购买了产品意味着销售的完成,虽然它也有产品的售后服务,但那只是一种解决产品售后维修的职能。而从服务营销观念理解,消费者购买了产品仅仅意味着销售工作的开始而不是结束,营销关心的不仅是产品的成功售出,更注重的是消费者在享受提供服务全过程的感受。这一点也可以从马斯洛的需求层次理论上理解:人最高的需求是尊重需求和自我实现需求,服务营销正是为消费者提供这种需求,而传统的营销只是提供简单的满足消费者在生理或安全方面的需求。服务营销具有的一般特点是:①供求分散性;②营销方式单一性;③营销对象复杂多变;④服务消费者需求弹性大;⑤服务人员的技术、技能、技艺要求高。

随着社会的进步,国民收入的提高,消费者需要的不仅仅是一个产品,更需要的是这种产品带来的特定或个性化的服务,从而有一种被尊重和自我价值实现的感觉,而这种感觉所带来的就是客户的忠诚度。服务营销不仅仅是营销行业发展的一种新趋势,更是社会进步的一种必然产物。近些年来,出现的关系营销、整合营销、客户关系管理等理论的核心蕴涵着服务营销观念。在企业营销实践中以服务为导向而获得成功的企业也并不鲜见。以服务与商品之间的一般差异为前提,对于区分服务营销与商品营销非常有益。

服务与商品存在以下八个方面的差异:

(1)产品的本质不同。商品被描述为"一件物品,一种器械,一样东西",而服务被描述为"一个行动,一次表演,一项努力"。把服务当做表演是对服务的比喻,即把服务传递想象为近似于剧本的上演,而服务人员就是演员,客户就是观众。也就是说,商品是有形的,是一个具体的物质实体或一个实实在在看得见、摸得着的东西;而服务本身是无形的。

(2)客户参与生产过程。实施一项服务工作就是对实物设施、脑力和体力劳动这三者的某种组合的产出结果进行装配和传递,通常客户在创造服务产品的过程中会积极参与。

(3)人作为产品的一部分。在高度接触的服务业中,客户不仅同服务人员发生接触,还可能同其他客户发生联系,如此客户就成为产品的一个组成部分。

(4)质量难以控制。生产出来的商品在到达客户那里之前,可以根据质量标准对它们进行检查。但是服务在生产出来的同时就被消费了,最后的组装就是在产品的实时生产过程中发生的。这样,错误和缺点就很难掩盖,而服务人员和其他客户的在场又引入了更大的可变性,这些因素使得服务性组织很难控制质量和提供始终如一的产品。

(5)客户评价更困难。大多数实体商品的识别性品质相对较高,如颜色、式样、形状、价格、合适度、感觉、硬度和气味,都是有助于客户在购买产品前作出决定的因素。相反,其他一些商品和服务可能更强调经验性品质,只能在购买后或消费过程中才能识别质量,如口味、处理的容易程度、个人护理。最后,还有可信度品质,即那些客户发现即使在消费之后也很难评价的特性,如外科手术、技术修理,它们是很难观察得到。

(6)服务没有存货。因为服务是一次行动或一次表演,而不是客户可以保存的一件有形的物品,所以它是"易腐的"和不能被储存的。当然,必要的场地、设备和劳动能够被事先准备好以创造服务,但这些仅仅代表生产能力,而不是产品本身。

(7)时间因素的重要性。许多服务是实时传递的,客户必须在场接受来自企业的服务。客户愿意等待的时间也是有限度的,更进一步说,服务必须迅速传递,这样,客户就不必花费过多的时间接受服务。

(8)分销渠道不同。同需要实体分销渠道把商品从工厂转移到客户手中的制造商不同,许多服务企业要么利用电子渠道(如广播、电子资金转移),要么把服务工厂、零售商店和消费点合并成一个地方。

因此,服务营销观念与市场营销观念有着质的不同,市场营销观念是以市场为导向,企业的营销活动是围绕市场需求来展开。虽然它也重视产品的售后服务,但认为售后服务是解决产品的售后维修,售后服务是成本中心而不是利润中心,做好售后服务是为了推销出更多的产品。服务营销观念是以服务为导向,企业营销的是服务,服务是企业从产品设计、生产、广告宣传、销售安装、售后服务等各个部门的事,甚至是每位员工的事。售后服务也不是成本消耗部门,企业的产品在经过每个部门都被赋予了新的增值。

在服务营销观念下,企业关心的不仅是产品是否成功售出,更注重的是客户在享受企业通过有形或无形的产品所提供的服务的全过程感受。因此企业将更积极主动地关注售后维修、收集客户对产品的意见和建议并及时反馈给产品设计开发部门,以便不断推出能满足甚至超出客户预期的新产品。同时在可能的情况下对已售出的产品进行改进或升级服务。从服务营销观念理解,客户购买了你的产品,你的营销工作仅仅是开始而不是结束。对客户而言,产品的价值体现在服务期内能否满足客户的需求。

例如,生产汽车的企业,当客户购买了你的汽车时也可看作营销工作的开始,因为客户买汽车不是最终目的,而是购买由你提供的出行舒适性服务,只是客户已为这种服务预支了今后若干时间的服务费而已。在这里,汽车也只是你向客户提供出行舒适性服务的媒介。显然,这种观念与传统的市场营销观念有质的不同。即不再认为售后服务是成本中心,这种观念给客户留下的体验是完全不同的,这将使企业与客户建立长久的、良好的关系,为企业积累宝贵的客户资源。

第二节 汽车服务营销规划

一、服务营销规划程序

1. 服务营销规划过程

服务营销规划是对服务企业战略行为的谋划。服务企业与有形产品企业一样,其成长过程必然经历幼稚期、成长期、成熟期和衰退期等几个发展阶段。要保证服务企业的健康而迅速地成长,就必须对企业行为进行理性的、长远的、整体的谋划。服务企业千姿百态,就各个企业的个性而言,其战略方针的选择和营销组合的安排会有差别;但就其共性而言,服务企业选择战略方针及进行营销组合配搭方式则有一定之规。服务营销规划的一般步骤,如图8-2所示。

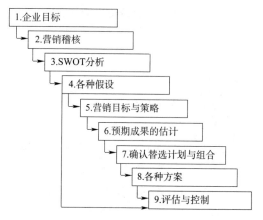

图 8-2 服务营销规划步骤

即服务营销规划过程主要工作有:从外在环境及组织内部收集信息;确认企业的主要优势和弱点、外在机会和威胁(SWOT 分析);确定成功营销要素的基本假设;设定公司的市场目标;主要依据已获得的信息、对各种假设和既定策略所作的 SWOT 分析;设计详细计划和方案以实现目标;衡量完成目标的进度,必要时检讨并修正计划。

服务营销规划程序与产品营销规划程序有相似之处也有区别,如图 8-3 所示。

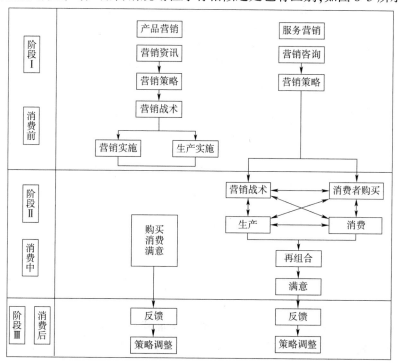

图 8-3 产品营销与服务营销规划比

2. 服务营销规划内容

服务营销规划包括以下内容:

(1)企业目标。确定企业目标是企业制定明确战略的重要组成部分。服务营销规划目标的设置见表 8-1,而且有的目标可以通过量化的方法来具体表现。

(2)态势考察。态势考察是对企业所处的环境、内在条件和发展态势的评审和分析。

服务营销规划目标的主要指标　　　　表 8-1

序号	一级指标	二级指标
1	市场地位	服务产品的销售额；企业所占的市场份额；服务质量应达到的水平；服务拓展的可行性
2	创新目标	服务营销方式上的创新；服务营销手段上的创新；服务营销理念上的创新
3	生产率水平	服务劳动效率；资本产出率
4	资源开发利用	建筑物、设备的利用率；技术开发目标；原材料和部件成本的减缩
5	利润率	利润及利润率的预期；利润的使用与扩大投入；风险奖励；吸引新资本
6	管理者业绩和发展	管理者业绩的目标与具体指标；管理者培训、学习和晋级
7	职工业绩和态度	职工业绩的目标和指标；职工服务态度规范
8	公共责任	对社会发展和公益事业的贡献；对社会生态环境保护的贡献

①营销评审。营销评审的目的是收集所有必要数据从而确定如何在所选择参与竞争的每个营销细部获得成功。

数据收集包括两类：企业外部环境的评价和内部评估。这些数据与现有情况和未来可能发展趋势相关联。为营销评审所作的分析分类如图 8-4 所示。

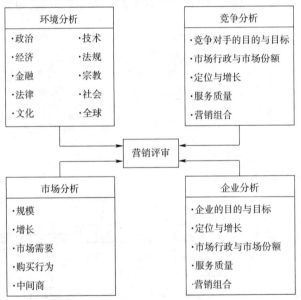

图 8-4　营销评审

营销评审包括对图 8-4 所列 4 个分类的综合全面和有系统的考察和分析。在每一个分类中还可以再次划分为若干个细目。例如，经济变量可以划分为通货膨胀、收入、价格、存款、贷款限制等。

②SWOT 分析。SWOT 分析的目的是把营销评审中有意义的数据分出来，从而发现必须通过怎样的管理才能最佳地满足在所选择的每个市场的各个环节内客户的需要，识别那些对企业营销战略形成和实施有潜在影响的趋势、力量和条件。

③关键假设条件。关键假设条件的目的是从态势考察角度辨别那些对营销战略的成败至关重要的因素。具体包括：国内生产总值的变化、经济形势、预计需求水平、通货膨胀率、利率变化等。对关键假设条件的变化，企业要制订应急的方案，以保证原有规划的顺利

实施。

此外,还包括战略选择、营销组织以及实施方案等。其中,实施方案等是对企业实施营销规划的具体时间安排和制订活动纲要,以及每一阶段要达到的目标的统筹性的、具体的安排。

二、服务营销战略选择

1. 服务营销战略分析

服务营销战略是指服务企业为了谋求长期的生存和发展,根据外部环境和内部条件的变化,对企业所作的具有长期性、全局性的计划和谋略。服务营销战略是企业在组织目标、资源和各种环境机会之间建立与保持一种可行的适应性的管理过程。营销战略被认为是最佳管理要素(战略、结构、系统、作风、技能、人员、价值观)中的第一位。制定营销战略实质上就是根据情况选择做最恰当的事,"做恰当的事比恰当地做事更为重要"。

服务营销战略分析是制定营销战略的重要组成部分和先决条件。其分析方法可采用SWOT(Strength、Weakness、Opportunity、Threat),即是对服务企业的内因分析(优势S、劣势W)、环境分析(机会O、威胁T),从而确定应选择的战略方针的方法。

优势(S)是指能使企业获得战略领先并进行有效竞争从而实现自己的目标的某些强而有力的内部因素和特征;劣势(W)则与其相反。

服务企业的优劣势分析一般围绕下述问题展开:企业在行业中的地位;企业的资本状况及融资渠道;企业的目标市场客户的信赖度、忠诚度;企业服务产品进入市场的难易度;企业竞争对手的状况;企业决策者、管理者、员工素质;企业与社会有关部门的关系;企业服务产品开发空间的大小等。

机会(O)是指企业营销行为富有吸引力的领域,在这一领域中,该企业将拥有更多的发展空间和优势。威胁(T)则是指环境中对企业不利趋势所形成的挑战,面对这些挑战企业若不采取趋利避害的营销决策,则会导致企业市场份额的被侵蚀。

服务企业的营销机会与威胁分析一般围绕以下问题展开:是否有新的商机或新的竞争对手入侵;是否创新替代服务产品或被替代服务产品所取代;国际、国内市场的变化是否有利于服务企业的环境;各类环境的变化对服务企业的发展是利还是弊;企业的定位是否得当等。

服务营销战略分析图,如图8-5所示。服务企业制定营销战略时,可将企业的内因(优势、劣势)和外因(机会、威胁)进行综合分析,形成上述四象限简图,分别表示不同的战略选择。其中:Ⅰ(SO战略)即扩张性战略,企业内部拥有优势,而环境又提供了机会,这是理想的最佳状态;Ⅱ(ST战略)即分散化战略,企业内部拥有优势而外部则受到威胁,关键在于善于运作;Ⅲ(WO战略)即防卫性战略,内部条件已处劣势,但外部环境尚有机会,企业要趋利避害;Ⅳ(WT战略)即退出性战略,企业内部处于劣势,而外部又处于威胁状态,要果断撤离。

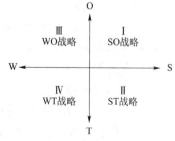

图8-5 服务营销战略分析图

扩张性战略可以采取以下具体措施:

(1)外延扩张式,即扩大目标市场范围和领域,增设服务网点,拓宽服务渠道,扩大营销队伍。

(2) 内涵积累式,即通过技术改进、成本降低,以追求高收益率。

(3) 资本营运式,即通过资本营运,实行特许经营、兼并、联合等方式加以扩张。

分散化战略主要是采取多元化战略,多元化战略包括同心多角化、水平多角化、跨领域多角化等。分散化战略的目的在于分散营销风险。是采取关联性多角化还是非关联性多角化要依据企业的情况而定,不能不顾前提认定孰优孰劣。

防卫性战略的最主要的举措是不断利用环境提供的市场发展机会,引入创新机制,不断推出新的服务产品,淘汰陈旧过时的服务产品。

2. 服务营销战略类型及选择

服务营销战略同产品营销战略一样,共有两种战略可供选择:即总成本领先战略和多元化战略。

1) 总成本领先战略

总成本领先战略是一种内涵积累式战略。其内容是:通过降低成本的努力,使成本低于竞争对手,以便在行业中赢得总成本领先的优势,获得高于行业平均水平的收益。

实施总成本领先战略必须具备三个基本前提条件:服务产品的品质相同;企业资金实力雄厚;服务功能相同。

实施总成本领先战略可以采取以下途径:调整企业资产结构和服务产品结构;压缩费用,减少支出;改善分销渠道和促销措施;在高成本、劳动密集型的活动中实现自动化。

总成本领先战略具体表现为:

(1) 特色经营战略。特色经营战略又称差异性战略。其内容是:通过企业形象、产品特色、客户服务、技术特点、客户网络等形式,努力形成一些在全行业范围内具有特色的产品,使客户建立起品牌偏好和忠诚。

特色经营战略的企业必须具备以下前提条件:强大的市场营销能力;创造性的眼光;服务方面享有盛誉;拥有传统的优质技能;销售渠道的合作伙伴强有力的合作。

(2) 集中化战略。集中化战略又称专业化战略,即企业将全部资源集中使用于最能代表自身优势的某一技术、某一市场或某一品牌的服务产品上并取得成本领先优势。这既是企业逐渐分离成许多独立的子企业的过程,也是同类服务由生产趋向集中的过程。

集中化战略的实施必须具备以下条件:市场需求具有较大规模并具有明显的不同的客户群;服务特点适宜于专业化经营;适合于按标准化管理的企业。

集中化经营的积极意义在于:资源的相对集中能保证成本领先优势;活动范围的缩小促使企业采取科学管理方式;企业经营方向和目标十分明确,风险较小。其局限性在于,企业竞争范围狭窄,企业的应变能力削弱。

2) 多元化战略

一个企业同时经营两个以上行业的服务产品的市场经营战略。多元化经营是在企业内部各项功能高度分化和专业化并拥有协调方式的情况下而采取的分散风险的战略。

实施多元化战略的前提条件是:所有服务产品都处于市场生命周期的同一阶段;所有服务产品都是风险产品或滞销产品;所有服务产品都存在对某种资源的严重依赖。

三、服务营销战略管理

在服务经济社会,客户的消费行为日趋成熟,平庸的服务已不能赢得客户手中的货币选票,优质的、让客户满意的服务正成为企业走向成功的一把金钥匙。现代企业应该将客户满意的理念引入整个经营管理的过程中,将客户满意策划的方法运用到服务的全寿命周期中,同时坚持全过程、始终面向客户、持续改进的原则,构建客户满意的服务营销战略。

(1)建立明确的客户服务战略。服务首先必须成为企业的一项战略,要站在战略的高度建立全方位的客户服务体系。要在了解客户需求的基础上,对服务工作的程序、规则提出一个系统化的解决方案。然后对服务提供者进行全面的管理、培训和激励,同时结合客户满意度和投诉制度等有效的监控手段,达到服务水平的持续改进。

(2)树立客户满意的服务理念。在实施客户满意的服务营销战略时,需要重新明确经营理念,建立客户都满意的服务经营理念。这应是企业诸多经营观念的中心,也是指导企业经营行为的总纲。要求企业从上到下的全体员工都要牢固树立"客户至上"的服务经营理念,树立"使自己服务的对象感到满意"的服务意识,一切从客户的利益出发,围绕客户的满意开展各项经营活动。

(3)建设客户为导向的服务文化。必须把客户置于企业价值和文化的核心,建立以客户为导向的企业服务文化。要将企业目标与员工的追求联系起来,充分发挥员工的积极性和创造力。同时以人为本,树立管理服务化的意识。首先管理者要将被管理者看成自己的客户,为他们提供最好的服务,促使被管理者自觉践行使"客户满意"的服务经营理念,并渗透到服务工作的每个细节中,真正地时时、事事、处处以客户为中心来解决实际工作中遇到的问题。另外,还应通过各种公关手段宣传企业的文化理念,让客户了解、认同企业的价值观和经营理念。

(4)加强内部管理,改善服务质量。优质的服务是客户满意的保证,也是客户忠诚的重要依托,更是核心竞争力的所在。因此对服务质量管理尤为重要。一方面应对客户进行服务承诺,制订高标准的服务规则、不惜以高赔偿为代价。另一方面,加强对员工的管理和培训,加强内部的监控控制。

(5)提高服务生产率,创造更高价值。通过对服务生产率的管理,可以取得更好的经济效益。在服务业中,生产率是指在服务或者制造过程中将投入的资源转化成客户价值的效益,包括内部效益和外部效益。为了取得更好的经济效益,应该提高服务生产率。一方面要加强对员工的培训,同时合理设置服务过程中的技术难度和销售难度。另一方面,在服务过程中加强客户的参与程度。让客户能够掌握更多的信息,也让客户感受到更加优质的服务。

第三节　汽车服务营销组合

一、服务营销组合要素

服务营销组合是服务企业依据其营销战略对营销过程中的七个要素变量进行配置和系统化管理的活动。营销组合是为了便利管理者控制所有的变数条件并使之系统化,因为这些变数会影响到市场交易。服务市场营销组合的形成过程,大致与其他形态的市场相似。其过程主要是:①将产品分解成部分或细节组合;②将各细节组合调整成为营销组合。

每个企业或公司所采用的独特营销组合应随条件(如需求水平、服务提供的时代)的变化而变化,营销组合过程也是随着变动的市场状况和需求不断修正和调整其构成要素的。不可避免地,营销组合的各种不同成分之间,会有所重复且相互关联。因为在做决策时,考虑组合中的一项内容,不可能不考虑到它对其他组合项目的牵制和影响,见表8-2。

服务业的营销组合(7P's)　　　　　表8-2

要　素	内　容
(1)产品 (product)	(1)领域(range);(2)质量(quality);(3)水准(level);(4)品牌名称(brand name);(5)服务项目(service line);(6)保证(warranty);(7)售后服务(after sales service)
(2)定价 (price)	(1)水准(level);(2)折扣(discounts,包括 allowances);(3)付款条件(payment terms);(4)客户的认知价值(customer's perceived value);(5)质量/定价(quality/price);(6)差异化(differentiation)
(3)地点或渠道 (place)	(1)所在地(location);(2)可及性(accessibility);(3)分销渠道(distribution channels);(4)分销领域(distribution coverage)
(4)促销 (promotion)	(1)广告(advertising);(2)人员推销(PS);(3)销售促进(SP);(4)宣传(publicity);(5)公关(PR)
(5)人 (people)	(1)人力配备(personnel):①训练;②选用(discretion);③投入(commitment);④激励(incentives);⑤外观(appearance);⑥人际行为(interpersonal behavior)。(2)态度(attitudes);(3)其他客户:①行为;②参与程度(involvement);③客户/客户之接触度
(6)有形展示 (physical evidence)	(1)环境:①装潢(furnishings);②色彩(color);③陈设(layout);④噪音水准(noise level)。(2)装备实物(facilitating goods);(3)实体性线索(tangible clues)
(7)过程 (process)	(1)政策(policies);(2)手续(procedures);(3)器械化(mechanization);(4)员工裁量权(employee discretion);(5)客户参与度(customer involvement);(6)客户取向(customer direction);(7)活动流程(flow of activities)

(1)产品。服务产品所必须考虑的是提供服务的范围、服务质量和服务水准,同时还应注意的事项有品牌、保证以及售后服务等。服务产品中,这些要素的组合变化相当大,这种变化可以从一家供应数样菜色的小餐馆和一家供应各色大餐的五星级大饭店相比较之后看出来。

(2)定价。价格方面要考虑的因素包括:价格水平、折扣、折让和佣金、付款方式和信用。在区别一项服务和另一项服务时,价格是一种识别方式,因此客户可从一项服务获得价值观。而价格与质量间的相互关系,在许多服务价格的细部组合中,是重要的考虑对象。

(3)渠道。提供服务者的所在地以及其地缘的可达性在服务营销上都是重要因素,地缘的可达性不仅是指实物上的,还包括传导和接触的其他方式。所以销售渠道的形式以及其涵盖的地区范围都与服务可达性的问题有密切关系。

(4)促销。促销包括广告、人员推销、销售促进或其他宣传形式的各种市场沟通方式,如公关。

以上四项是传统"组合"要素。但服务营销人员则显然有必要增添更多的要素,如人、有形展示和过程。

(5)人。在服务业企业担任生产或操作的人员,在客户眼中其实就是服务产品的一部分,其贡献也和其他销售人员相同。大多数服务企业的特色是操作人员可能担任服务表现和服务销售的双重任务。换言之,在服务业公司的服务执行者工作得如何,就像一般销售活动中销售能力如何一样重要。

此外,对某些服务业而言,客户与客户间的关系也应重视。因为,一位客户对一项服务产品质量的认知,很可能是受到其他客户的影响。例如某个旅行团中的特殊成分结构,或者一家餐厅的其他食客的行为都可能影响客户所得到的服务产品,在这种情况下,管理者应面对的问题,是在客户与客户间相互影响方面的质量控制。

(6)有形展示。在市场交易上没有有形展示的"纯服务业"极少,因此有形展示的部分会影响消费者和客户对于一家服务营销公司的评价。有形展示包括的要素有:实体环境(装潢、颜色、陈设、声音)以及服务提供时所需用的装备实物(比如汽车租赁公司所需要的汽车),还有其他的实体性线索,如航空公司所使用的标示或干洗店将洗好衣物加上的"包装"。

(7)过程。人的行为在服务业公司很重要,而过程也同样重要,即服务递送过程。表情愉悦、专注和关切的工作人员,可以减轻客户必须排列等待服务的不耐烦的感觉,或者平息技术上出问题时的怨言或不满。当然工作人员的良好态度,对出现的问题是不可能全部补救的。整个体系的运作政策和程序方法的采用、服务供应中器械化程度、雇用人员裁量权用在什么情况、客户参与服务操作过程的程度、咨询与服务的流动、订约与待候制度等都是经营管理者要特别关注的事情。

在许多服务经营上表现、人和过程是密不可分的。营销管理者必须重视服务表现和递送的过程顺序,在营销组合中这个重要也应包括。对于从事服务业营销活动的公司机构,这方面也是相当重要的。将生产或操作角色分开的传统作风,现在可能已经不合适了。从事服务业经营的管理者们,通常都扮演综合性的经营角色,即人事、生产、营销和财务等功能可说是无所不包。

二、服务营销组合的特殊性

服务营销组合与产品营销组合相比具有一定的特殊性,首先表现为服务营销组合包括七项要素而不是四项要素。传统的产品、定价、渠道、促销四要素式组合结构适用于有形产品营销的营销策略,而且这样的组合结构已不适用于服务业,必须采用新的营销组合要素及结构,其主要原因是:

(1)4Ps的营销组合,是根据制造业的情况确定的。由于服务业产品的非实体性特征,决定了适宜于实物产品的营销组合并不能适应服务业的需要。

(2)服务业的营销从事者认为,产品营销组合的内容不足以涵盖服务业的需要。在实践中服务业管理者发现,若与制造业公司相比,必须要应付一些显然不同性质的问题。

(3)产品营销组合的层面和范围不适应于服务业管理,有必要重新制定营销组合以适应服务营销。例如,以现有的结构和背景,提供或从事服务的人并没有想到现有布局、气氛和陈列方式的问题,但这些问题可能对于某些服务的购买、具有重要影响。事实上有一系列的要素(如人员、有形展示和过程)是传统营销组合框架所未能涵盖的。

服务营销组合的特殊性还表现为,服务营销组合是一种艺术也是一种科学,建立营销组合的步骤是人的直觉和理性研究的结果,服务营销组合步骤如图8-6所示。服务营销组合的特殊性也是服务业营销策略制定上的特殊性的集中反映。服务业营销策略的制定应考虑以下因素:

(1)业类问题。业类即行业的类别。服务业可依据其经营方式划分若干个业类。业类的区分和描述是制定营销策略的依据。例如,以"设备基础"还是"人为基础"区分服务。依此区分,"设备基础"服务行业可能是自动化的(如自动洗车)、由非专门技术人员操作的(如

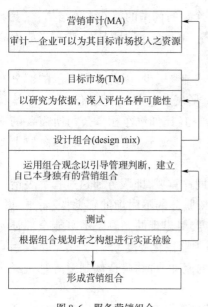

图 8-6　服务营销组合

干洗店等)或者由专门技术人员操作的(如计算机);"人基础"服务行业包括使用技术性劳力的(如家电修理)、非技术性劳力(清洁服务)或者专业性劳务的(会计等)服务。以此种方式区分服务业,关键是回答下列两个问题:①这项服务如何实现?②什么样的设备或人来进行这项服务?

(2)购买动机。策略制定的一个重要步骤是确认目标市场、了解客户需求以及客户购买动机。显然,这是所有营销导向的企业都会面临的问题,不过服务企业的问题可能稍有不同。例如,对于消费者行为,虽然作出了许多理论上的解释,可是很少人探讨消费者对服务的决策和基本选择模式。对于特定类别服务业所作过专门的研究发现,专业服务的买主是"购买"卖主的才能,因此当买主在作决定时,可能会去评估服企业的业主或代表人的行为和个性。此外,要评估该企业本身,即所在地、声誉和外观等,还包括所需时间总量、客户对情境的控制、客户所需的努力程度、客户对分阶段的依赖程度、服务的效率、与人接触参与的程度以及发生意外的风险等。

(3)竞争反应。每个服务企业都必须先考虑如何进入市场,然后如何建立并维持其竞争地位。要发展并维持具有特色地位的方法虽然很多,但在服务业中实行起来并不容易,因为所提供的服务往往会缺乏一个强有力的实体核心。因为要建立坚强的竞争地位,一个重要的方式是利用"服务差异化",借此在消费者的眼中创造服务企业及其服务的鲜明形象,并在市场上形成一种具有特色的定位,即消费者对服务产品和服务企业在市场上比较性地位的概念或形象。

(4)业务效率。许多劳动力密集服务业试图以机械化、规范化和利用各种科技及系统方法来提高业务效率。当然,在提高效率方面,服务业所面临的问题比制造业更多。虽然有些服务业可以用传统的"以资金取代劳动力"的解决方式,但并不是在所有的服务业领域中都行得通,尤其是"以人的要素为基础"的服务业,是不能以资金取代劳动力来解决问题的。各种策略性的挑战,在服务业市场总是与其他市场有所不同的。

(5)产品开发。产品规划和开发对服务企业而言是一个重要问题,因为要建立一个具有防卫性的竞争地位是很不容易的,尤其对于服务业而言,更为抽象而不易掌握。另外为了要向客户提供搭配均衡的服务类别,产品规划也很重要。一般而言,服务企业在研究与开发和产品规划方面的发展都不如制造业。不过服务企业没有理由不去采取有系统的方式从事研究开发工作。当然,要测试、开发和规范化服务产品,有一定的困难,尤其是所谓的"以人为基础"的服务业,往往缺乏真正的创新,而以模仿居多。例如,航空公司和银行业的服务。

因此,服务企业在策略上受到的挑战,包括如何导入更系统的新服务产品开发程序,以及如何设计高度非实体及创意性服务,服务产品的开发可以采用收购方式,不过是否适合采用收购方式,则因业类而定。若与制造业的收购相比较,则可能必须用不同的标准来评价。以收购方式追求增长,对服务业而言,是风险性问题,不过风险性因情况而异。越偏重于以人为基础的服务,风险就越大。而在以人为基础的服务中,凡是由专业人才或高度技术性人员提供的服务,风险性就更大,因此任何企业要收购服务业,必须有办法能争取到熟练的服务导向的经理来经营才行。

(6)对其他决策的影响。在服务业公司中,生产策略和人事策略是分不开的。不同部门所作的替代性决策及其产生的互动效应必须取得谅解。事实上,公司不同功能部门的相互关系,在服务业中会较为密切。

例如,在服务企业为提高生产效率而用设备取代人力时,反而可能降低营销效率。因为客户可能会视这种改革为:个人服务的量减少后,服务质量便会全面降低。这种后果可能会加剧,客户们也会认为这种改变是服务本身性质的改变,会重新考虑这种服务满足其需要的程度。在服务企业功能性策略之间经常容易产生冲突,如生产决策往往造成营销上的不利后果,反之亦然。

第四节　汽车服务市场定位

一、汽车服务市场定位概念

1. 服务市场定位的含义

服务市场定位是指企业根据市场竞争状况和自身的资源条件,建立和发展差异化竞争优势,以使自己的服务产品在消费者心目中形成区别并优越于竞争产品的独特形象。服务定位为服务差异化提供了机会,每个服务企业及其产品在客户的心目中都占有一定的位置,形成特定的形象,并进而影响其购买决定。定位可以不经计划而自发地随时间形成,也可以经规划纳入营销战略体系,针对目标市场而进行。后者的目的在于在客户心目中创造有别于竞争者的差异化优势。

2. 服务市场定位的原则

市场定位的最终目的是提供差异化的产品或服务,使之区别和优越于竞争对手的产品或服务,不论这种差异化是实质性的、感觉上的,还是两者兼有的。虽然服务产品的差异化不如有形产品那样明显,但是,每一种服务都使消费者感受到互不相同的特征。所以,企业进行市场定位时必须尽可能地使产品具有十分显著的特色,以最大限度地满足客户的要求。为达到此目的,服务企业的市场定位必须遵循如下原则:

(1)重要性原则。即差异所体现的需求对客户来说是极为重要的。
(2)显著性原则。即企业产品同竞争对手的产品之间具有明显的差异。
(3)沟通性原则。即这种差异能够很容易地为客户所认识和理解。
(4)独占性原则。即这种差异很难被竞争对手模仿。
(5)可支付性原则。即促使目标客户认为因产品差异而付出额外花费是值得的,从而愿意并有能力购买这种差异化产品。
(6)盈利性原则。即企业能够通过产品差异化而获得更多的利润。

3. 服务营销定位的依据

服务营销与产品营销有着明显的差异,这是基于服务本身无形性、异质性、不可分离性和不可储存性的特点而形成的。因此,确定服务营销定位时,应关注以下特点。

(1)基于服务无形性的定位。进行服务环境设计,让客户通过环境对服务的理念、质量和水平形成感知。同时,可以对外展示服务质量和效果。

(2)基于服务异质性的定位。在规范化方面,在其整体构建中,应具备较高水平。服务理念、服务标准化等方面,都能够在服务过程中得到较高的客户评价。同时,应该加强服务可控化,使服务活动及质量的偏差被控制在尽可能小的范围内。可以在服务方面对不同的客户采取不同的符合其特点的独特服务,使其能够提高满意度,同时能够取得较好的收益。

(3)基于服务不可分离性的定位。服务网络化程度在服务过程中得到充分的运用,使客户不仅能够享受中行的专业服务,更能使客户在交易过程中感受到方便和快捷。同时在营销过程中应着重注意关系化营销。

(4)基于服务不可储存性的定位。可以通过网络和声讯电话等多种方式的服务过程进行调整,以更好地满足客户需要。服务效率化,要充分利用服务的时间资源提高服务的效率。

二、汽车服务市场定位的程序

汽车服务市场定位的主要任务就是通过集中汽车企业的若干竞争优势,将自己与其他竞争者区别开来。市场定位是汽车企业明确其潜在的竞争优势、选择相对的竞争优势和市场定位策略以及准确地传播汽车企业市场定位的过程。

1. 明确汽车企业潜在的竞争优势

明确汽车企业潜在的竞争优势,主要包括:调查研究影响定位的因素,了解竞争者的定位状况,竞争者向目标市场提供了何种汽车产品及服务,在消费者心目中的形象如何,对其成本及经营情况作出评估,并了解目标消费者对产品的评价标准。汽车企业应努力搞清楚消费者最关心的问题,以此作为决策的依据,并确认目标市场的潜在竞争优势是什么,是同样条件能比竞争者定价低,还是能提供更多的特色满足消费者的特定需求。汽车企业通过与竞争者在产品、促销、成本、服务等方面进行对比分析,了解企业的长处和不足从而明确企业的竞争优势。

2. 选择汽车企业相对的竞争优势

相对的竞争优势是汽车企业能够胜过竞争者的能力。有的是现有的,有的是具备发展潜力的,还有的是可以通过努力创造的。简而言之,相对的竞争优势是汽车企业能够比竞争者做得更好的工作。汽车企业可以根据自己的资源配置,通过营销方案差异化突出自己的经营特色,使消费者感觉自己从中得到了价值最大的产品及服务。

3. 准确传播汽车企业的市场定位

这一步骤的主要任务是汽车企业要通过一系列宣传促销活动,将其独特的市场竞争优势准确地传播给消费者,并在消费者心目中留下深刻印象。为此,汽车企业首先应使目标消费者了解、知道、熟悉、认同、喜欢和偏爱企业的市场定位,要在消费者心目中建立与该定位相一致的形象。其次,汽车企业通过一切努力,保持对目标消费者的了解,稳定目标消费者的态度和加深目标消费者的感情,以此来巩固企业的市场形象。最后,汽车企业应注意目标消费者对其市场定位理解出现的偏差或由于企业市场定位宣传上失误而造成消费者的模糊、混乱和误会,及时纠正与市场定位不一致的市场形象。

三、汽车服务市场定位过程

1. 服务市场定位策略

(1)避强定位。这是一种避开强有力的竞争对手进行市场定位的模式。企业不与对手直接对抗,而是将自己置于某个市场"空隙",发展目前市场上没有的特色产品,开拓新的市场领域。这种定位的优点是:能够迅速地在市场上站稳脚跟,并在消费者心中尽快树立起一定的形象。由于这种定位方式市场风险较小,成功率较高,常常为多数企业所采用。

(2)迎头定位。这是一种在市场上与处于支配地位的竞争对手"正面交锋"的定位方式,即选择与竞争对手重合的市场位置,争取同样的目标客户,彼此在产品、价格、分销、配件供给和服务等方面稍有差别。

(3)重新定位。重新定位通常是对那些销路少、市场反应差的汽车进行二次定位。初次定位后,随着时间的推移,新的竞争者选择与本企业经营相近的产品进入市场,致使本企业原来的市场占有率下降;或者由于客户需求偏好发生转移,原来喜欢本企业汽车的人转而喜欢其他企业的汽车,致使市场对本企业汽车的需求减少。在这些情况下,企业就需要对其汽车进行重新定位。

一般来讲,重新定位是企业为了摆脱经营困境,寻求重新获得竞争力和增长点的手段。不过,重新定位也可作为一种战术策略,并不一定是因为陷入了困境,相反,可能是由于发现新的产品市场引起的。

2. 服务市场定位的方法

(1)定位图法。企业在进行服务市场定位时,可以绘制一幅市场竞争现状图,如图8-7所示,以标示当前市场上竞争对手和已存在产品的特性和定位。从定位图上可以比较清晰地看到,第二象限和第四象限中的企业较少,市场尚有空缺没有填补,因此,企业可以选择这些竞争较少、尚存市场空白的位置来定位企业的服务,从而实现竞争的差异化。

(2)价值链分析法。将商业行为视为一系列的活动,而这些活动把商业投入转化为客户价值,即从输入向输出转化的过程。波特的价值链理论认为,价值链上的活动可以分成两种类型:一种是基本活动,包括直接面对消费者的各个环节,如物流运输、生产作业、营销和服务等;另一种是支持活动,如基础设施的建立和维护、人力资源管理、研发等。在服务行业中,可以针对不同的服务行业,设计出不同的价值链模型。例如,汽车企业价值链是从原料购买到产品出厂所有的生产经营过程,主要包括供应商、整车生产、物流、市场营销、售后服务等。

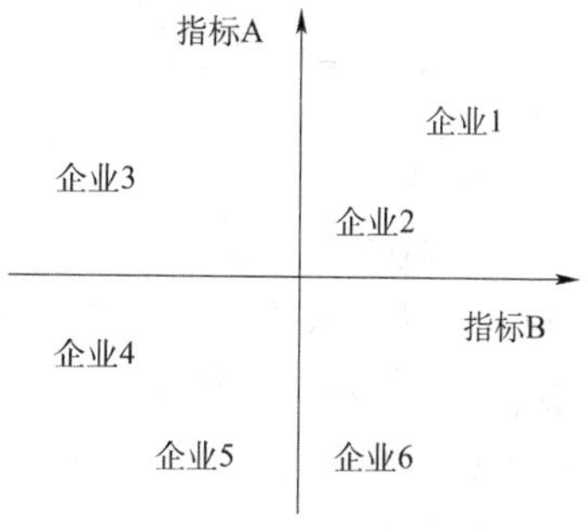

图8-7 竞争对手所处位置坐标图

价值链的作用在于,它可以让企业更加明确为客户创造的价值来源于何处。企业可以通过降低价值链上面的成本和不断将价值链上面的项目进行差异化来获得差异化优势。与此同时,企业也应当注意价值链上的各个项目并不是完全割裂开来的,它们经常存在着许多联系,并且总是互相影响的。因此,企业应当根据实际情况,对这些活动或职能进行协调和整合,以达到有效为客户创造和传递价值的目的。

3. 服务市场定位的意义

定位是服务企业营销过程中最为重要的环节之一,它综合了企业对自身、对消费者和对竞争者的分析。服务市场定位更加倾向于营造心理感受,它产生的结果是消费者以及潜在的消费者对服务产品的认知以及对这种特定产品的态度和观念。

具体来讲,一个完整的市场定位包括了服务和企业价值观的阐述,提供的服务能够为消费者带来的效用,为了最好地达到这种效用,应该如何调整产品营销组合的各个方面等。

(1)通过市场定位,企业可以确立同其他产品的区别之处。由于市场定位的目的就是在消费者心目中建立产品差异,因此,一个有效的市场定位能够很好地诠释自己的产品与其他企业产品的差异。例如,某企业的产品与其他企业的产品相比有哪些优点,在哪些方面能够更为贴切地满足消费者的需求等。

(2)通过市场定位,企业可以发现新的市场机会。例如,企业可以通过提供不同于其他企业的服务激发消费者潜在的需要。

(3)通过市场定位,企业可以重新定位和设计产品。例如,企业可以通过增加附加服务和便利服务为消费者提供高的产品附加值,也可以通过适度服务降低消费者的紧张感。

(4)通过市场定位,企业可以选择淘汰一些不能满足消费者需要或者盈利状况不佳、市场竞争过于激烈的产品。

(5)通过市场定位,企业可以改进营销组合策略。在渠道方面,企业可以通过改变客户接触服务产品的时间、地点和场合,将自己的服务和其他企业的服务区分开来。同时,企业也可以通过不同的定价策略、产品策略和促销策略将自己的产品同其他企业的产品相区别。

(6)通过市场定位,企业可以改善在消费者心中树立的形象。企业可以通过与众不同的宣传广告以及各种大众媒体的宣传树立自己产品的独特形象。

第五节 汽车服务品牌策略

一、汽车品牌概念

1. 汽车品牌释义

所谓汽车品牌,也就是汽车产品的牌子,是汽车销售者给自己的产品规定的商业名称,通常由文字、标记、符号、图案和颜色等要素或这些要素的组合构成。汽车品牌是一个集合概念,一般分为两部分:第一部分是汽车品牌名称,指品牌中可以用语言称呼的部分,即能发出声音的那一部分,如"奔驰""宝马""奥迪"等;第二部分称为品牌标志,是品牌中可以被认知但不能用语言称呼的部分,通常是一些符号、图案、颜色、字体等。

2. 汽车品牌内涵

汽车品牌最初的目的是用来区别一家汽车企业出售的产品与其竞争企业出售的同类汽车产品,以免发生混淆。现代汽车企业的品牌除此目的之外,还是一个更为复杂的符号标志。例如,宝马汽车品牌能表达出的含意,如图8-8所示。

(1)属性。显示汽车产品本身的品质特性。例如,宝马(BMW)公司的历史始于1916年,最初是一家飞机发动机制造商,公司总部在德国巴伐利亚州的慕尼黑,而巴伐利亚州的州旗是蓝白相间的;宝马的名字是巴伐利亚发动机公司缩写,也代表精湛的发动机技术这一属性。

(2)利益。显示汽车产品给人带来的利益。BMW集团的品牌各自拥有清晰的品牌形象,其产品在设计美学、动感和动力性能、技术含量和整体品质等方面具有丰富的产品内涵,带给消费者不同的体验与利益。

(3)价值。汽车品牌体现了生产者的某些价值观。例如,宝马品牌占据了从小型车到顶级豪华轿车各个细分市场的高端,使 BMW 集团成为世界上唯一一家专注于高档汽车和摩托车的制造商,高档对客户而言意味着"附加值"。

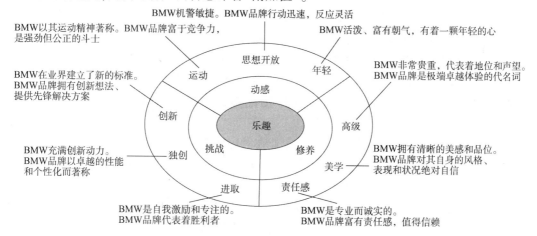

图 8-8　宝马汽车品牌内涵

(4) 文化。汽车品牌也折射出特定的文化。如宝马品牌不但体现了 BMW 集团精益求精、富有责任感、高效增长的企业文化,也成为一丝不苟、严谨、专注的文化象征。

(5) 个性。汽车品牌也反映一定的个性。如宝马汽车加速性能和高速性能在世界汽车界数一数二,由于宝马产品以赛车风格设计,因而在世界赛车活动中经常大出风头,所以宝马品牌又凸显运动、充满朝气、有一颗年轻的心的个性。

(6) 客户。汽车品牌暗示着购买或使用产品的消费者类型。如宝马的目标消费者以财力雄厚、思想开放、进取创新、朝气蓬勃、事业成功的年轻人为主。

二、汽车品牌策略

1. 多品牌策略

所谓汽车多品牌策略,是指当某汽车企业发展到一定程度后,利用自己创建起来的一个知名品牌发展出多个知名品牌的战略计划,并且多个品牌相互独立,而又存在一定的关联。实施汽车多品牌策略的原因主要是:

(1) 给汽车其他品牌忠诚者提供更多的选择。其他品牌忠诚者或无品牌忠诚者常发生品牌转移,获得品牌转移者的办法之一是提供多个品牌。

(2) 降低汽车企业风险。多品牌策略没有将企业的美誉度维系在一个品牌的成败上,可以降低因某个品牌的失败导致受株连的风险。

(3) 鼓励内部合理竞争。同类汽车产品的不同品牌管理者之间适度竞争,能提高士气和工作效率。例如,通用汽车公司就鼓励品牌经理合理竞争、共同进步。

实施汽车多品牌策略的局限性主要表现在:

(1) 成本高,需要足够的高质量的品牌管理人才。

(2) 要有完善的跨部门管理协调体制。

(3) 要有一定规模的品牌建设资源。从这个角度来说,多品牌战略只适合那些有一定实力的汽车企业。

汽车多品牌策略的形式主要有:

(1) 个别品牌策略。个别品牌是指汽车企业的不同产品分别采用不同的品牌。这种多品牌策略主要适用于以下两种情况:其一是企业同时经营高、中、低档产品时,为避免企业某种产品声誉不佳而影响整个企业声誉;其二是企业的原有产品在社会上有负面影响,为避免消费者的反感,企业在发展新产品时特意采取多品牌命名,而不是沿用原有的成功品牌,并且故意不让消费者在企业的传统品牌与新品牌之间产生联想,甚至隐去企业的名称,以免传统品牌及企业名称对新产品的销售产生不利的影响。

(2)分类品牌策略。如果汽车企业所经营的各类产品之间的差别非常大,那么企业就必须根据产品的不同分类归属来采取多品牌策略,即为各类产品分别命名,一类产品使用一个品牌。

(3)企业名称+个别品牌策略。汽车企业在考虑到产品之间既有相对同一性又有各自独立性的情况下,典型的做法是在企业的名称后再加上个别品牌的名称。

例如,多品牌策略奠定了大众汽车成功的基石。1937年,德国大众汽车集团创立于德国沃尔夫斯堡,是目前世界领先、欧洲最大的汽车制造商。经过80多年的发展,大众汽车集团囊括了不同国籍、不同背景、不同个性的10个强势品牌,形成了涵盖高、中、低三个档次的多品牌价值体系,以此满足不同消费阶层需求,形成了强势品牌族群。这些品牌包括大众汽车、奥迪、宾利、布加迪、兰博基尼、保时捷、斯堪尼亚、西亚特、斯柯达和大众汽车商用车等。拥有包括小型车、中大型车、豪华轿车、SUV、MPV、轿跑乃至超级跑车在内的全部车型种类。每个品牌都独具特色,在市场上各领风骚、潜在市场巨大。

2. 品牌延伸策略

汽车品牌延伸策略是将现有成功的汽车品牌用于汽车新产品或修正过的汽车产品上的一种策略。品牌延伸并非只借用表面上的品牌名称,而是对整个品牌资产的策略性使用。随着全球经济一体化进程的加速,市场竞争日益激烈,汽车厂商之间的同类产品在性能、质量、价格等方面强调差异化变得越来越困难。汽车厂商的有形营销威力大大减弱,品牌资源的独占性使得品牌成为厂商之间竞争力较量的一个重要筹码。于是,使用新品牌或延伸旧品牌成了汽车企业推出新产品时必须面对的品牌决策。品牌延伸是实现品牌无形资产转移、发展的有效途径。品牌也受生命周期的约束,存在导入期、成长期、成熟期和衰退期。品牌作为无形资产是企业的战略性资源,如何充分发挥企业的品牌资源潜能并延续其生命周期便成为企业的一项重大战略决策。品牌延伸一方面在新产品上实现了品牌资产的转移,另一方面又以新产品形象延续了品牌生命,因而成为汽车企业的现实选择。

汽车品牌延伸策略的优点主要有:著名的汽车品牌名称可使新产品迅速被市场承认和接受;大量节省新产品的广告宣传费用。但也存在一定的风险:新产品的失败将影响其他品类产品的销售;过分扩展将导致品牌淡化,使已有品牌失去其在消费者心目中的特殊定位。

汽车品牌延伸应当注重延伸的范围,不应造成负面影响。不当的品牌延伸不但不利于新品推广,而且有可能连累到品牌母产品。汽车品牌延伸另一件比较重要的事情就是事先在相关领域注册同一商标,为日后品牌延伸留下空间。否则商标可能被其他企业恶意抢注,不但为品牌延伸设置了障碍,而且可能因其他企业的不良经营而威胁到原有品牌。

3. 品牌再定位策略

汽车品牌再定位是对原有的汽车品牌重新定位,旨在摆脱困境,使品牌获得新的成长与活力。它不是对原有定位的一概否定,而是企业经过市场竞争,对原有品牌战略的一次扬弃。

汽车品牌再定位有企业本身的原因,也有来自外部环境的原因,概括起来有以下几点。

(1)定位错误。汽车企业的产品投放市场以后,如果市场对产品反应冷淡,销售情况与预期差距太大,这时企业就应该进行市场分析,对企业进行诊断。如果是因为品牌原有定位错误所致,就应该进行品牌的重新定位。

(2)定位过时。即定位不符合市场需求发展态势。在汽车企业发展过程中,原有定位可能会成为制约因素,阻碍企业开拓新的市场;或者由于外界环境的变化,企业有可能获得新的市场机会,但原来的定位与外界环境难以融合,因此企业出于发展和扩张的目的,需要调整和改变原有定位。

(3)定位无优。即定位优势已不存在。随着时代的演变,汽车企业在竞争中,品牌原有的优势可能会丧失,而建立在此优势上的定位也就会削弱品牌竞争力,这时候你的品牌往往会成为竞争对手的攻击对象,企业如果死守原来的定位不放,就会在竞争中处于被动挨打的地位最终丧失市场。在这样的情况下,企业应对品牌进行重新定位。

(4)客户变化。即客户的价值取向和偏好发生变化。这种情况是最常见的。即品牌原有的定位是正确的,但汽车目标客户群的价值取向和偏好发生变化,此时就应品牌再定位。

品牌再定位可采取方式主要有:

(1)逆向定位。创造一个全新的细分市场。逆向定位的实施往往意味着目标消费者的改变,汽车企业要围绕新的目标市场,进行相应的产品调整和非核心技术范畴的创新。

(2)分离定位。激发消费者新的需求。所谓分离定位,就是将汽车产品的价值组合的某个价值点分离出来,通过聚焦、放大,在原有品类中创造出一个新的细分品类。分离定位意味着汽车产品的细化和深入,是保持市场张力、延长产品生命周期、重新激发消费者需求、引领竞争方向、与竞争者区隔的有效策略。随着汽车消费能力的不断提高,消费需求日益呈现多元化、多层次的特点,分离定位也成为主要的创新方法之一。

(3)关联定位。改变竞争规则与对手。逆向定位、分离定位是在原有的汽车类别中创造一个新的细分品类,而关联定位则打破了汽车类别的传统界限,使汽车产品脱离了原有的品类,而与一个新的产品类别建立关联。

第六节　汽车服务产品展示

一、有形展示的内涵

由于服务具有无形性,相对于有形的物质产品,消费者在选择和评价服务时更显得缺少判断的依据。因此,从企业形象、服务环境和服务接触三个层次来构建服务"有形展示"系统,分析前述三者对消费者行为的影响,从而克服服务无形性的负面因素。

有形展示是指将服务环境、客户与员工相互接触的场所以及任何便于服务履行和沟通的有形要素都表现出来的方式,包括服务的全部有形表现形式,大到外部环境、内部环境、服务设施和招牌,小到小册子、公司信笺、名片、报表等。客户会依靠这些有形信息或线索判断服务质量。有形信息或线索是组织传递组织服务目标、进入细分市场和保持服务一致性的良好手段。通过对服务工具、设备、职员、信息资料、其他客户、价目表等所有这些为客户提供服务的有形物的管理,增强客户对服务的理解和认识,为客户做出购买决定传递有关服务线索的信息,甚至是引导客户消费。

服务提供的是一系列行为或活动,而不是实物,服务最重要的属性是它的无形性。由于服务的无形性,服务产品不能以体积大小、质量轻重来衡量,也不能用颜色、形状来描述。在许多关于服务特征的描述中,通常把服务的无形性等同于不可感知,这是不准确的。从视觉的角度来讲,服务过程或行为可以被看见,而且接受服务后的服务对象状态变化一般是有可以感知的状态变化被发现;所谓服务具有无形性,是指服务过程或服务行为不是以实物的形态存在并不能被保存;但是,服务是可以感知的,如通过听觉可以听见歌唱家美妙的歌声。

无形性除了表现为非实物、抽象性和不易感知性,还表现为一般性和不可搜寻性。服务的一般性是指某类服务中所包含的共性。在服务前表现服务产品个性特征或通过营销实行差别化策略的载体较实体产品来说就会少得多,从而使服务表现出来的特征更多地呈现出"普遍性",因为服务无形无体,且是行为过程,不能在提供服务事前来检验评价质量的高低,从而使服务缺乏搜寻特征。

根据能否被客户拥有可将有形展示分成边缘展示和核心展示两类。核心展示是在购买和服务过程中,不能被客户所拥有的,即企业服务的实体环境,它是由背景因素、设计因素和社交因素决定的。背景因素是指消费者不大会立即意识到的环境因素,例如气温、温度、通风、气味、声音、整洁等因素。一般说来,良好的背景环境并不能促使消费者购买,然而较差的背景环境却会使消费者退却。设计因素是指刺激消费者视觉的环境因素,又可分为艺术设计(例如建筑物式样、风格、颜色、规模、材料、格局等)因素和功能设计(布局、舒适程度等)因素两类,服务设施内外设计状况都可能会对消费者的感觉产生重大影响。社交因素是指服务环境中的客户和服务人员,服务人员的仪态仪表是服务企业极为重要的实体环境。服务人员衣着整洁、训练有素、令人愉快,消费者才会相信他们能够提供优质服务。

由于服务是无形的,客户很难判断其质量和效果,服务的现实感是通过消费者的感官能够感受的东西来塑造的,将更多地根据服务设施和环境等有形物品来进行判断。例如,服务场所温馨、舒适,服务人员专业、礼貌等,要想让消费者对一种基本无形的产品产生一种有形的评价,就应该对服务的有形部分进行充分的重视。通过对有形物品的充分利用和服务人员的自身的服务行为来调动客户的情绪,营造出独特的服务氛围。因此,有形展示成为服务营销的一个重要工具。

二、有形展示的价值体现

1. 无形性对消费者行为的影响

服务的无形性使消费者难以直接、有效地对产品进行评价,从而可能延缓或误导消费者对服务产品的选择和消费。

(1)评价。服务的无形性使消费者难以正确和准确地评估服务产品的质量。区分消费者对有形产品和服务产品评价过程不同,主要依据以下三个特征:

①可搜寻性。是指消费者在购买之前就能确认的产品特征,如尺寸、样式等,而旅游、住宿或运输等服务产品是无形的不具备可搜寻性特征。

②经验特征。是指购买产品前不能评估,而在购买后通过享用产品才能体会到的特征,如旅游服务,只能在回来之后才能作出评价。

③可信任性特征。是指消费者即使购买消费之后也很难作出评价,只能相信服务人员的介绍,并认为这种服务确实给自己带来了所期望的效用。

(2)选择。服务的无形性妨碍消费者直接了解和选择服务产品。消费者可以通过产品的形状、外观、颜色等视觉因素,也可以通过触觉、味觉等方式来选择有形产品。例如,在选手机时,消费者可以看到它的外形、颜色和大小,可以了解它的功能,知道输入法是否快捷,听见铃声是否悦耳,综合这些要素后消费者可以根据自己的偏好选择一款合适的手机。

由于服务的无形性,适用于产品的选择方式不一定适用于服务。消费者无从形成明确而完善的指标体系去评价各个备选项,也就很难作出正确的选择。因此,消费者要求助于服务相关的有形物体来进行判断。由于消费者很难在消费之前进行服务体验,更愿意通过朋友介绍、电视广告、业内专家推荐等间接的方式来了解和选择服务。在一定程度上,绝大多数的服务企业面临的是一个买方市场,原因之一是相对于众多的服务企业而言,消费者是有限的且有很多的选择;另外,就是替代效应。服务的需求有价格弹性,这来源于服务的易替代性。因此,前面所提到的无形性所带来的负面影响,大部分都要由企业来承担。企业需要做出更多的努力来克服无形性的影响,无论这种影响是来自于消费者还是企业本身。

2. 有形展示的为消费者带来的利益

有形展示可以帮助客户感觉企业服务的特点以及提高享用服务时所获得的利益,有助于建立服务产品和企业的形象,支持有关营销策略的推行。但有形展示较差可能传达错误的信息给客户,影响客户对产品的期望和判断,进而破坏服务产品及企业的形象。

由于服务产品具有"不可感知性"的特征,所以使用些有形手段来使服务产品尽可能实体化,让客户感知得到并获得初步印象。即通过感官刺激,让消费者感受到服务给自己带来的好处。与服务过程有关的每个有形展示,例如服务设施、服务设备、服务人员的仪态仪表,都会影响客户感觉中的服务质量。好的有形展示可通过感官刺激,给客户一个新奇、欢乐、兴奋、有趣的消费经历,为消费者提供美的享受。在市场沟通活动中,巧妙地使用各种有形展示,可增强企业优质服务的市场形象。

无形性使得客户对服务的内容和品质不容易形成期望,以至服务性企业很难掌握客户的期望。因此,要引导消费者对产品和服务产生合理的期望。客户的期望是影响客户满意度的原因之一,若无法在提供服务前协助客户形成期望,即使所提供的服务是优质的,也会因不可控制的或错误的期望而影响客户对满意度的评估。因此,在提供服务之前通过营销措施提高服务的有形程度,有助于客户形成较为一致性的期望,也有助于服务性企业提供与客户期望比较相符的服务,提高客户的满意度。

无形性影响消费者对企业产品质量的识别和判断。消费者会根据各种有形展示对企业产生初步的印象,并判断企业的服务质量。因此,要提高消费者对企业的信任感。为消费者提供各种有形展示,生动、具体地宣传自己的市场形象,使消费者更多了解企业的服务情况,可增强消费者的信任感。例如,根据客户的特殊要求为客户烹调食品,向消费者展示服务工作情况,提供服务工作的透明度,使无形服务有形化。

三、有形展示的合理运用

1. 有形展示的层次

可以通过服务营销的有形展示克服其无形性带来的负面影响,但有形展示是一个复杂的体系,即渗透于企业内部,也扩展于企业外部,甚至延伸至整个服务市场。有形展示可以分为企业形象展示、服务环境展示和服务接触展示三个层次。

2. 企业形象展示

企业通过树立和塑造良好的自我形象,能够让消费者在纷繁的选择中进行识别和判断企业的服务外延状态。企业形象由不同因素共同构成，涉及服务的定位、选址、环境设施、服务人员的服务范式等。这些因素相互作用，而且将在消费者心中形成一个整体的印象。

(1) 企业识别系统。企业识别系统(Corporate Identity System, CIS)是塑造企业形象的基础工作，它是指将企业的经营理念和精神通过系统的视觉传达设计，渗透到经营活动中去，对内形成凝聚力，对外形成吸引力，以期建立和提高独特、易识别的企业形象，得到公众的认可。企业识别系统(CIS)是由理念识别(MI)、行为识别(BI)和视觉识别(VI)三大部分组成的。企业识别系统主要功能是识别、促销和凝聚。

(2) 品牌。美国市场营销协会对品牌的定义是：一个名称、名词、标志、符号设计或是它们的组合，其目的是识别某个销售者或者某个群体销售者的产品或服务，并使之同竞争者的产品或服务相区别。对于服务的"有形展示"来说：

①品牌具有识别功能。品牌具有一定的个性形象，消费者能轻易地从品牌的标志、符号中识别出品牌的所有者，并由此引发品牌联想，让消费者从品牌中体会到内在价值。

②品牌能提供经验。消费者不可能逐一了解成千上万的产品，而服务更是如此。由于其无形性，即使是一种服务，消费者也无法深入了解。因此，只能凭借过去的或者别人的经验去选择。而品牌则提供了这样一种途径，因为品牌得到了公众的认可，汇集了公共的体验和评价。

③品牌具有吸引功能。一方面品牌意味着满意的服务，从价值上和质量上给消费者以保障；另一方面，品牌带给消费者一种情感上的效用。在反复购买和消费后，消费者对该服务企业建立了较高的品牌忠诚度。如果要转移服务提供者，消费者面临更高的转移成本，如服务质量的风险和"背叛"品牌的心理障碍。

(3) 口碑营销。建立企业形象的另一个重要的，也是容易被企业忽略和轻视的途径，即口碑营销。口碑营销是指人与人之间就产品或服务进行口头信息的传播。对服务业来说，口碑营销比广告、促销、人员推销等营销方式都更有效。因为服务的无形性，人们更愿意接收别人的推荐。其原因在于：第一，口碑具有独立性、客观性。人们相信提供信息和传递信息的人和企业是不相干的，因此更具可靠性。消费者相信口碑不会被企业所控制，而广告、促销等营销方式可能是夸大其词的，甚至是虚假的。第二，口碑是一种传递检验的机制，是其他消费者亲身经历后的感受的传达，因而更加可信。

服务业企业应该充分利用口碑营销来进行宣传促销，口碑营销的方式有很多种，如知识讲座、研讨会、让公众现身说法或专家权威讲解都可以达到获得良好口碑的目的。另外，网络也是口碑营销的重要方式。企业可以建立自己的网站，提供服务信息和相关知识，消费者也可以通过网站论坛在线探讨。如果服务带给消费者满足感，他们是很愿意将感受告诉给其他的消费者。通过网络这是很容易做到的，从而好的服务就形成了好的口碑。

3. 服务环境展示

服务环境可分为硬环境和软环境两大类。硬环境指的是企业服务内外的装饰、空间布局和设备等有形物体的总和。硬环境在一定程度上影响着服务的快捷性、方便性或舒适度等。软环境包括服务场景中的温度、湿度、光度和声音等因素。这些因素也在不同程度上影响着消费者的心理和行为。柔和的灯光给人一种宁静舒适的感觉，红色则代表热情温暖；同样，不同类型的音乐也有不同效果。

另外，在软环境中还包括服务人员的衣着仪表和客户群态。服务人员的衣着给消费者一种醒目的形象，如果衣着统一且职业化，则会提高消费者的信任感。透过衣着的颜色和款式等,消费者可以了解到服务企业的文化。客户群态指的是客户群体的特征,如性别、社会层次等。客户群态可以反映服务本身的定位、性质和水准。因此,企业也应该做好客户群态的管理,引导客户行为,形成适宜的客户群态。例如,图书馆明文规定穿着要整洁,不允许高声谈话;某些高雅音乐会和宴会要求来宾穿晚礼服,这都是对客户群态管理。但也应注意,不能强制性地向客户提出过分地要求,否则效果会适得其反。

4. 服务接触展示

服务接触是指消费者与服务产品提供者直接接触和互动的过程。服务接触展示主要包含以下三个方面的内容。

1) 承诺服务

承诺是看见的利益保证,所以它是服务"有形展示"重要的一项。之所以把承诺归为服务接触展示,是因为消费者只有在接触了服务之后,承诺才对消费者有效。承诺的作用是:

第一,建立消费者预期。这一点对选择和评价两个方面都有很大影响,因为消费者会将承诺与自己的需求相比来选择。如果承诺低于需求则放弃,反之则考虑。在得到服务之后,消费者将承诺与自己的感知体验相比较。如果承诺高于感知体验,评价就高,消费者感到满意;反之评价就低,消费者感到不满意。

第二,"担保"的作用。承诺让消费者在没有得到约定的服务后有求偿的权利,从而心理上有一定的保证,也降低了消费风险。承诺可分为硬性承诺和软性承诺,硬性承诺是指可以用数据明确表示的,如购置汽车的保修期。这种承诺结果可测量,也更加有效,更有吸引力;软性承诺指的是不能用数据表示的,在做出软性承诺时,企业要慎重。如果不适宜,则不能达到预期的效果,因为消费者可能只把它当作广告来看待而已。

在做出承诺时要遵循一定原则:

(1) 效用性原则。企业提供的承诺应该是涉及消费者关心的效用上的,如交通服务,消费者更关心时间,企业相应给出的承诺可以是准点到站,这相对于承诺座椅舒适更加有效。

(2) 适度性原则。承诺不可过高,否则容易使消费者的预期过高,从而因得到的感知体验低于预期而作出较低的评价;但如果承诺过低,就使企业失去了竞争力,也达不到承诺应有的效果。

(3) 明确性原则。承诺应该是明确的、彻底的,尽量少使用附加条件和约束条件。

2) 服务行为

服务行为指的是在服务接触过程中一线服务人员提供服务所发生的行为。与企业的直接接触给消费者一个最真实的评价线索。对企业来说,这也是提供"有形展示"很好的机会。服务行为具有"工作性"和"利效性",工作性即完成服务产品的必须工作,利效性是指服务可以为消费者提供某种"利益"或"效用"。

服务行为的"工作性"对消费者来说是不易感知的,因为消费者很难弄清服务行为与服务质量、速度、灵活性或成本等要素之间的内在关系。服务行为的"利效性"则对消费者完成服务体验有直接且易感知的影响。因此,作为服务"有形展示"重要部分的服务行为,仅考虑"利效性"行为。

构成"利效性"的服务行为要素包括:服务格调和服务细节。服务格调有两种基本类型:标准化和个性化。标准化是企业在总结提炼本行业服务特点的基础上所制定的满足客户需求共性的行为规范,而个性化是在标准化的基础上考虑客户的需求个性而进行的标准化行为的延伸和改进。应该说,这两种格调不是互相排斥的,而是相互融合的。只是按行业或服务类型的不同,两者所体现的比重和作用不同。但是,在有形展示系统中的服务标准化是不可或缺的,它是服务质量的一种信号,暗示服务是专业的、职业的和正规的。

服务细节包括服务语言、服务动作姿态等。在远程服务(消费者不直接到服务场所)中,服务语言尤为重要。通过服务语言,消费者可以作出判断,如企业服务的态度,进而是对服务质量的评价等。服务语言要规范、礼貌、简洁和精炼;服务动作要规范、干脆利落,给人一种职业、熟练的印象和信任感。

3)服务品鉴

大部分服务是可以品鉴的,例如音乐会,可以把音乐会的片段作为宣传,让听众对该音乐会的水准有所了解;如中国移动提供的服务中,有的可以免费试用一个月。如果客户感觉到服务带来的效用,他们会付费继续接受服务。消费者可以从短暂的服务品尝中最大限度地体验服务带来的效用。

四、有形展示应关注的事项

1. 有形展示的要点

在有形展示的过程中,服务环境的设计是企业努力的重点,也是企业文化的直接体现。

(1)恰当运用语言文字、影音图像、实景操作示范等方式展示服务内容和品质。服务的环境与气氛通常应保持在客户的最低期望之上,并能被客户默认为构成服务产品内涵的必要组成部分。服务环境一般不会使客户感到特殊的兴奋与惊喜,但若缺少则会挫伤客户对服务的兴趣和消费信心。利用组成服务的有形元素,使无形无质的服务变为相对地有形和具体化,让客户在购买服务前,能获得较为客观、具体的印象;能判别服务的特征及享受服务后所获得的利益,这可以有效地降低风险知觉,建立明确的期望、决策分析和评估模式,对产品和服务品质作出评估。

(2)将服务内容以较明确的数据呈现出来,提高服务的有形程度。如服务的价格和数量、服务历史、员工人数、已服务过的客户人数、服务所需的时间、可量化的客户满意度等数据信息,不仅可降低客户对服务内容的风险知觉,且有利于客户根据服务价值和有形设备数量或其他相关数值对产品服务品质作出评价。

(3)做好服务设计,用有形实物将企业形象具体化,使服务内涵尽可能地附在实物上。服务设计通常是用于改善服务的包装,使产品的功能更突出,增加服务的附加值,以建立可感知的赏心悦目的服务形象。在设计服务环境时,空间的大小、各种设施和用品的颜色和形状等因素非常重要。每个人都有不同的爱好和需求,对同一环境条件的认识和反应也各不相同。要根据目标客户的实际需要进行设计服务环境。

(4)尽量在单位时间内增加向客户传递的信息量。服务比产品需要更多的信息量。在购买过程中,客户对服务的知觉风险较高,对于信息收集、组织和评估的时间较长,较为谨慎,故需要持续传递信息以保持信息的效果。有时客户不太愿意转换服务品牌并不等于客户的品牌忠诚度高,而可能是知觉风险高带来的惯性效果。因此,想要吸引客户转换服务品牌,需要相当程度的信息引起客户的注意,加强企业品牌对客户的冲击力,帮助客户形成转换品牌的信心。

(5)改进服务社交要素。服务场所内一切参与及影响服务产品生产的人,包括服务人员、客户和其他人士,他们的言行举止都可能影响客户的消费期望和对服务质量的判断。客户可通过这些社交因素直接判断员工的反应性,处理客户特殊要求的诚意以及该企业的服务是否值得依赖。改进服务社交要素所需的费用较低,它只需提供基本的实物,如工作制服和相应的服务培训,便可取得明显满意的收效。

(6)从心理上进行把握,使服务易于融入企业文化。服务产品的本质通过有形展示表现出来,有形展示越容易理解,服务就越容易被客户所接受。因此,使用的有形物体必须从客户心理出发,确保这些有形实物是客户认为很重要的,并且也是他们在此服务中所寻求的,同时有形实物所暗示的承诺,在服务被使用的时候,一定要兑现即各种产品的质量,必须与承诺中所表明的名实相符。

2. 有形展示的认识误区

越来越多的企业重视服务营销及在服务营销中的有形展示,但收效却不那么明显。主要的原因是在认识上出现误区:

(1)注重建筑物的装饰。不少企业特别是服务企业非常重视建筑物艺术风格和建筑物内部装饰布置,给予消费者某种特殊的美感,吸引消费者来本企业消费。但是,建筑物外表和内部装饰只能向消费者传递初步信息,更应重视服务环境、体系、员工仪表和服务态度。

(2)注重生产经营导向。以服务场所、设施、人员仪表仪态、与客户的直接接触程度等生产作业角度来提高服务的有形程度虽有一定成效,但只表现在提高现有客户的满意度,很难吸引潜在客户。

(3)内外营销不一致。如果对外营销人员仅从眼前推销业绩出发,以超越企业实际服务能力的过高承诺迎合客户,将误导客户产生过高的服务期望水平,最终引发客户的抱怨与不满。通过内部营销的设计来真正满足员工的需求,再通过员工发自内心的真诚服务表现去最终感染客户,才会使客户获得服务的满意感。

(4)只依靠严格的管理。基于客户有不同的服务需求,在不同时间地点,同一客户的服务需求侧重点不同等原因,服务与客户需求之间的关系并不是静止的。因此,现代服务仅仅依靠严格管理、规范操作并不能获得客户的普遍满意。唯有规范与非规范结合的服务差异化,才能打动客户心。

3. 有形展示的局限性

有形展示并非仅以服务场景或与服务相关的产品的可见的外观来表达服务本身,它是一个更广泛的概念,以克服服务的无形性为最终目的和衡量标准,为无形的服务提供有形的或易感知的线索。服务的"有形展示"包括企业形象展示、服务场景展示和服务接触展示,图8-9展示了它们之间的相互关系。

企业形象展示散播于整个市场,给消费者一个轮廓或者说是一个整体印象,这个印象是不具体的,甚至是模糊的。企业形象提供的是一个间接的经验和途径,它给予消费者评价服务产品的帮助也是间接的、有限的。在这个层次上消费者有较大的选择范围。服务环境展示发生在消费者到达服务场所之后,它给消费者一个直观的评价线索,它给予消费者评价服务的帮助比企业形象展示要更直接。当消费者进入到服务环境时,就从"道听途说"转到了"身临其境"。如果服务环境不能让消费者满意,他们可以"拂袖而去"。但是考虑到诸如时间、距离等成本因素,消费者的选择范围相对变小。服务接触展示只发生在服务消费的短暂的时点上,相比较于前两个层次,消费者在服务接触展示层次上能够获得更强的评价能力。但是,当消费者开始接受和消费服务时,同样考虑到时间成本等因素,再加上心理因素,消费者放弃当前的服务的成本要高得多,因此其选择能力要更小。

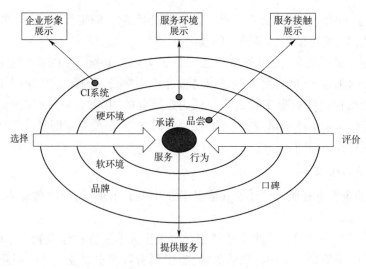

图 8-9　服务有形展示系统图

静态上,企业形象如包裹无形服务的一座建筑的外观,服务环境是建筑内一个附着无形服务的一个场景,服务接触则处于建筑内一个有限空间和时间的时点上的一个个具体单元;动态上,三者共同形成一个引导消费者由表及里、由浅入深、由远及近、由一般到具体认知服务产品、接受服务产品和选择服务产品的过程。消费者在这个过程中,其选择的范围和能力依层次的递进而变窄变小,而评价能力增强。通过有效的三层次有形展示,将帮助服务提供者与消费者形成共识,达成服务产品的消费。

 复习思考题

1. 名词解释：
①服务营销；②市场定位；③汽车品牌；④多品牌策略；⑤品牌延伸策略；⑥品牌再定位；⑦有形展示；⑧服务行为。
2. 服务营销组合要素有哪些？
3. 服务营销组合要素的核心是什么？
4. 服务营销具有什么特点？
5. 服务与商品存在哪些方面的差异？
6. 服务营销观念与市场营销观念有何不同？
7. 简述服务营销规划过程。
8. 简述服务营销规划内容。
9. 简述采用SWOT分析确定服务战略的要点。
10. 简述服务营销战略分析图及其在服务战略选择中的应用。
11. 何为总成本领先战略？具有什么特点？
12. 何为多元化战略？具有什么特点？
13. 简述服务营销组合要素的特殊性。
14. 服务业营销策略制定应考虑哪些因素？
15. 服务企业的市场定位必须遵循哪些原则？

16. 简述服务营销定位的依据。
17. 简述服务市场定位的策略。
18. 简述服务市场定位的方法。
19. 简述品牌应表达出的含意。
20. 简述实施汽车多品牌策略的原因主要及局限性。
21. 汽车多品牌策略的形式主要有哪些?
22. 简述汽车品牌延伸策略的主要优点。
23. 简述汽车品牌再定位的主要原因。
24. 简述有形展示所体现的价值。
25. 简述有形展示合理运用的基本要求。
26. 简述在做出服务承诺时应遵循的基本原则。
27. 简述有形展示的认识误区及其局限性。

第九章 汽车服务生产率及其效益

第一节 汽车服务生产能力

一、服务能力的基本概念

服务能力是指一个服务系统提供服务的能力程度,通常被定义为系统的最大产出率。这种定义方法与制造业企业定义生产能力的方法是一样的。但是,对于制造业企业来说,可以用产品数量明确地衡量一个生产系统的生产能力,例如日产多少台、年产多少辆、每小时生产多少个等;而对于服务业企业来说,这个简单的定义却隐含了一个难题,即如何衡量服务的产出。

服务的两个基本特点是:第一,产品是无形的;第二,服务难以标准化,存在较大的差异性。这是导致衡量服务产出难度的两大难点,第一个难点在于服务组织很少提供单一的、统一的服务;第二个是对同一个服务组织,即使拥有相同员工、相同设施,在不同的日期生产能力也可能不同。这是因为顾客的需求和要求在不断变化,员工提供的服务也是变化的。因此,服务组织必须谨慎选择产出的衡量方法。此外,在有些情况下,整体服务能力不出现问题,而同时满足不同顾客群的要求时的服务能力却会发生问题。例如,在同一架飞机上,即使公务舱中尚有空位,而经济舱却可能满足不了需求;一家宾馆尚有标准间,却不一定能满足对套间的需求。

二、服务能力的基本要素

对于制造业企业来说,其生产能力的要素是劳动者、劳动工具(设施设备)和劳动对象(原材料和零部件)。而对于服务业企业来说,能力要素却有所不同。构成服务能力的基本组成要素是:人力资源、设施、设备和工具、时间以及顾客参与。其中,前三个要素与制造业企业是类似,后两个要素却有很大不同。

1. 人力资源

人的劳动是所有高接触型服务和许多低接触型服务的一个关键能力要素。一句名言非常形象地说明了这一点:"律师的时间和专门知识即是他的股票"。专业性质的服务以及基于信息和知识的产出尤其依赖于高技术水平的专业人员。对于饭店服务员、护士、电话接线员等大量重复性的服务工作来说,各岗位员工的安排、其劳动生产率也是决定产出的关键要素。例如,医院的设备再多、精度再高,离开了对能满足预期需求的人员的有效安排,患者也只能等待或流失掉。

将高技能的人员组织成积极向上的团队并配备最好的设备,将对企业的服务能力产生不可估量的影响。而且,如果领导有方并有良好的激励环境,领导和激励的双重作用将进一步提高服务能力。此外,人力资源还是具有高度灵活性的能力要素。在一个劳动力流动市场充分发达的环境下,人员的招聘和解聘比设备的购进或卖出容易得多。人员还可以全时工作、兼职工作或加班加点,还可以通过交叉培训而胜任多项工作,这些都是灵活调整服务能力的重要方法。

2. 基础设施

制造业企业的基础设施主要用于容纳设备、操作人员和原材料、半成品,而服务业企业的设施还要考虑容纳顾客。因此,必须更广义地考虑服务设施的概念。总的来说,服务设施包括三个含义。

第一,用于容纳顾客和提供服务的物质设施。例如,医院床位、宾馆、飞机、巴士、饭店、游泳池、剧院、音乐厅和大学教室。在这种情况下,能力的限制主要指诸如床位、房间、座位、桌椅的数量。在有些情况下,出于人身安全和防火要求,对容纳顾客的数量上限还制定了法规。

第二,用于存储或处理货物的物质设施。这里的货物可能是属于顾客的资产或是要卖给顾客的商品。例如,超市的货架、运输管道、仓库、停车位或货车车厢。

第三,基础设施。很多组织依靠基础设施为顾客提供服务,例如,通过电话、网络、电子邮件或广播提供的服务。这时,不需要在设施设计中考虑顾客在其中的存在,而基础设施的能力决定了服务能力。

3. 设备工具

设备和工具是指服务过程中所需的用于处理人、物或信息的物质设备。例如,电话、计算机、诊断设备、ATM机、修理工具等,缺少了它们服务几乎无法进行。企业通常在设计服务提供系统时,就已制订了设备计划,但有时一些简单且投入较小的替代设备或改良设备会大大提高生产率和生产能力。

4. 时间

时间从两方面来看都是一种能力要素。首先,通过改变两个时间段的组合或把产出从一个时间段改变到另一个时间段就有可能改变生产能力。这尤其适合于具有需求高峰期的服务业。其次,从更广泛的意义上来说,相对于某一特定时间段来说,延长营业时间能够提高整体能力。

5. 顾客参与

在一些服务领域中,服务能力的另外一个重要因素是顾客参与。许多服务的完成要依赖顾客在服务提供期间的劳动。例如,一个顾客在从自动取款机上取钱的过程中,从头到尾都是自己完成。而在另外一些服务中,顾客可能仅仅做一部分。例如,自助服务的餐厅。在这些情况下,顾客的参与都对服务能力产生了影响。

三、服务能力的调节

1. 利用能力弹性

进行服务能力管理的一个基本思想是,根据需求的波动来调节能力,使之与不断变化的需求相平衡，这与制造业企业有很大不同。对于制造业企业来说，即使需求的波动很大，企业仍然可以通过持有库存，用不变的生产能力来应对。而对于很多服务业企业来说，却无法利用库存。因此，根据需求的波动来调节服务能力就成为服务管理者面临的很大一个挑战。

调节服务能力的一个基本思路首先是，考虑是否可以利用能力本身的弹性。以下是利用能力本身弹性的一些基本途径。

1）吸收额外需求

有的服务能力本身具有吸收额外需求的弹性。例如，一节地铁车厢可以提供 40 个座位，如果有足够的扶手和面积，还可以容纳另外 40 名站立的乘客。进一步，在上下班高峰时间和节假日，还可能容纳 120 名乘客挤在一起。

在服务能力主要取决于人员能力的情况下，服务人员在高峰期间也可能保持高效率工作。但如果不得不一整天都高速度地工作，他很快就会疲惫不堪并容易出错。

2）改变设施布置

利用能力本身的弹性的另一个途径是对设施布置进行简单地改变。例如，有的航空公司通过稍微减少座舱座位之间的间隔而多排座位，并用单人椅、双人椅和三人椅的灵活布置来改变客舱座位的数量。当然，这种改变必须简便易行。

面对飞机制造业和航空服务业激烈的竞争压力，波音公司在设计新的 777 型号的飞机时，接受了航空公司所谓"令人不可容忍的要求"。航空公司要求飞机里不仅座椅，厨房、卫生间以及给排水设施等所有的地方，都能在数小时内重新摆放位置。波音公司接受并满足了这个苛刻的要求。而航空公司这种要求的起因是为了使服务能力拥有一定的弹性。类似地，餐馆也可以通过增加桌椅来使服务能力具有一定弹性。

3）延长服务时间

另外一个利用能力本身的弹性的途径是延长服务时间。例如，餐馆可以提供下午茶和夜宵、大学提供夜校和假期班、航空公司延长日程表每天 14~18h。在有些情况下也可以缩短每一位顾客的服务时间，这可以由缩短闲散时间来实现。例如，当一桌顾客饭后休憩时，服务员迅速地递上结账单可能起到让顾客离开的作用。缩短服务时间也可以通过削减服务种类来实现，如高峰时仅提供简单的菜谱。

4）优化日程安排

通过更好的服务人员日程安排及其工作任务安排也有可能大幅提高服务能力。许多管理科学的技术可以用来优化服务人员的安排，例如，航空公司飞行员的日程安排以及紧急医疗服务的设施位置选择和排班。在需求低谷时间里完成不紧急的任务，如清洁和保养工作，也是增加服务能力的一种简单而有效的途径。

2. 增加能力弹性

如果仅利用服务能力本身的弹性仍不足以应对需求波动的话，企业就需要考虑增加能力弹性的途径。主要途径有以下方面：

（1）培训多项技能员工。大多数服务包括多项任务，每一项任务的需求水平在不同时间可能不同。此外，即使当系统看起来似乎已达到满负荷运营时，实际上仍然可能存在着一定人员没有得到充分利用的情况。因此，如果将员工培训成多面手，使他们掌握执行多项工作任务的技能并赋予他们相应的权利，就可以在出现瓶颈时做相应的人员调整，从而提高需求高峰时的服务能力。培训多面手员工还有其他好处，即可以帮助员工提高自身的能力，获得额外技能以及减少每天重复工作导致的枯燥。但是，企业必须为此付出相应的培训成本。

(2) 利用非全时员工。许多服务业企业利用非全时员工来满足相当一部分的人力需求。在服务的日人力需求呈现明显变化模式的情况下，雇佣非全时员工可能是最适合的。例如，快餐业和快递服务公司。在可行的情况下，非全时员工的利用可以显著地增加服务能力的灵活性并使服务管理者更好地控制服务能力。

(3) 增加顾客参与。如前所述，在一些服务提供过程中，顾客有可能是有价值的人力资源，有的服务组织也充分地利用了这个资源。例如，餐馆由顾客自己在沙拉间准备沙拉，侍者仅将食物摆放到桌上。一般来说，增加顾客的参与程度既能够减少服务组织的人力输入，又能够提高服务速度，从而增加服务能力。但是，增加顾客的参与也存在一定风险，如顾客操作不熟练，可能反而会减慢服务并导致能力的降低。

3. 扩大服务能力

如果企业面临的是一个不断增长的市场，仅利用服务能力本身的弹性和上述的增加能力弹性的方法是不够的。此时企业必须考虑能力的扩大问题，主要途径是：

(1) 改变人员数量。这种策略仅有效适用于中长期计划，即 12 个月以上的计划期间。如果能够预测到需求的未来增长趋势，管理者可以相应地增加长期员工数量。如果需求并非不断增长，而只是有季节性的高峰和低谷，更好的方法是前面所述的利用非全时工和临时工的方法。必须注意的是，对长期员工的管理与非全时员工不同，必须为他们付出更多的招聘成本、培训成本以及福利待遇等。

(2) 购买和租用设备。设备是服务能力的一个重要因素。因此，只增加人员数量可能还不足以增加服务能力，且设备的增加通常必须伴随人员的增加。如果人员的增加仅是临时性的，设备的购买就可能是不经济的。在这种情况下，服务组织应租用必要的设备。设备的增加有时还必须伴随设施的扩建或改造。

(3) 提高自动化水平。以自动化替代人工在制造业已经用了很长时间。自动化的主要优点在于低成本、高产出、产品的性能稳定和更好的质量。但是，对于服务业来说，自动化并不总是一个理想的选择，因为自动化通常意味着没有人情味的服务。然而，高速度、低成本以及其他优点，使得自动化成为一些服务有吸引力的选择。

第二节　汽车服务生产率

一、生产率释义

生产率是指每单位劳动生产的产品或服务的速率，或指投入和产出的比率，可用公式表述为：

$$生产率 = \frac{产出}{投入} \tag{9-1}$$

由于所考察的生产要素或测定方法的不同，生产率可分为不同的种类。

1. 按生产要素的种类分类

单独考察某一种生产要素，用其投入量作为生产率公式的分母，所得到的生产率称为该要素生产率。

(1) 劳动生产率：用劳动消耗量作为总投入计算的生产率，如元/(人·年)。

(2)资本生产率:用折旧费或者固定资产面值作为总投入计算的生产率。

(3)原材料生产率:以投入原材料量作为总投入计算的生产率,如元/t(钢材)。

(4)能源生产率:以投入能源量作为总投入计算的生产率,如元/(kW·h)(电)。

2. 按生产要素的数量分类

根据所考察的生产要素数量,生产率可分为以下几种:

(1)单要素生产率。只考虑一种资源投入所计算出的生产率,即产出量与这种资源投入量之比。即:

$$单要素生产率 = \frac{产出量总和}{某要素投入量} \tag{9-2}$$

可以看出,前面所述的劳动生产率、资本生产率、原材料生产率和能源生产率均属于单要素生产率。

(2)多要素生产率。考虑多种资源投入所计算出的生产率,即产出量与多种资源投入量之比。即:

$$多要素生产率 = \frac{产出总量}{多种资源投入量} \tag{9-3}$$

(3)总生产率或全要素生产率。考虑全部资源投入所计算出的生产率,即产出量与全部资源投入量之比。即:

$$全要素生产率 = \frac{产出总量}{全部资源投入量} \tag{9-4}$$

3. 按测定方式分类

在进行生产率测定时,不仅要测定现期生产率水平,而且将现期生产率同历史上最好水平或某一特定时期生产率水平进行比较,以考察生产率是否提高,变动趋势如何。于是,又将生产率分为静态生产率和动态生产率指数。

(1)静态生产率。某一给定时期产出量与投入量之比,也就是一个测定时期的生产率绝对水平。即:

$$静态生产率 = \frac{测定期内总产出量}{测定期内要素投入量} \tag{9-5}$$

(2)动态生产率。一个时期(测定期)的静态生产率与以前某个时期(基准期)静态生产率的比值即称为动态生产率指数。即:

$$动态生产率指数 = \frac{测定期内静态生产率}{基准期静态生产率} \tag{9-6}$$

动态生产率反映了不同时期生产率的变化。指数大于1,表示与基准期相比,现期生产率提高了;指数小于1,表示与基准期相比,现期生产率降低了。

二、影响生产率的因素

1. 影响企业生产率的内部因素

影响生产率提高的因素很多、也很复杂,既有人的因素,也有物的因素;既有宏观的因素,也有微观的因素;既有客观的因素,也有主观的因素;既有历史的因素,也有现实的因素;既有管理的因素,也有政策的因素;还有教育、科技和文化的因素。这些因素中,有的是生产系统本身的构成因素,有的则是生产系统外部的环境因素,在提高生产率的过程中,它们相互影响,相互制约,共同发挥作用。从生产率测评的角度看,既有一个国家或部门的生产率水平测评,也有微观组织的生产率测评,不同经济规模组织的生产率的影响因素亦不相同,表现出一定的层次性。

由于企业内部因素比外部因素更易变化,所以按其可变性分为不易变化因素(硬因素)和易变化因素(软因素)。不易变化因素包括产品、技术、设备和原材料;易变化因素包括劳动力、组织系统和程序、管理方式和工作方法。这样分类有助于确定优先顺序,首先解决易变的因素。

影响企业生产率的硬因素主要包括:

(1)产品。产品因素是指产品符合产出要求的程度。产品的类型、品种,产品的质量、数量,产品间的组合结构,都会影响生产率。

(2)厂房、设备。厂房和设备的维修程度、工作地、设备平面布置状况、设备生产能力、使用年限、投资成本等,都影响生产率。

(3)技术。技术是构成生产率的一个重要来源。产品和劳务数量的增加、质量的改进、新的工艺流程、工艺方法等,都能通过高的自动化和信息技术来获得。

(4)材料和能源。材料和能源是为获得产出而投入的重要因素。降低材料和能源消耗能直接提高生产率。材料选择、材料质量、生产流程控制、废品的利用管理、存货周转率、库存管理、以国产材料代替进口材料等,都对成本有影响,从而影响生产率。

影响企业生产率的软因素主要包括:

(1)人。人是生产率的重要资源和主要因素。设备、技术都是人类思维的产物,只有通过人才能生产,任何提高生产率的措施必须依靠人才能实施。人的价值观、工作动机、人的工作方法、技术、个人技巧、知识、工作态度和才能,都会影响生产率。

(2)组织和机构。为使生产系统正常运转,需要一个内部协调、目标一致的企业组织机构,这个组织机构必须及时对市场信息进行反应,横向联系密切。许多组织生产率低下的原因是僵化,没有对市场变化进行预测和做出反应,忽视劳动力、技术和外部环境的新发展。

(3)工作方法。对现有工作方法的改进,会使生产率有显著提高。工作方法的有关技术,旨在通过改进工作方法、人的动作、使用的工具、工作场所的布置、材料处理和机器使用方式,而使相同劳动的产出更多。工业工程基础(工作研究)是改进工作方法的主要工具。

(4)管理方式。管理方法和方式影响着组织设计、人事政策、工作设计、工作计划和控制、资本费用和资金来源、成本控制技术等。因此,管理方式对生产率水平有很大影响。

2.影响企业生产率的外部因素

影响企业生产率的外部因素,在短期内企业无法控制,从而影响企业的生产率。

1)人力资源

按照马克思劳动力再生理论,劳动是创造价值的唯一源泉,人是生产活动的中心,劳动者的知识、技能和体力是决定生产率的最基本因素。因此,一个国家和地区的人力资源素质高低,直接决定着生产率水平的高低。

随着现代经济社会的进一步发展,科学技术已日益渗透到社会经济的各个领域,人类经济活动中知识和技术的含量急剧增加。表现为劳动形态由体力型向智力型转化,劳动工具和劳动对象日益复杂、精细、多样和高技术化。经济结构、产业结构、劳动组织处于急剧变革之中,技术以及产品更新的速度日益加快,从而使劳动者面对着更为频繁的职业流动和劳动内容的变更。这意味着在现代经济活动中,不仅所蕴含的知识、技术含量急剧增加,而且在质和内容上正在经历着日益加剧的变动。这种变化对人力资源的素质提出了更高的要求,从本质上说就是对教育提出了更高的要求。

2)科技水平

科技水平直接影响企业的生产率。从某种意义上讲,生产率是反映一个国家科技实力和水平的重要指标。工业发达国家之所以具有比不发达国家高得多的生产率,一个重要的原因就在于拥有居于世界领先地位的科学技术和装备。提高科技水平是提高生产率的根本途径。在技术变革的时代,技术进步对提高生产率的作用更加显著,能取得事半功倍的效果。因此,采取相应的政策来支持有利于科学技术进步的事业,鼓励采用先进技术,大力促进技术转移和扩散,增加新技术与装备的投资。

3)宏观管理政策

宏观管理政策是国家和部门生产率的重要影响因素,在某种意义上说甚至是起决定性作用的因素。所谓宏观政策,是指国家的经济体制、产业结构和产业政策、技术政策和技术装备政策、技术引进政策以及战略规划等。政府的政策、战略和计划主要通过政府机构的实际工作、法规(如价格控制、收入和工资政策)、交通通信、动力、财政措施和经济杠杆(利率、关税和其他税种)等极大地影响着生产率。提高生产率的许多措施、计划的产生都必须符合国家政策、法律、法规和制度性的惯例。

三、提高生产率的途径

1. 提高生产率的对策目标

从理论上看,如下的状态可使生产率大于1,可谓经济系统的理想状态,当然可作为提高生产率的对策目标。

(1)降低成本(耗物的价格或数量)并提高销售额(产物的价格或数量)。

(2)维持成本(耗物的价格或数量)并提高销售额(产物的价格或数量)。

(3)缓增成本(耗物的价格或数量)并速增销售额(产物的价格或数量)。

(4)降低成本(耗物的价格或数量)并保持销售额(产物的价格或数量)。

(5)速降成本(耗物的价格或数量)并缓降销售额(产物的价格或数量)。

理论上,如下状态可使生产率等于1,可谓经济系统的非理想状态,所以是提高生产率应避免的对策目标。

(1)成本(耗物的价格或数量)与销售额(产物的价格或数量)同比率上升。

(2)成本(耗物的价格或数量)与销售额(产物的价格或数量)同比率下降。

从理论上看,如下的状态可使生产率小于1,可谓经济系统的极不理想状态,当然是提高生产率应极力避免的对策目标。

(1)成本(耗物的价格或数量)速增而销售额(产物的价格或数量)缓增。

(2)成本(耗物的价格或数量)上升而销售额(产物的价格或数量)不变。

(3)成本(耗物的价格或数量)缓降而销售额(产物的价格或数量)速降。

(4)成本(耗物的价格或数量)不变而销售额(产物的价格或数量)下降。

(5)成本(耗物的价格或数量)上升而销售额(产物的价格或数量)下降。

通过上述对生产率与投入结构与产出结构的相对数量关系的分析,又将提高生产率分解成寻求投入的最佳结构与产出的最佳结构这样两个子目标。

在生产实践中,生产系统内外因素瞬息万变,系统很难被控制在某一特定状态上,所以它只能在原则上把提高生产率作为可想象的对策目标,把降低生产成本或提高产品销售额作为可计量的对策目标,把降低生产所耗资源的价格、减少所耗资源数量、提高所销产品的价格、增加所销产品数量、优化投入结构和优化产出结构作为可操作的目标。

2. 提高生产率计划的方法

用于实施提高生产率计划的方法可分为两大类:人事方法——人力资源开发和管理的方法、技术方法——工业工程方法。

1) 人力资源开发和管理的方法

运用人事方法提高生产率,主要是如何有效地使用人力资源和提高劳动力的质量。通过对生产率的基本因素(如产出、投入、劳动、资本、技术和管理等)所做的分析表明,这些因素一半以上和劳动力的质量有关。通过对其他技术因素的分析,也发现这些技术因素的质量与人力投入的质量有很大关系。

劳动力的质量表现为:承诺感、对组织的献身和忠诚、良好的沟通才能、参与能力、社会责任感、专业技术能力和感受变化的敏感程度。高质量的劳动力通过生产行为表现为生产效率的提高,产出增多,对成本的控制能力增强等,从而实现对人力资源的有效利用。

劳动力有效利用的重要杠杆是激励。按照人力资源开发和管理的观点,为了培养人们正确的工作态度,人们需要看到他们的工作是有意义的,这种感觉给他们以自我实现,并丰富他们的专业知识和事业设想。恰当的态度和行为取决于职工的价值观、工作条件和他们所受到的激励。因此,生产率提高计划能够顺利实施的关键在于让职工分享生产率的提高所带来的物质和精神成果。

2) 工业工程的方法

工业工程从产生开始就是为了追求更高的生产率,企业可采用下列方法提高生产率:

(1) 运用工业工程原理和方法对现有生产组织进行系统分析,改进工厂布置。
(2) 采用现代化制造技术,对生产技术和设施进行更新改造。
(3) 加强研究开发,开发新工艺,建立新流程。
(4) 运用价值分析改进产品设计,减少产品工作量,降低成本。
(5) 开展工作研究,改善作业和工艺系统,减少多余操作和无效工作时间。
(6) 运用现代生产/库存技术,建立均衡和高效的生产系统。
(7) 在生产系统设计和改造中运用现代物流技术。
(8) 运用可靠性工作进行系统维护,保证系统运行质量。
(9) 采用工效学知识和技术改善作业环境,创造良好的工作条件。

四、提高生产率的意义

生产率在当代经济学中是个很重要的概念。管理学家德鲁克(Peter F. Drucker)指出:"生产率是一切经济价值的源泉",所以成为一切社会经济组织最为关心和追求的指标之一。

从一个国家或地区的宏观经济增长角度考察,生产率和资本、劳动等生产要素都贡献于经济的增长;从效率角度考察,生产率等同于一定时间内国民经济总产出与各种资源要素总量投入的比值,它反映资源配置状况、生产手段的技术水平、劳动力的素质、生产对象的变化、生产组织的管理水平、劳动者对生产经营活动的积极性以及经济制度与各种社会因素对生产活动的影响程度。

从本质上讲,生产率反映的是一个国家(地区)为了摆脱贫困和发展经济,在一定时期里表现出来的能力或努力的程度,是技术进步对经济发展作用的综合反映。从广义上讲,一个国家生产率(即国家总产出与总投入之比)的高低涉及整个社会经济生活,取决于生产力水平(包括科学技术、人力资源、物质和经济基础)、各产业的比例和配合等,是综合国力和经济发达程度的重要标志,它决定着国家的强弱、财富的消长和社会发展的速度,是一个极为重要的经济概念和经济指标。研究生产率与经济增长之间的关系具有十分重要的理论及现实意义。其重要性表现在以下几个方面。

1. 生产率提高的速度决定国家经济发展速度

生产率提高表示在同样的时间内,用同样的人力、物力和资产可以创造出更多的产品或服务,获取更多的经济财富和社会效益。所谓经济增长的速度,即人均国民生产总值的增长速度。根据索洛的余值方程:

$$产出的增长速度 = 劳动力投入的增长速度 \times 劳动力投入的弹性 + 资金投入的增长速度 \times 资金投入的产出弹性 + 生产率的增长速度 \qquad (9-7)$$

由这个公式可以知道,经济增长速度取决于两种方式:

一是依靠增加投资,购置新机器,增加人力,进行外延扩大再生产;

二是依靠技术进步,改善生产系统,内涵挖潜,更有效地利用现有资源,取得尽可能多的产出,即提高生产率。

前者固然可以增加生产,有时也是必要的途径,但要受到人力、物力、财力的限制;后者建立在提高生产技术和管理水平基础上,花费投资少,节省资源,能充分发挥投资效果来实现经济增长。随着当前世界资源的日益缺乏,依靠增加劳动力和资本的外延扩大再生产已经显得越来越困难,同时只依靠外延的扩大再生产而不注意发挥投入资源的效益,会给一个国家的财政造成极大的债相,同时带来其他许多问题,如通货膨胀、贸易赤字等。

2. 提高生产率是增加工资和改善人民生活的基本条件

不管工资和物价怎样变动,如果没有生产出更多的东西,即使工资不断提高,也会造成物价上涨,不仅改善不了人民的生活水平,反而可能造成通货膨胀。美国经济学家托宾提出这样的公式:假定其他条件不变,物价上涨率等于名义工资增长率与生产率增长率之间的差额,这表明了生产率的变化和人民生活水平的变化及通货膨胀率的关系。当货币发行量超过了商品流通所需的货币量时,就叫通货膨胀,即货币贬值。在这种情况下,如果生产率不变,提高人民的工资水平,由于不能生产出更多的商品,必然推动单位商品的价格上涨,而物价增长又推动工资上涨,形成工资和物价的螺旋助长。然而,生产率每提高一次都会对物价起到较大的抑制作用,这是因为生产率增长可以降低单位商品的价值量,从而直接抵消工资上涨的副作用,使得由工资增长引起的物价上涨得到缓解。因此,在下一次生产率提高时,物价上涨就比较缓和。只要生产率的提高率大于工资增长率,就会形成良性循环,使通货膨胀得到缓解。

在物价不变的情况下,生产率的提高必然会造成工资收入的提高。如果工资收入不变,由于生产的商品增加,单位商品价值量下降。这两个方向的变动都表明实际生活水平得到提高。此外,即使资源价格上涨,由于在生产中对能源、材料和资金能更有效地利用,生产出更多的商品,企业也不会提高单位商品的价格,更不会把资源涨价的损失转嫁于消费者。

总之,人民生活水平的提高直接依赖于生产率的提高。因为生产水准可以用人均物质商品和服务消费量来表达,而这和生产率的表达式是一致的。只是前者是消费者,而后者是创造者。此外,缩短工作时间、增加职工福利等也都依赖于生产率的提高。

3. 提高生产率可以增强国际市场竞争力,保持国际贸易平衡

在国际市场上,当产品的品种、质量、性能等相当时,市场竞争中的价格竞争力将起重要作用,交货期(这是非价格竞争力的一个重要因素)也很关键。所以,生产率高的产品就具有更大优势,因为它所消耗的资源少、成本低,可以获得较强的价格竞争力和速度竞争力。

4. 生产率提高对就业和社会发展起促进作用

有些人误认为,生产率提高会影响就业,尤其是我国人口众多,生产率提高有可能使原来几个人做的工作,现在由一个人就可以完成,由此担心造成劳力过剩,引起失业。其实,这种担心是没有必要的,因为生产率提高不仅不会影响就业,反而会促进社会结构变化,带来新的就业机会。

第一,职工队伍的稳定和素质提高是保证企业生存和发展的关键因素。生产率高、经济效益好的企业,一方面积极发展新品种或开辟新产业,以便进一步扩大生产,求得发展,这就需要保持或者增加职工;另一方面,通过增加工资和福利,缩短工作时间,改善劳动条件,开展技术培训和进修,提高职工素质,使职工的工资和工作有保障,人心稳定,对企业充满信心,从而激发出更大的积极性、创造性,推动生产率进一步提高,如此形成良性循环。相反,那些生产率低下的企业,由于效益差而失去市场,生产下降而不得不裁减人员。美国历史上就有这样的例子,生产率上升速度高于全国平均值的工业部门,就业人数增长百分比也高于全国平均数。日本和西欧也有许多生产率增长而失业率低的例子。

第二,从整个社会来看,由于生产率提高,经济发展,国民收入增长,生活水平和质量普遍提高,从而对商品和服务的需求量增加。这不仅为生产率高的企业提供了更大的市场,使其有扩大生产的余地而不致裁减人员,而且,工农业生产率的不断提高,促进了社会结构变化,新产业的形成和扩大创造了新的就业机会。现代工业社会的一个显著特点是,从事工农业的人口逐渐减少,而服务行业越来越大。

5. 生产率与质量是同步发展的关系

质量与生产率常常被误认为是相互对立的。一些人以为,降低成本,提高生产率,就会影响产品质量;要保证质量,就不能提高生产率。其主要理由是生产高质量的产品要花费更多的工时和成本。实际上,根据工业工程的观点,两者是统一的,而不是对立的,它们通常是相互促进、同步发展的。

从实质上讲,工业工程的目标本身就含有降低成本和提高质量以及提高工作效率等。例如,生产率定义中的产出必须是具有特定质量水平的产品或服务。换句话说,没有一定水平的质量,也就谈不上提高生产率。

实践表明,技术进步在提高生产率的同时,直接促进了质量水平的提高。应用工业工程提高生产率就是通过采用更先进的技术装备和工艺技术,采用现代化管理方法和手段。这样做,实际上不单纯是提高了效率,而且也提高了产品精度、可靠性等质量指标。因为当高度机械化操作时,可以避免导致质量不高和不稳定的因素。另外,标准化、系列化、通用化和专业化也有助于促进大批量生产,提高生产率,并保证质量均匀一致。

同时,产品质量和寿命是影响社会总生产率的重要因素。一般只讲工业部门或企业的生产率,即只考虑生产产品所消耗的工时和其他资源,这是不够的。从社会整体来看,还应

追求社会总生产率提高,即提高社会物质资源的利用率。因此,如果某种产品质量好,使用寿命增加一倍,对于社会来讲,就等于生产率提高了一倍。

第三节　汽车服务产品利润

一、利润含义辨析

1. 利润的概念

利润是企业家的经营成果,是企业经营效果的综合反映,也是其最终成果的具体体现。利润的本质是企业盈利的表现形式,是全体职工的劳动成绩;企业为市场生产优质商品而得到利润,与剩余价值相比利润不仅在质上是相同的,而且在量上也是相等的;利润所不同的只是,剩余价值是对可变资本而言的,利润是对全部成本而言的。

如果以 W 代表商品价值,c 代表不变资本,v 代表可变资本,k 代表成本,m 代表剩余价值,即:

$$W = c+v+m = k+m$$

随着资本转化为利润,则商品价值的构成就进一步变成为:

$$W = k + p$$

式中:p——利润,亦即商品价值转化为成本价格+利润。

按《企业会计准则———一般准则》(2007 年 1 月 1 日开始实行)的相关条款规定:

第三十七条　利润是指企业在一定会计期间的经营成果。

第三十八条　直接计入当期利润的利得和损失,是指应当计入当期损益、会导致所有者权益发生增减变动的、与所有者投入资本或者向所有者分配利润无关的利得或者损失。

第三十九条　利润金额取决于收入和费用、直接计入当期利润的利得和损失金额的计量。

2. 利润的实质

在剩余价值范畴,明显地反映出资本同劳动的对立,因为它是可变资本的增值额并被资本家无偿占有的。首先,将生产商品所耗费的不变资本+可变资本($c+v$)转化为成本价格,掩盖了不变资本(c)同可变资本(v)之间的本质区别;其次,将劳动力价格转化为工资,表现为劳动的报酬,所以剩余价值就转化为利润;最后,剩余价值转化为利润,以剩余价值率转化为利润率为前提,即借助于利润率,把已转化为成本超过额的利润,进一步转化为预付成本在一定周转期间内超过它自身价格的余额。

在现实生活中,厂商通常也是从既定的利润率水平出发,然后以利润率乘预付成本得出预期的利润量。科学的论证和实践表明,利润量其实是由可变成本所带来的增额。总之,剩余价值是内在的本质或实体,而利润则是外在的现象或形式。随着不同生产部门之间的竞争和资本的自由流动,促使不同的特殊利润率均衡化为平均利润率或一般利润率,从而使利润进一步转化为平均利润,实现等量资本取得同量利润。在通常的情况下,平均利润和剩余价值在量上是不一致的。平均利润仅与预付总资本量成正比,而不与单个资本所支配的活劳动量成比例。这又造成一种客观事实,本质上利润是资本的产物,它同劳动完全无关。

马克思关于利润是剩余价值的转化形式的理论,深刻地揭示了利润的实质及其来源,以及利润进一步再转化的各种具体形式和它们所体现的错综复杂的资本主义生产关系及其阶级表现。社会主义制度下,利润是企业劳动者为社会创造的剩余产品的价值表现形式。产品的价值构成是 $c+v+m$,$c+v$ 部分转化为生产成本,m 部分是劳动者为社会创造的剩余产品部分,转化为企业的利润。它是劳动者为社会创造的价值,用于扩大社会再生产和改善人民生活状况,是社会积累和社会消费基金的主要来源,也是衡量和评价企业经济活动的一个重要指标。

3. 利润的形式

利润的具体形式有:

(1) 实现利润。即企业销售收入减去各项费用支出的余款。

(2) 上缴利润,即按规定上缴给国家财政部门的利润。

(3) 税后利润,即企业实现利润按国家规定上缴一定比例后留归企业的部分等。

企业的利润总额是由营业利润、投资收益和营业外收支差额三个主要部分构成。利润质量较高的含义是指:企业具有一定的盈利能力,利润结构基本合理,利润具有较强的获取现金的能力。

利润结构基本合理有以下几层含义:

(1) 企业的利润结构应该与企业的资产结构相匹配。

(2) 费用变化是合理的、费用在年度之间没有出现不合理的下降。

(3) 利润总额各部分的构成合理。

二、服务创造利润

服务对收益的影响甚至超过销售,服务可以成为利润源泉。很多企业都把产品服务视为一个麻烦。实际上,服务环节对企业收益的影响甚至已超过了产品的销售环节。要把服务变成利润增长的核心环节,就必须调整工作重心,对企业提供的零部件更换、专业服务、客户援助部门、产品库存、产品退换、地区技术中心等所有售后服务项目进行整合。

调查表明,拥有一流服务管理能力的企业可以使服务收益提高 10%~20%。此外,通过提高服务环节的效率,可以把营业费用降低 15%~30%。由于企业的服务部门与客户保持着长期稳定的联系,因此服务部门获得的知识可以反馈到生产部门,帮助企业生产出质量更高的产品,而优质的产品则意味着保修成本会降低 10%~20%。由于问题产品售出数量减少,企业也就无需对生产设备进行大规模的检测,从而使资本支出减少 10%~25%。

许多制造业企业已经通过富有远见地大力发展服务能力获得了可观的成效。埃森哲对汽车工业进行调查的结果发现,通用汽车公司的零部件销售与服务收入额为 90 亿美元,利润却高达 20 亿美元。而汽车的销售额尽管高达 1500 亿美元,但利润仅为 10 亿美元。

相比之下,电子与高新技术企业在利用服务管理获取利润方面的整体步伐就显得相对缓慢。这主要是因为这些企业一贯致力于研制生产创新产品,对服务方面重视不足。那么,企业如何才能实现内部转变,发掘服务项目的潜力,为企业创造利润呢?制造企业必须不断发展,不能仅仅停留在产品销售上,就连"产品加多种服务"的模式也远非最终的目标,企业销售的应当是"解决问题的方法"。企业一般需要经过四个发展阶段,才能达到这个目标。

第一阶段:产品。企业的经营重点仅限于产品的研发、工艺、生产与销售及市场营销。

第二阶段:产品加服务。企业也提供一些辅助性服务,但主要还是一些最基本的故障修理与维护服务。

第三阶段:服务。企业已经开始提供多种综合性服务。在多数情况下,企业中出现了独立的服务部门,实行独立的盈亏核算,产品与服务部门各自进行独立的运营。

第四阶段:解决方案。在这个阶段,企业的生产与服务职能已经高度整合。企业主要研发销售产品与服务的组合以满足客户的需要。

一般说来,随着产品逐渐普及化,产品销售的毛利会从最初的60%～70%滑落到20%左右。而服务方面的利润却大有潜力可挖,简单的故障维修式的服务利润为20%,而技术改进或专业支持等高附加值的服务项目的利润却高达45%。

尽管产品利润呈逐步下降趋势,服务方面的利润却从未对总体收益产生负面影响。产品与服务相结合所获得的总利润率仍可保持在30%～40%的水平上,尽管与产品居于市场领先地位时60%～70%的利润率相比有些差距,但是比之产品在市场上的特殊地位一旦丧失后的20%的利润率却丰厚得多。

要达到第四个阶段并没有固定的途径。不同的企业所应选择的最佳路线各不相同,所需时间也各异。

三、经销利润来源

任何经销商首先要考虑的是经销产品的利润,没有一定利润的产品不应经销,也不会去经销。而利润是从何获取的呢?市场、用户、营销管理还是生产厂家?似乎都有关系,都可获利,但是必须明白较大的营利点在哪?分清孰重孰轻,才能获得你的利润较大值。

1. 利润是否从厂家获得

很多经销商首先想到的是要从厂家中压价,或者是拿到"打折"的产品,认为这就是获利了。其实这是一个很大的错误,看起来是得了一点便宜,而实际往往是得不偿失。若干不负责的厂家为了迎合经销商的低进价这种心理,采用偷梁换柱,降低品质,低价卖给经销商,售后出现大量的质量问题,不仅使经销商利润泡汤而且还影响了其心情与诚信。负责任厂家的产品品质与出厂价格都是非常稳定的,他们是根据自身的各种成本而折算出来的定价,不会因市场上参差不齐的价格因素而波动,更不会以降低产品质量的成本而降低价格。

如果遇到不给你低价或打折价的厂家,经销商不要认为这厂家太"牛"。不能意气用事,要更深入地了解这厂家的产品品质、服务理念、诚信度、公信力等。如果遇到想要什么价格就什么价格给你的厂家,那就要小心了,要知道"天上不会掉馅饼",应多作比较,找出优劣。如果想把销售事业做稳做长做大,别在上游厂家要低价,而是要让厂家的产品的品质做得更好,才能赚到更多的利润。

2. 利润是否从用户获得

看起来是售出产品的钱是用户给你的,利润是从用户那里获得。其实不然,用户买产品是看中产品的价值(包括使用价值与品牌价值),值这个钱才会买,不值就不会买,也就是说利润是包含在产品价值当中。例如,产品不好尽管你怎样抬价,用户都不会接受;如果产品很好,不管用户怎样砍价,低于你的底线,你也一定不会出售。当然讨价还价也会影响利润,但这是相当微小了。

3. 利润是否从营销管理获得

营销管理好不好直接关系到营销成本,对利润产生有一定的影响,但不是关键。不论销售业绩如何,经营管理必须到位,降低销售成本是必做的功课。

4. 利润要从市场中获得

任何一类产品都有其独到的价值,都有它的客户群。不要认为什么产品好销、什么产品不好销,什么产品利润高、什么产品利润低,其关键是在于如何去开拓市场、利用市场、抓住市场,做活市场,在市场中获取利润。

首先,要了解市场、了解产品,作好定位,明确经销什么产品?产品的目标客户是谁?别去经销质差价低没有售后保障的产品,只有保证客户的利益才能保证安稳地获得利润。

其次,是全身心地去开拓市场。现在是"好酒也要勤吆喝"的时代,好品牌好产品也离不开宣传推广,要让更多的客户知道产品、了解产品、认同产品。

再次,要知道产品的优异性才是利润的增长点。做好做足产品与同类产品对比分析,其优势是什么、差异性在哪、带来什么价值等,让客户觉得这个产品确实比那个产品要好,物有所值。

利润在市场不在工厂,工厂的责任是必须精益求精地把产品制造好,使之更完美,确保经销商售后没后顾之忧,就是确保经销商在市场的销售当中获取更大的利润。

第四节 汽车服务生产效益

一、效益释义

1. 效益的概念

效益是指效果和收益,可以是劳动(包括物化劳动与活劳动)占用、劳动消耗与获得的劳动成果之间的比较;也可以是项目对国民经济所作的贡献,它包括项目本身得到的直接效益和由项目引起的间接效益或者项目对国民经济所作的贡献。在管理活动中,如果劳动成果大于劳动耗费,则具有正效益;如果劳动成果等于劳动耗费,则视为零效益;如果劳动成果小于劳动耗费,则产出负效益。人们通常意义上所说的效益好坏其实是指正效益。

2. 效益的分类

效益一般分为经济、社会和环境三方面的效益。

(1)经济效益。指有项目和无项目相比较所增加的财富或减少的损失。从国家或国民经济总体的角度进行经济分析时,所有社会各方面能够获得的收益均作为经济效益;从项目所有者或管理者的角度进行财务分析时,只有那些实际收入才算作财务效益。经济效益和财务效益是经济评价的重要指标,是着重进行分析估算的内容。

(2)社会效益。指实施项目对保障社会安定、促进社会发展和提高人民福利方面的作用。如修建水电站可创造更多的就业机会,修建自来水厂可以改善卫生和生活条件,修建防洪工程可以保障人民生命财产安全等。

(3)环境效益。指实施项目后对改善水环境、气候及生活环境所获得的利益。如修建污水处理工程对改善水质的作用,修建水库对改善气候及美化环境的作用等。

3. 效益的特性

效益一般具有如下特性:

(1)随机性。经济活动的效益受不确定性风险影响大,往往难以准确预估。

(2)综合性。项目活动往往是多目标开发、综合利用,具有经济、社会、环境多方面的综合效益。

(3) 发展性。由于社会经济的情况随着时间的推移而有所变化,项目活动的效益也是发展的。随着社会经济的发展,项目活动的收益增加,项目带来的效益也增加,同时项目的风险也加大。

(4) 复杂性。一些项目的效益往往比较复杂,需全面分析研究。如一些项目会带来巨大的经济效益,但是它会对周边的环境和居民造成不利的影响。项目各部门间的要求有时是相矛盾的,不能同时实现所有部门的效益最大化。

4．效益分析方法

一般可从以下三方面进行效益的分析。

(1) 减免的损失:从可减免造成的损失估算效益。如工程建造中,防洪可减少洪灾损失,提供工业用水可减免因缺水而减产、停产的损失等。

(2) 增加的收益:从可给社会带来的收益估算。如由于发展航运和提供电力,促进社会经济发展的收益;由于灌溉而增加农业产量等。

(3) 节省的费用:从可减免替代措施节省的费用估算。如建设水电站,可节省火电、核电站的费用;发展灌溉,可节省进口农产品的费用等。

产品效益分析是仅从项目自身的投入产出角度,按照当时当地财税制度和国际统一标准的投资分析方法,对产品项目的筹资、营利性和抗风险能力,计算出一系列评价项目在财务上是否可行的评价指标。同时,也直接地反映了投资环境、产品和原料动力市场、技术和管理各方面对可行性的影响的定量分析结果。对投资项目进行财务效益分析,从而可以作出财务效益评估。财务效益评估是投资项目评估中最主要的部分,它是根据产品项目财务各项投入,产出及利润指标的一系预算进行指标分析及论证。

技术经济学是研究技术与经济的相互关系的学科。通过技术比较、经济分析和效果评价,寻求技术与经济的最佳结合,确定技术先进与经济合理的最优经济状态。技术经济学研究的不是纯技术,也不是纯经济,而是两者之间的关系,即把技术与经济结合起来进行研究,以选择最佳技术方案。技术经济学研究的主要目的是将技术更好地应用于经济建设,包括新技术和新产品的开发研制、各种资源的综合利用、发展生产力的综合论证。技术经济学把研究的技术问题置于经济建设的大系统之中,用系统的观点,系统的方法进行各种技术经济问题的研究。

技术经济学把定性研究和定量研究结合起来,并采用各种数学公式、数学模型进行分析评价。技术经济学在研究中采用两种以上的技术方案进行分析比较,并在分析比较中选择经济效果最好的方案。技术经济学研究的内容涉及生产、分配、交换、消费各个领域和国民经济各个部门、各个方面,也涉及生产和建设的各个阶段。

从全局的范围来看,技术经济学研究技术进步对经济发展的速度、比例、效果、结构的影响,以及它们之间的最佳关系问题;生产力的合理布局、合理转移问题;投资方向、项目选择问题;能源的开源与节流、生产与供应、开发与运输的最优选择问题;技术引进方案的论证问题;外资的利用与偿还、引进前的可行性研究与引进后的经济效果评价问题;技术政策的论证、物资流通方式与渠道的选择问题等。

从部门和企业范围看,技术经济学研究厂址选择的论证,企业规模的分析,产品方向的确定,技术设备的选择、使用与更新的分析,原材料路线的选择,新技术、新工艺的经济效果分析,新产品开发的论证与评价等。

从生产与建设的各个阶段看,技术经济学研究试验研究、勘测考察、规划设计、建设施工、生产运行等各个阶段的技术经济问题的研究,综合发展规划和工程建设项目的技术经济论证与评价等。

技术经济学的基本研究方法有:

(1)系统综合,即采用系统分析、综合分析的研究方法和思维方法,对技术的研制、应用与发展进行估计。

(2)方案论证,即技术经济普遍采用的传统方法,主要是通过一套经济效果指标体系,对完成同一目标的不同技术方案的计算、分析、比较。

(3)效果分析,即通过劳动成果与劳动消耗的对比分析,效益与费用的对比分析等方法,对技术方案的经济效果和社会效果进行评价,评价的原则是效果最大原则。

技术经济分析、论证、评价的方法很多,最常见的有决定型分析评价法、经济型分析评价法、不确定型分析评价法、比较型分析评价法、系统分析法价值分析法、可行性分析法等。

技术经济分析是指对各种技术方案进行的计算、比较与论证,是优选各种技术方案的重要手段与科学方法。技术经济分析是一项实践性很强的工作,主要过程包括:

(1)调查研究。搜集各种技术经济的基本资料和原始数据,总结技术发展的一般规律和实践经验,发现实际经济工作中存在的问题。这种方法广泛用于从研究选题到研究成果应用推广的全过程。

(2)数据计算。在调查的基础上进行数据计算,需要运用高等数学、运筹学和计算机。

(3)论证分析。通过对各方面的资料、数据、影响因素和计算结果的系统分析,最后作出综合评价。

二、品牌效益分析

1.品牌效益内涵

品牌效益是品牌在产品上的使用而为品牌的使用者所带来的经济价值和社会价值,是品牌使用的作用。品牌是商品经济发展到一定阶段的产物,最初的品牌使用是为了使产品便于识别;品牌是在近代和现代商品经济的高度发达的条件下产生,其得以迅速发展即在于品牌使用给商品的生产者带来了巨大的经济效益和社会效益。

由于品牌拥有者可以利用品牌的优势不断获取利益,可以利用品牌的市场开拓力、形象扩张力、资本内蓄力而不断发展,因此可以看到品牌的价值。这种价值并不能像物质资产那样用实物的形式表述,但它能使企业的无形资产迅速增大,并且可以作为商品在市场上进行交易。为了能够合理说明品牌效益的产生,首先必须准确理解品牌效益的内容和特征,以下几点应当在品牌效益的描述中得到关注:

(1)品牌的效益不是指品牌的价值,而是指品牌的产出与投入的比值。

(2)品牌的价值是一个无限、持续的过程,效益比率在某点以后表现为持续的扩张。

(3)品牌的价值源泉是一个资产性资源的增值过程,它需要企业不断地投入,以对资产进行保值,需要合理的利用以充分获取品牌资产的增值效益。

(4)品牌所获得的效益本质上是一种差异性价值,是相对于非品牌而言的超额价值。它源自顾客对品牌的忠诚以及由美誉而引发的消费偏好。

(5)品牌为企业获取效益不仅源于品牌的附加值,也源于由美誉度不断增强而形成的市场占有率的不断提升以及由顾客忠诚所形成的市场占有率的稳定性。

2. 品牌效益形成阶段分析

1) 创建期

投入远远大于产出，效益比值小于1，品牌的市场认可度低，品牌培育处在投入阶段，而投入的费用主要用于产品本身的开发、产品的市场定位、产品推广及持之以恒的品质控制。在这一阶段，企业在品牌塑造过程中基本上看不到效益，品牌也没有市场影响力。企业在这一阶段不能有急功近利的思想，也不能降低继续投入的动力。应当及时地评估投入的方式是否恰当，适当地调整投入的领域，客观评估投入所产生的效益是否具有良好的上升趋势，从而尽快促成品牌效益向提升期过渡。

2) 提升期

由于创建期良好的市场定位、不断地投入和品质锻造，品牌已经初步具备了一定的市场知名度，效益比值依然小于1或接近1，但是品牌效益开始呈现明显的上升趋势。同时，应当看到品牌效益产生的提升期是创建期的延续，两个阶段在品牌产生效益方面并没有发生质的改变，真正产生效益是在投入等于产出达到某点以后。企业应当及时改变投入的方式和内容，把投入主要用于技术革新、新产品开发、产品结构优化、扩展品牌知名度的营销推广等方面，尽快促成品牌效益向成型期过渡。

3) 成型期

品牌的市场知名度广泛形成，市场占有率迅速扩大，销量稳定上升，效益比值大于1，品牌的价值开始转化为现实效益。也就是说，品牌的超额价值得到体现，对品牌投入开始小于产出，企业逐步取得品牌效益。但是，品牌效益在这一阶段还只是初步的效益，其效益潜力还没有充分显现，企业在这个阶段不能有已经成功的思想，也不能有"小富即安"的思想，更不能有急于分享既得效益的思想。因为一方面在这个阶段品牌所产生的效益还是脆弱的，另一方面，品牌的效益扩张期即将来临。因而企业应当集聚品牌已经产生的效益所产生的资金加大投入的力度，并把投入的重点应放在技术改造、渠道扩展、产品升级、细节管理，以及进一步扩大产品影响力的市场宣传上。

4) 扩散期

产品品牌已经被市场高度认可，美誉度已上升为顾客对企业文化理念的认同，顾客忠诚度持续构建。品牌的超额价值得到充分的体现，品牌效益不仅体现在产品本身，也扩散到了影响企业发展的其他方面，效益比值在大于1的基础上迅速扩大。在这一阶段企业可以根据品牌在市场中的稳定表现，考虑适当的利益分配问题。但是也应当充分认识到市场竞争的激烈程度以及消费者的成熟性和消费的可变性，积极关注市场的变化，及时调整思路、改变策略。同时，由于品牌效益的真正产生，企业有实力继续进行投入，并把投入的重点放在养护品牌文化以及巩固顾客忠诚度上，以期把已经扩大了的品牌效益发展的更长远。

3. 品牌效益表现

(1) 品牌效益在产品宣传中产生。消费者购买商品不可能都经过尝试后再购买，主要依品牌效应而购买。一个品牌如果知名度高，即便消费者未经使用，也会因品牌价值而购买。品牌效益的产生既可能是因为经营者自身的宣传，也可能是因为其他消费者对品牌的认可而产生。

(2) 品牌是企业产品质量、特征、性能、用途等级的概括，凝聚企业的风格、精神和信誉。当消费者一接触品牌，这些内容便迅速在头脑中反映出来，从这一意义上来讲，品牌效益还代表企业的市场。

（3）品牌效益是产品经营者因使用品牌而享有的利益。一个企业要取得良好的品牌效应既要加大品牌的宣传广度、深度，更要以提高产品质量、加强产品服务为其根本手段。

（4）品牌价值必须要真正回归到顾客价值，围绕着消费者价值去试行产品和服务自主创新，让消费者认为物有所值，唯有这样，产品才能触摸世界，品牌效益才能最大化。

三、产品、售后服务与企业效益的关系

随着生活质量的提高，消费水平和消费观念也有了很大的改变。选择优质品牌的产品对消费者来说，绝对至关重要。但如何确定一个产品是否是优质的品牌呢？除了产品本身的质量过硬外，最重要的就是这个产品的服务。服务是产品的一种的表现，是赢得客户的有力武器，是企业在市场上赖以生存的基础。如果说产品的质量是企业发展的基石，那么对产品服务就是占领市场的资本。

售后服务是在商品出售以后所提供的各种服务活动。从销售工作来看，售后服务本身同时也是一种促销手段。在追踪跟进阶段，推销人员要采取各种形式的配合步骤，通过售后服务来提高企业的信誉，扩大产品的市场占有率，提高推销工作的效率及效益。售后服务，就是在商品出售以后所提供的各种服务活动。

成功的销售员把成交之后继续与客户维持视为销售的关键。售后服务准则就是："真正的销售始于售后，销售的最好机会是在客户购买之后，往往最能够打动客户的不是产品而是售后服务，服务既能够决定产品的价值，同时又能够带动更好的潜在客户，因为销售与客户的认识往往通过服务可以与客户成为朋友，客户的朋友又会成为潜在客户，优良的服务就是优良的销售"。要想与那些优秀的销售员竞争，就应多关心你的客户，让他感受到你这儿有宾至如归的感觉。销售人员要让客户的朋友也能够记住你的名字，当他们的朋友或者同事想要购买产品时他们会介绍他的同事或朋友与你联系。能够实现这一切，方法只有一个，就是你必须为客户提供优质的售后服务。

常常听到客户这样抱怨：销售人员在客户购买之前殷勤体贴，有时甚至一天好几个电话，但是客户一旦购买了产品，就再也接不到销售员一个电话，真是太势利了。成交前的刻意奉承，不如售后的周到服务，这是销售员培养忠实客户的不二法则。销售人员要想得到稳定的销售业绩，离不开老客户的长久支持，要做到这些，销售人员必须给客户提供优质的售后服务。"你忘记客户，客户也会忘记你"，这是成功销售员的格言，在成交之后，继续不断地关心客户，了解他们对产品的满意程度，虚心听取他们的意见，对产品使用或服务过程中存在的问题，采取积极的弥补措施，防止客户的流失。只要销售人员与客户保持密切的关系，就可以战胜所有的竞争对手。通过良好的服务来赢得客户的信任，进而创造新的销售机会。

售后服务直接决定销售的价值，而客户更关注的是售后服务。如果不重视售后服务，往往会失去信任度。因此，售后服务对产品品牌及其销售具有很大的作用。

（1）提高客户的忠诚度。这是售后服务给产品带来的最大价值。在市场竞争日益激烈的背景下，追求客户忠诚度成为商业中永不过时的哲理。可以说，依赖产品优势打天下的时代已经一去不复返了，产品的商业价值将以企业与客户的关系来进行衡量。要建立企业与客户、企业越企业之间良好的关系，关键是要培养客户对产品的忠诚。

提高客户忠诚度可以创造更多的利润与销售业绩。美国商业研究报告指出：多次光顾的客户比初次登门者，可为企业多带来20%~35%的利润，固定客户数目每增长5%，企业

的利润则增加25%。客户忠诚度的提高,不仅可以使客户重复购买,而且可以产生口碑效应,吸引更多的消费者惠顾,使企业的业绩得以增长。

提高客户的忠诚度还可以降低客户的流失率,减少客户的流失。据研究表明,公司减少5%的客户流失率,所带来的利润将增长将超过25%。同一个行业,有些企业的销售业绩是其他企业的2倍,取得这样的业绩主要得益于他们将客户的流失率始终控制在5%以下,而同行业流失率的平均水平是30%。

提高客户忠诚度还可以增进企业与客户间的友谊与交流,拉近营销人员与客户的心理距离,及时了解客户在产品使用过程中的问题,及时给予指导和帮助,并把信息及时反馈给企业,从而为客户提供适时的服务,更好地满足客户需求。

(2)增强企业的核心竞争能力。现代企业的竞争已经由产品的竞争转为对市场的竞争,而市场竞争的关键是对客户的争夺与占有。如果能比竞争对手先一步与客户建立良好的双向互动关系,真正关怀客户,一旦客户获得了高度的满足,就能放心地购买商品而不会被任何竞争对手"挖走",使你在竞争中获胜。因此,做好售后服务工作就能够使客户持续地接受企业提供的服务和产品,从而带来源源不断的业务和利润。

(3)提升产品销售业绩及增加利润。企业致力于售后的客户维系,一方面可以留住老客户,使客户重复惠顾,接受产品和服务,增加购买次数与购买金额,从而创造更大的利润和业绩。一个老客户比一个新客户可为企业多带来的30%以上的利润。另一方面,良好的客户关系可以为企业赢得良好的口碑宣传。业绩优异的营销企业,很大比例的新客户是通过老客户推荐赢得的。

(4)降低营销成本。据调研,开发一个新客户的费用是保持现有客户的7倍。新客户不仅开发费用高,而且成交机会也少。将产品或服务向一位曾经成交的旧有客户推销的成交机会却有50%。因此企业必须采取措施尽最大努力维系客户,防止客户流失。

(5)提高企业对市场的灵敏度。经营客户关系的前提就是要了解客户,时刻关注着客户的需求变化,客户对产品的满意度,经常征询客户意见,把客户的一言一行、一举一动都及时反馈到企业客户管理卡当中,企业对市场信息反馈越迅速及时,就越能有效地解决客户的问题及抱怨等。更好地服务客户,最重要的是还能挖掘潜在的需求,开发出企业客户乐于接受的新产品或新的服务项目。

复习思考题

1. 名词解释:
①服务能力;②生产率;③劳动生产率;④资本生产率;⑤动态生产率指数;⑥利润;⑦实现利润;⑧上缴利润;⑨税后利润;⑩效益;⑪技术经济分析;⑫品牌效益。
2. 服务能力的基本要素包括哪些?
3. 简述如何调节服务能力?
4. 简述如何增加服务能力弹性?
5. 简述如何扩大服务能力?
6. 简述影响生产率的主要因素。
7. 简述提高生产率的主要途径。

8. 简述提高生产率的对策目标。
9. 简述提高生产率应避免的对策目标。
10. 简述利润的实质。
11. 简述企业利润总额的构成。
12. 简述利润质量的含义。
13. 利润结构基本合理有何含义？
14. 为什么服务能创造利润？
15. 企业一般需要经过几个发展阶段才能达到营销"解决问题的方法"的层次？
16. 简述经销利润的来源。
17. 简述效益分类及其特性
18. 简述效益的分析方法。
19. 技术经济学的基本研究方法有哪些？
20. 技术经济分析主要包括哪些过程？
21. 简述品牌效益的内涵。
22. 品牌效益形成分为几个阶段？各阶段有何特点？
23. 简述品牌效益的主要表现。
24. 试论述产品、售后服务与企业效益的关系。

第十章 汽车服务质量评价及控制

第一节 服务质量及测定方法

一、服务质量及其特性

1. 服务质量的含义

服务质量是指服务能够满足规定和潜在需求的特征和特性的总和,或指服务工作能够满足被服务者需求的程度。即是企业为使目标顾客满意而提供的最低服务水平,也是企业保持这一预定服务水平的连贯性程度。依据以上服务质量的广义定义,服务质量相对于产品的购买者的期望而言,服务质量是被消费者所感知的一种质量,是消费者通过对比他们认为服务提供者应该提供的服务与他们实际感知到的服务而产生的,具有一定的比较性的结果。

服务质量是顾客感知的对象,且服务质量既要有客观方法加以制定和衡量,但更多地要按顾客主观的认识加以衡量和检验;同时,服务质量发生在服务生产和交易过程之中,是在服务企业与顾客交易的真实瞬间实现的,其质量的提高需要内部形成有效管理和支持系统。服务质量的基本内容主要包括:

(1)服务水平的确定。好的服务质量不一定是最高水平,只需要该服务满足其目标顾客的期望,该服务质量就可认为是达到了优良水平。

(2)目标顾客的选择。目标顾客是指那些由于他们的期望或需要而要求得到一定水平服务的人。随着经济的发展和市场的日益成熟,市场的划分越来越细,导致每项服务都要面对不同的需求。企业应当根据每一项产品和服务选择不同的目标顾客。

(3)服务水平连贯性的程度。连贯性是服务质量的基本内容之一。它要求服务提供者在任何时候、任何地方都保持同样的优良服务水平。服务标准的执行是最难管理的服务质量问题之一。对于一个企业而言,服务的分销网络越分散,中间环节越多,保持服务水平的一致性就越难。服务质量越依赖于员工的行为,服务水平不一致的可能性就越大。

2. 服务质量的基本特性

通过以上的定义,可以得出服务质量所具有的一些基本特性。

1)服务质量是一种主观质量

服务质量与有形产品的质量存在着很大的差异,有形产品质量的度量可以采用许多客观的标准加以度量,如对一辆汽车,其耗油量、时速、制动性能等即使对于不同的顾客也存在一个客观的标准,这些标准不会因为产品提供者的不同、购买产品的顾客的不同而产生变化。但服务质量却并非如此,不同的顾客可能对同一种服务质量产生不同的感知。例如,汽车服务过程中的可靠性常常被视为一个非常重要的服务质量维度,但不同区域的文化背景的顾客对这个问题的感知却存在较大的不同。

2)服务质量是一种互动质量

产品质量是在工厂里形成的,在产品没有出厂前,质量就已经形成了。在整个质量形成过程中,消费者基本上是没有"发言权"的。而服务质量则不同,服务具有生产与消费的同时性,服务质量也是在服务提供者与顾客互动的过程中形成的;如果没有顾客的紧密配合、响应,或者是顾客无法清晰地表达服务要求,那么服务过程就将失败,服务质量将变得底下。

3)过程质量在服务质量构成中占据极其重要的地位

正是因为服务质量是一种互动质量,所以,服务过程在服务质量形成过程中起着异常重要的作用。过程质量是服务质量构成极其重要的组成部分。当然,这种表述并不意味着结果质量不重要,服务质量是顾客购买服务的根本目的所在,如果没有服务结果,或服务结果很差,那么,再好服务过程也无法弥补。同样,即使服务结果很好,但服务传递过程很糟,最后,形成的顾客感知服务质量也可能是很差的。

4)对服务质量的度量

无法采用制造业中所采用的方法。在制造业的服务质量度量中,可以将视野聚焦在内部效率上,即可以通过检验证明产品与事先制定的产品标准是否吻合,如果吻合或者超过标准,则说明质量是合格的或者是优异的。但在服务业中,不但要考虑服务质量与服务标准的吻合问题,还要衡量质量的外部效率,即对顾客关系质量的影响。也就是说,这种服务质量对服务提供者与顾客建立持久的关系具有什么样的影响作用。明确这一点,对于提高服务质量管理水平,具有非常重要的意义。

二、服务质量标准与测定程序

1. 服务质量标准内涵

服务质量的测定是服务企业对顾客感知服务质量的调研、测算和认定。从管理角度出发,优质服务必须符合以下标准:

(1)规范化和技能化——有关产出标准。顾客相信服务供应方的职员、营销体系和资源,有必要的知识和技能,规范作业,能解决顾客疑难问题。

(2)态度和行为——有关过程标准。顾客感到服务人员(一线员工)用友好的方式主动关心照顾他们,并以实际行动为顾客排忧解难。

(3)可亲近性和灵活性——有关过程标准。顾客认为服务供应者的地理位置、营业时间、职员和营运系统的设计和操作便于服务,并能灵活地根据顾客要求随时加以调整。

(4)可靠性和忠诚感——有关过程标准。顾客确信,无论发生什么情况,他们能够依赖服务供应者,它的职员和营运系统。服务供应者能够遵守承诺,尽心竭力满足顾客的最大利益。

(5)自我修复——有关过程标准。顾客知道,无论何时出现意外,服务供应者将迅速有效地采取行动,控制局势,寻找新的可行的补救措施。

(6)名誉和可信性——有关形象标准。顾客相信,服务供应者经营活动可以依赖,物有所值。相信它的优良业绩和超凡价值,可以与顾客共同分享。

在上述标准中,规范化和技能化与技术质量有关,名誉和可信性与形象有关。而其余标准,态度和行为、可接近性和灵活性、可靠性和忠诚感及自我修复,显然都与过程有关,代表了职能质量。

与服务感知质量相关的服务监督是可感知控制。如果顾客对消费毫无控制能力,他们就会感到不满足。例如,如果厂商剥夺了顾客的监督控制权力,那么在其他情况下,可以忍受的拥挤和等待也会引起火山爆发。顾客想有这样一种感觉,他对服务交易有一定的控制能力,不会总是受到服务商的摆弄。如果这种需求得以满足将大大提高满意程度,管理者应该认真考虑建立监督控制机制。

可感知的控制和自我修复之间的关系是显而易见的。如果有突发事件发生,例如航班因技术原因晚点,由于缺少监督,顾客丧失对局势的控制能力,很快会造成一种紧张不安的气氛。如果航空公司职员能够迅速、及时、有效地向候机乘客说明缘由,并告知晚点的准确时间,乘客们即使不喜欢这种事件,但是毕竟对情况有所了解,有了一定的控制能力,这要比他们一无所知要好得多。自我修复,就不单是告诉乘客困境,至少也要为乘客解决必要的生活问题。

2. 服务质量测定程序与步骤

服务质量测定一般采取评分量化的方式进行,其具体程序如下:

第一步,测定顾客的预期服务质量;

第二步,测定顾客的感知服务质量;

第三步,确定服务质量,即:

$$服务质量(差距) = 预期服务质量 - 感知服务质量$$

对服务质量的评分量化方法的大致步骤如下:

第一步,选取服务质量的评价标准;

第二步,根据各条标准在所调查的服务行业的地位确定权数;

第三步,对每条标准设计 4~5 个具体问题;

第四步,制作问卷;

第五步,发放问卷,请顾客逐条评分;

第六步,对问卷进行综合统计;

第七步,采用消费者期望值模型分别测算出预期质量和感知质量;

第八步,根据上述公式,求得差距值。其总值越大,表明感知质量离预期质量差距大,服务质量差,相反,服务质量好。

三、服务质量的测定方法

服务产品独有的特性使客观地测量服务质量变得复杂而困难,但从本质上可以将它们分为两大类别:基于事件和基于属性的测量方法。前者利用顾客在服务接触过程中经历的事件对服务质量进行测量,属于定性研究方法;后者利用各种属性变量对服务质量进行测量,属于定量研究方法。

1. 基于事件的测量方法——关键事件技术

关键事件技术(Critical Incident Technique,CIT)是北欧学派经常使用的评价服务质量的方法之一。CIT 记录顾客描述的服务接受过程中发生的事件并询问与事件相关的问题,进而对事件进行分类。从根本上说,CIT 是一种对事件或关键事件等数据进行内容分析的系统分类技术。CIT 同因子分析、聚类分析一样也是一种归纳分组方法,不同的是在数据分析阶段,CIT 对事件进行内容分析,而非定量分析。

CIT 被认为是一种有效的测量顾客在服务接触中是否满意的工具,利用该方法可以揭示服务接触过程中导致顾客满意或不满意的特定事件和行为,进而为形成满意度监测计划、设计服务程序和策略以及训练一线员工提供可靠的依据。关键事件技术是一种适用的研究服务质量问题、评价顾客感知的方法,它的优点之一就是能够确定质量改善点,对于面向相似细分市场尤其适用。

同属性研究方法相比,使用 CIT 能够得到更丰富和更详尽的服务过程描述数据。另外,使用 CIT 能更深刻地理解顾客需要、员工行为以及与员工行为相关的服务质量属性,比如"友好""有效"以及"专业"等。CIT 不仅能确定哪些类型的服务接触更重要,而且还能确定改善服务质量需要的知识和手段,管理者可以用它来确定一套行为方案来训练员工。

2. 基于属性的测量方法

1)SERVQUAL 量表及应用

北美学派的代表人物 PZB 等人提出了 SERVQUAL 服务质量测量方法,认为顾客对服务质量的评价由服务感知与服务期望之间的差距决定。因此,分别使用 22 个项目测量顾客对服务质量的期望与感知,通过顾客感知与期望之间的差距($P-E$)来评价服务质量。两者之间的正差异越大,服务质量越高。PZB 的实证研究确立了服务质量的五个维度:有形性、可靠性、保证性、反应性和移情性,认为 SERVQUAL 量表具有较高的信度与效度,是一个适用于不同服务行业的量表。

SERVQUAL 的核心在于根据服务质量的五个维度对企业表现的购前期望与购后感知进行间接或客观比较。服务质量被定义为消费者感知与期望之间算术上的差值,其得分是间接得到的,是由研究者而非消费者在感知与期望之间进行比较。有些学者也将这种测量方法称作差异推断测量方法。

PZB 试图建立一个适合服务性行业的一般性量表,然而许多研究者认为在具体行业的应用当中,必须对该量表进行修改并重新验证其有效性,这包括增加和删减某些问项或维度来全面或真实地反映所研究的行业领域,以使量表适应不同的行业环境、服务环境或文化背景。PZB 自己也认为量表本身需要进一步完善,并且对该量表进行了改进。

有人认为 SERVQUAL 量表太过侧重对功能/过程质量的测量,而缺乏对技术/产出质量的测量,而技术/产出质量也是消费者评价总体服务质量的决定性因素。因此,在量表中加入技术/产出维度会极大地提高其解释能力和预测效度,能提高量表搜集信息的使用价值。通过对问卷的结构作些调整,由两组问题形式变为一组属性形式。属性列在问卷中间,属性左右两边分别是 5 点评分尺度,左边测量期望而右边测量感知。这可以在一定程度上克服原两栏问卷枯燥乏味和导致困惑的缺点,问卷更简短、界面更友好并且能保持较高的信度和效度。

2)SERVPERF 量表及其应用

许多关于期望测量的实证研究对期望的价值产生了疑问,认为仅测量表现已经考虑到了期望。认为差距分析模型是有缺陷的,而对服务表现的感知直接影响服务质量。因此,提出了 SERVPERF 量表,将服务质量作为一种态度来衡量。只利用一个变量,即服务表现来度量顾客感知服务质量,采用的问项同 SERVQUAL 基本相同。通过实证研究认为该量表优于 SERVQUAL。有人研究了文化背景对期望的影响以及期望在服务质量测量中的作用,认为测量服务质量时不必测量期望,SERVPERF 优于 SERVQUAL。

3) 归因模式

归因模式由维纳(Weiner)首先提出。其后,比特纳(Bitner)对该模式进行了实证研究,从而将归因模式正式引入到服务管理领域。所谓归因是指消费者在遭遇服务结果和其期望不一致时所进行的一种自发的探究原因并调适绩效感知与期望之间关系的心理状态。不同的顾客,其调适的方式不一样,从而他们感知的服务质量也会产生差异。

在维纳之前,许多学者就已经开始注意从心理角度对顾客感知服务质量进行评价。如安德森的认识不和谐理论(Cognitive Dissonance)和戴伊的反差理论(The Contrast Theory)。前者认为,如果顾客能够按照其期望值调整他的感知,那么,期望与企业实际服务之间的感知距离就可以缩减,这种情况有利于营销者。因为顾客会自觉地意识到自己所存在的相对较高的或不太现实的期望,从而理性地调整期望,提升他们对产品的感知,使感知与期望相适应。而反差理论与认识不和谐理论正好相反,认为当顾客感觉到在期望与实际服务之间存在距离时,不是调整而是放大这种差距。如果放大的结果仍然比顾客预期的要好,那么,顾客就会非常满意;如果没有达到顾客的期望,顾客就会非常不满意。在这种情况下,企业必须非常小心,避免做出过度的承诺,以免过度提升顾客的期望值。

在归因理论之后,也有学者极力主张从心理角度对顾客感知服务质量进行度量。例如,同化反差理论(The Assimilations-Contrast Theory)和一般否定理论(Generalized Negativity)。按照同化反差理论的观点,顾客对服务质量的感知存在着所谓的接受区域(Acceptance Zone)和拒绝区域(Rejection Zone)。如果比较后的差异正好落在可接受区域内,那么顾客会倾向于"同化"期望与实际服务;反之,如果正好落在拒绝区域内,那么反差理论就会占据主导地位,顾客就会放大差异。而"一般否定理论"则认为,当顾客的期望值不确定时,就会产生一般性否定现象。不管是正的差异,还是负的差异,都会降低顾客对服务绩效的评价和服务期望。

四、SERVQUAL 模型及其特点

SERVQUAL 为英文"Service Quality"(服务质量)的缩写。SERVQUAL 模型是衡量服务质量的工具,它的五个尺度为有形性、可靠性、响应速度、信任和移情作用。SERVQUAL 将服务质量分为五个层面:有形设施、可靠性、响应性、保障性、情感投入,每一层面又被细分为若干个问题,通过调查问卷的方式,让顾客对每个问题的期望值、实际感受值及最低可接受值进行评分。由其确立的相关 22 个具体因素来说明,然后通过问卷调查、顾客打分和综合计算得出服务质量的分数。模型以差别理论为基础,即顾客对服务质量的期望,与顾客从服务组织实际得到的服务之间的差别,分别用五个尺度评价顾客所接受的不同服务的服务质量。研究表明,SERVQUAL 是一个评价服务质量和用来决定提高服务质量行动的有效工具。

SERVQUAL 的计算公式为:

$$SQ = \sum_{i=1}^{22}(P_i - E_i) \tag{10-1}$$

式中:SQ——感知服务质量;

P_i——第 i 个因素在顾客感受方面的分数;

E_i——第 i 个因素在顾客期望方面的分数($i = 1、2、3、\cdots、n = 22$)。

由式(10-1)获得的 SQ 是在五大属性同等重要条件下的单个顾客的总感知质量,但是在现实生活中顾客对决定服务质量的每个属性的重要性的看法是不同的。因此,通过顾客调查后应确定每个服务质量属性的权重,然后加权平均就得出了更为合理的 Servqual 分数。其公式为:

$$SQ = \sum_{j=1}^{5} w_j \sum_{i=1}^{22} (P_i - E_i) \qquad (10\text{-}2)$$

式中,$i = 1、2、3、\cdots、22$,$j = 1、2、3、4、5$;w_j 为第 j 个属性的权重。

将调查中所有顾客的 Servqual 分数加总再除以顾客数目 m,就得到某企业该项服务产品平均的 Servqual 分数,即

$$\text{Servqual} = \frac{\sum_{i=1}^{m} SQ_i}{m} \qquad (10\text{-}3)$$

SERVQUAL 模型具体内容有两部分构成:第一部分包含 22 个小项目,记录了顾客对特定服务行业中优秀公司的期望。第二部分也包括 22 个项目,它度量消费者对这一行业中特定公司(即被评价的公司)的感受。然后把这两部分中得到的结果进行比较就得到五个维度的每一个"差距分值"。差距越小,服务质量的评价就越高。消费者的感受离期望的距离越大,服务质量的评价越低。相反,差距越大,服务质量的评价就越低。因此 SERVQUAL 是一个包含 44 个项目的量表,它从五个服务质量维度来测量,顾客期望和感受问卷采用 7 分制,7 表示完全同意,1 表示完全不同意。

(1)有形性。包括实际设施、设备以及服务人员的列表等。

其组成项目有:①有现代化的服务设施;②服务设施具有吸引力;③员工有整洁的服装和外套;④公司的设施与他们所提供的服务相匹配。

(2)可靠性。是指可靠、准确地履行服务承诺的能力。

其组成项目有:①公司向顾客承诺的事情都能及时完成;②顾客遇到困难时,能表现出关心并帮助;③公司是可靠的;④能准时地提供所承诺的服务;⑤正确记录相关的服务。

(3)响应性。指帮助顾客并迅速提高服务水平的意愿。

其组成项目有:①不能指望他们告诉顾客提供服务的准时时间;②期望他们提供及时的服务是不现实的;③员工并不总是愿意帮助顾客;④员工因为太忙一直无法立即提供服务,以满足顾客的需求。

(4)保证性。指员工所具有的知识、礼节以及表达出自信与可信的能力。

其组成项目有:①员工是值得信赖的;②在从事交易时,顾客会感到放心;③员工是礼貌的;④员工可以从公司得到适当的支持,以提供更好的服务。

(5)移情性。指关心并为顾客提供个性服务。

其组成项目有:①公司不会针对顾客提供个别的服务;②员工不会给予顾客个别的关心;③不能期望员工了解顾客的需求;④公司没有优先考虑顾客的利益;⑤公司提供的服务时间不能符合所有顾客的需求。

PZB 对于服务品质构面提出了 10 点分析,其为消费者服务品质感受的主要成分是:

(1)可靠性,一致性的绩效、表现,并重视对消费者承诺;

(2)反应性,员工提供服务之意愿和立即性;

(3)胜任性,服务人员是否拥有执行服务专业知识和技巧;

（4）接近性，是指容易接触或联络；
（5）礼貌性，服务人员服务顾客或电话接听，都要能殷勤有礼、尊重、体贴与友善；
（6）沟通性，以消费者能听得懂的语言沟通并且倾听；
（7）信用性，以客户利益为最优先，带给消费者信赖感、信任和诚实感受；
（8）安全性，消费者能免于担心危险、风险式疑惑等状况；
（9）了解性，对顾客需要的了解；
（10）有形性，服务的实体证据以及其他服务设施等。

SERVQUAL模型广泛运用于服务性行业，用以理解目标顾客的服务需求和感知，并为企业提供了一套管理和量度服务质量的方法。在企业内部，用SERVQUAL模型来理解员工对服务质量的感知，从而达到改进服务的目的。

SERVQUAL是建立在服务质量的概念性模型上的，给予五个不同的维度而建立起一套完整的评分系统，根据分值得高低对评价对象的服务质量进行量化的评判。在形式上通过问卷的发放收集顾客对评价对象的感知质量和与其服务质量，最后通过一定的加权计分。

首先，SERVQUAL评价模型的开发者对服务行业的划分方面是"按照服务接触水平将服务分为高接触度服务，中接触度服务和低接触度服务。"这样的划分本身有其局限性，那么基于这种划分方法的SERVQUAL评价模型必然有其局限性，它无法更好的说明在以上划分行业之外或者介于之间的行业的特性。

其次，SERVQUAL评价模型是在五个维度中开展调查分析的，五个维度依次是有形性、可靠性、响应性、保证性、移情性。在面对不同行业时，五个维度的重要性有所不同，存在着权重的赋值以及问卷设计上前后次序的两方面问题，这都影响着SERVQUAL评价模型的运用和正确性。

再者，SERVQUAL评价模型的研究是基于三个行业（电话维修，银行零售和保险业）中的五家公司调查的样本基础上进行的。一方面，其样本容量的有限性导致了SERVQUAL无法把问题说清楚和客观。另一方面，在行业的选择上，电话维修，银行零售业务和保险业三个行业无法全面地反映所有服务行业的共同特点，至少对旅客运输这类质量递减行业的特点没有被表现出来。

最后，就是SERVQUAL评价模型是一种事前研究，即在顾客最终体验服务产品带来利益前就对SERVQUAL的问卷做出了回答。服务产品的特点告诉大家，顾客从消费服务产品中得到的利益往往具有不可感知性，很难被察觉，或要经过一段时间后，消费服务的享用这才能感觉出利益的存在。也就是说，顾客的期望和感知可能在时间上具有很强的间断性，但SERVQUAL评价方法在实际运用中却需要时间上的连续性，以保证研究的顺利开展。

SERVQUAL测量时共有两套量表，一套测量服务期望，一套测量服务感知；在量表中，顾客期望被定义为"Should"，意指"服务应当是什么"；所有问项中共含有9个负面问项；测量取7个值，"7"表示非常满意，"1"则表示非常不满意，中间刻度分别为"很满意""满意""一般""不满意""很不满意"，分值依次递减；测量方法是先度量顾客期望，这种期望主要受自身经历、广告、促销、企业形象和顾客口碑等因素的影响；再度量顾客感知，这是一种体验质量，最后计算两者的差，即为判断服务质量水平的依据。

根据Q值的正负及大小，服务性企业可以判断自身的服务质量水平；Q为正，服务质量高于以往水平或高于一般水平；Q为负，说明提供的服务没有达到顾客的要求，必须尽快改进;Q 趋近于零,意味着企业提供了正常的服务,恰好满足了顾客的需求。再通过对照各指标具体的得分情况,能依据它发现自己服务质量存在问题的原因,即问题究竟在哪一方面,从而改进和提高服务质量。

第二节 汽车服务满意度评价

一、服务满意度测量及特性

1. 服务满意度测量

服务满意度(Customer Satisfaction,CS)是客户对某一产品或服务期望值的总体满意情况的综合反映。著名的营销学大师菲利浦·科特勒认为:服务满意度是一种人的总体感觉的状态,它来源于对产品或服务所设想的预期与实际状态所进行的比较。该种理念的应用,最早产生于美国并已成为世界大企业公司的一种主要经营策略。客户被服务的满意度关系,如图10-1所示。

服务满意度测量公式:

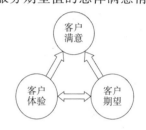

$$CS = \frac{客户体验}{客户期望值} \quad (10-4)$$

图10-1 客户服务满意度关系

若 CS > 1,则客户满意;若 CS = 1,则客户一般满意;若 CS < 1,则客户失望。
即 CS > 1 或 CS = 1,则客户满意,否则服务存在问题,不能让客户满意。

2. 服务满意度特性

服务满意度是评价产品或服务质量的重要手段,服务满意度具有以下基本特性:

(1)主观性。由于服务面向广大人群,服务对象较广、层次差异较大,导致了对服务的满意度感知差异较大,这也就是由于服务对象自身的原因而造成的具有明显的主观性特性的满意度差异。

(2)层次性。随着社会经济的快速发展、社会保障体系的逐步完善,被服务人群的需求也逐渐升级和深化。通常来说,被服务对象的需求有五个层次,即:生存需求、安全需求、社交需求、尊重需求、自我实现需求。在被服务阶段,不同层次的人群会受到其所处层次的影响,提出不同层次的服务标准。因此,不同层次的人群在不同条件下对某种产品或服务的评价不尽相同。

(3)动态性。由于社会多元化的发展,被服务人群的需求也逐渐呈现出服务的种类和档次不断增加的趋势。因此,企业的经营、服务范围也应随之改变。这些最终会导致整个满意的内容及满意程度都会变化,从而导致了满意度的动态性。

服务产品质量评价即为对服务满意度的评价,对服务满意度进行评价的意义是:

(1)客户满意能减少不必要的资本浪费。在为客户服务的过程中,服务人员可逐渐掌握客户的需求和愿望。若能相应调整服务内容与方式,可逐步达到客户的满意度。这样,可节省大量本来用在市场研究方面的时间和财力,避免在新产品开发中的不必要的成本增加。

(2)服务满意度可让企业更具有竞争优势。服务的满意度往往决定了客户的支配意愿。通常,满意度高的客户往往愿意付出较高的费用,并会向自己的同事、亲朋等介绍该企业。从而,使该企业的知名度提高,增强企业的竞争实力。

(3)服务满意度可提高品牌忠诚度。服务的满意度往往决定了客户的品牌忠诚度。其再次购买和推荐他人购买的该产品的概率较大,从而带来客观的重复购买利润。

(4)服务满意度可有效降低交易成本。服务满意度较高的企业,通常可以利用客户的忠诚度,而维系一批老客户,相比发展新客户,可降低50%以上的单笔交易成本。故提高服务满意度,已成为众多公司节约交易成本的主要手段之一。

二、服务满意度理论模型

针对各种满意度理论的观点,将其分为三大类模型。即期望落差模型、利益观点模型和补偿过程模型。

1. 期望落差模型

期望落差模型是最重要的观念模型,主要有以下理论:

(1)同化理论。同化理论是认知失调理论的发展,主要理论观点在于当产品表现与消费者预期产生一定差距时,就会发生认知失调,顾客会相应调整自身对产品的知觉,通过减少这个差距而消除心理的失调状态。

(2)对比理论。基本假设为:当消费者对产品的预期与产品表现有一定差距时,消费者会相应调整他对产品的知觉,夸大这个差距。因此当产品的绩效次于期望时,将使消费者对产品的评价较实际情况更差;相反,产品绩效优于期望时,消费者也将会扩大这个差距。

(3)同化/对比理论。结合同化和对比理论提出同化/对比理论。认为消费者心里对产品预期与产品表现的差距存在一定域,即接受域与拒绝域,当此差距在接受域,消费者会去缩小差距,即同化过程;如果这个差距在拒绝域,就会产生对比效果,消费者会扩大此差距,即对比过程。

(4)一般否认理论。当消费者对产品的预期与产品的表现存在差距时,不管这个差距的大小或是正负,消费者将对该产品一律否定,只有在产品预期与产品绩效一致时,消费者才会满意。

(5)适应水平理论。认为一个人会感受到刺激只能是在相关的适应水平下。这个适应水平包括刺激本身,刺激的内容,以及个人心理和生理特征,这些构成的一个函数,一旦函数被建立了,便以在原始状态附近的刺激的适应水平作为评估的标准。个体要改变其最后的评价,只有在刺激水平的冲击足够大时。将此理论运用到顾客满意的研究上,认为购买前的预期水平、产品(或服务)绩效与此预期水平相对比的差异程度是影响顾客满意的决定因素。而此差异程度即为落,落差存在正向落差(绩效高于预期)和负向落差(绩效低于预期),结果可能是满意或不满意。

2. 利益观点模型

利益观点模型下的理论主要有以下两种:

(1)公平理论。将组织行为学领域的公平理论应用在行销领域上,即参与交易的顾客其投入与所得成合适比例时,会认为得到公平待遇而满意。顾客在消费产品(或服务)的过程中,会将自己从消费经验中所投入的价格,与其他参考群体一一对比,只有当顾客感觉的质量价格比(性价比)相等时,也就是心里感到公平时,才会感到满意。因此,当顾客感受到所得到的服务多于其他交易中的伙伴时,满意度会提升;反之,当其所获得的服务较差时,满意度将降低。

（2）归因理论。一种源自组织行为学领域的理论，后期开始应用到顾客满意度方面。把顾客满意度归结为一系列归因的函数，有归因倾向的顾客满意度较高。即当顾客将所感受到的服务归因于能力或努力时，满意程度较高。

公平和归因两理论是学者近期普遍认同的，除期望、落差以及实际认知之外的影响满意度的两种重要因素。

3．补偿过程模型

补偿过程理论主要在研究当顾客产生不满意时，是否会采取行动及采取何种行动来得到补偿的过程，他间接探讨顾客满意度对购后行为影响的过程。

三、服务满意度评价方法

汽车服务满意度测评是一个多指标综合评价问题。分析多指标综合评价问题主要体现在实施评价的多指标评价体系的建立以及测评方法的选择上。常见的用来测评服务满意度的多指标综合评价方法有：计量经济学测评方法、层次分析方法、模糊综合评判方法、质量功能展开方法和主成分分析法。

（1）计量经济学测评方法。将数量经济学的分析方法与顾客满意理论结合，得到顾客满意度测评的计量经济学模型。该模型实质上是一种多元线性回归模型，通过把顾客满意度测评归结为一个具有多层次、多目标以及多因素影响的复杂决策系统，把影响顾客满意度的多个因素嵌入在一个因果关系经济学模型中，从而对顾客满意总体度进行测评。

（2）层次分析方法。层次分析法是一种多目标评价决策方法，将人的主观判断为主的定性分析定量化，将人们对复杂系统的思维过程数量化，有助于人们保持思维过程的一致性，有利于处理多目标、多准则、多因素以及多层次复杂问题的决策分析。其主要思路是：首先将所要分析的问题层次化，依据问题的性质和所要达到的总体目标，将问题分解为不同影响目标的组成因素，并根据这些因素间的相互影响和隶属关系组合成不同层次，形成一个具有递阶层次的多指标评价体系。其次，建立两两比较的关系矩阵以确定下一层指标相对于上一层指标的隶属度或权重。最后，按隶属关系，从下至上，计算出总目标的评价结果。此方法最初应用在美国国防部的一项的研究课题中，课题是关于如何根据各个工业部门对国家福利的贡献大小而进行电力分配，并取得了显著的效果。

（3）模糊综合评判方法。一种源于运筹学的模糊化处理，是应用模糊关系合成特性，对被评判事物从多个指标、多个因素的隶属等级状况进行综合性评判的方法。首先划分出被评价事物的变化区间，然后分析各因素所属等级程度。该方法有效的弥补了现有方法评价过程主观化、单一化的缺点，评价过程中定性指标向定量指标转化的难题得以解决。

模糊综合评价的数学模型分为一级模型和多级模型两种，前者也称为单层次评价模型。首先把影响总目标的多个因素列出构成一个因素集，即评价指标。与此同时建立评价集，即评价等级。然后实施单因素评价，由评价集对因素集中每一个因素进行模糊判断来确定每个因素在评价集中对各个评价等级的隶属度的大小，以此构成模糊矩阵。而对因素集中每个因素赋予不同的权重，即便构成权重向量，从而得出最终的评判结果。多级模型类似于由多个一级模型组成的。多级评价模型定义为顾客满意度的模糊测评模型。

（4）质量功能展开法。确定关键测评指标（因素），通过影响总体顾客满意度的多个因素对总体顾客满意度的关系度分析实现。利用矩阵图表中的相关矩阵和关系矩阵，对关键测评指标与影响这些指标的主要因素之间的关系以及影响因素之间的关系进行量化分析。质量功能分析过程通过直观形象的质量屋来实现。

（5）主成分分析法。也称为主分量分析，利用降维思想，尽可能将多个指标简化为几个综合指标，且最大限度保持原指标信息的一种统计方法。通过分析影响总体目标的多个因素（指标），得出原始指标的样本方差矩阵，并解出矩阵的特征根和特征向量。几个新变量代替原来的众多因素（指标）按照累计贡献率的大小来提取，使得这些较少的变量尽量能反映原变量的统计特性，并能在新变量之间保持独立性，从而显著控制因素之间相关性的干扰。其中，得到的新变量须是原变量的线性组合。选用主成分的方差贡献率作为各主成分的权重，以此再结合各因子得分，进行综合满意度评价。

第三节　汽车服务质量要素

一、服务质量要素

为了统一对产品质量和服务质量的认识，人们赋予质量以新的内涵。从总体上来说，质量的概念应包含两个方面，即技术质量和功能质量。前者指产品或服务的技术性能，属硬的方面，后者指产品或服务的消费感受，属软的方面。对于产品来说，总体质量主要取决于技术质量；就服务而言，功能质量的重要性远远高过技术质量，即服务质量主要取决于顾客的感受和认识。当顾客觉得企业的服务满足了他的需求时，他会对服务质量评价较高，反之则较低。由于服务比有形产品有着更多难以把握、难以标准化的特征，因此服务质量比产品质量更难管理。

对服务企业而言，质量评估是在服务传递过程中进行。在服务过程中，顾客与服务人员要发生接触。顾客对服务质量的满意可以定义为：将对接受服务的感知与对服务的期望相比较，当感知超出期望时，服务被认为具有特别质量，顾客表示出高兴和惊讶；当没有达到期望时，服务注定是不可接受的。当期望与感知一致时，质量是满意的，如图10-2所示。服务期望受到口碑、个人需要和过去经历的影响。

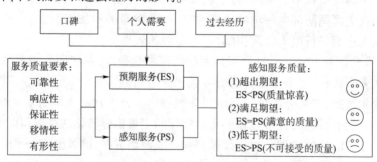

图10-2　服务质量要素

在图10-2中，服务质量要素确定了顾客按相对重要性由高到低，用来判断服务质量的五个基本方面：可靠性、响应性、保证性、移情性和有形性。

（1）可靠性。是指可靠地、准确地履行服务承诺的能力。可靠的服务行动是顾客所希望的，它意味着服务以相同的方式、无差错地准时完成。在每天几乎同一时间收到邮件是大多数人的期望。可靠性延伸至后台办公室，在那里要求准确地开列账单和记录。

(2)响应性。是指帮助顾客并迅速提供服务的愿望让顾客等待,特别是无原因的等待,会对质量感知造成不必要的消极影响。出现服务失败时,迅速解决问题会给质量感知带来积极的影响。

(3)保证性。是指员工所具有的知识、礼节以及表达出自信与可信的能力。保证性包括如下特征:完成服务的能力,对顾客的礼貌和尊敬,与顾客有效地沟通,将顾客最关心的事放在心上的态度。

(4)移情性。是设身处地为顾客着想和对顾客给予特别地关注。移情性有下列特点:接近顾客的能力,敏感性和有效地理解顾客需求。

(5)有形性。是指有形的设施、设备、人员和沟通材料的外表。有形的环境条件是服务人员对顾客更细致地照顾和关心的有形表现。对这方面的评价(如洁净)可延伸至包括其他正在接受服务的顾客的行动(如汽车修理店顾客等待室中喧哗的客人)上。

顾客从这五个方面将预期的汽车服务和实际的汽车服务相比较,最终形成自己对服务质量的判断期望与感知之间的差距是服务质量的量度。

二、服务质量范围

全面观察服务系统对于识别服务质量指标是十分必要的。对于一个服务系统,可以从内容、过程、结构、产出及影响等五个方面考查质量。

(1)内容。主要考察服务系统是否遵循了标准程序。对日常服务而言,标准作业流程已经制定,要求服务者遵守这些既定程序。

(2)过程。主要考查服务中的事件顺序是否恰当。基本的原理是要保持活动的逻辑顺序和对服务资源的协调利用。顾客和服务人员间的交互过程应得以监控,也包括服务人员之间的交互作用和沟通。检查表是常用的测量方法。对于急救服务,如汽车救援,可以通过实战演习来检测团队的工作。通过这些活动,发现和改正协调性和行动顺序上的问题。

(3)结构。检查服务系统的有形设施和组织设计是否充足。不过,有形设施和辅助设备只是结构的部分,人员资格和组织设计也是重要的质量因素。通过与设定的质量标准相比较,可以决定有形设施是否充足。人员雇佣、晋升资格等都要达到标准。反映组织控制质量效果的一个指标是,采用主动的自我评估程序和成员对他们同事工作的了解。

(4)结果。检查服务会导致哪些状况的改变。服务质量的最终测量要反映最终结果。顾客抱怨是反映质量结果的最有效的指标之一。对公共服务而言,通常的假设是:除非抱怨水平开始上升,否则现状就是可以接受的。通过跟踪一些指标(如抱怨数量),就可以监视服务结果质量的变化。

(5)影响。检查服务对顾客的长期影响。值得注意的是,影响必须包括对服务易获性的衡量,迫切需要那些能规划并出色和创新地提供服务的管理者。

三、服务质量提高

1. 服务传递系统设计

质量既不能在产品检查中自动改变也不能以某种方法加入,同样的结论也适用于服务质量管理。服务传递系统可分为结构要素,即传递系统、设施设计、地点和能力规划;也可分为管理要素,即服务接触、质量、能力与需求的管理、信息。这八个要素体现了服务企业的竞争力,其具体内容见表10-1和表10-2。

结构要素内涵表 表 10-1

要素名称	要素内涵
传递系统	前台和后台、自动化、顾客参与
设施设计	规模、美学、布局
地点	顾客的人口统计特征、单一或多个场所、竞争、场所特征
能力规划	管理排队、服务人员数量、平均接待量或最高需求

管理要素内涵表 表 10-2

要素名称	要素内涵
服务接触	服务文化、激励、挑选和培训、员工授权
质量	测评、监督、方法、期望与感知、服务担保
能力和需求的管理	调整需求和控制供给的战略、队伍管理
信息	竞争资源、数据搜集

可以利用系统要素设计服务传递系统。这些要素必须保证提供稳定的服务,实现预期的战略目标。服务概念作为向顾客和员工等沟通的蓝图,表明了预期将提供或得到什么服务。

2. 服务质量管理规划

芬兰著名营销学家格鲁努斯认为,采用优质服务竞争策略的企业应从以下六个方面制定服务质量管理规划。

(1) 服务概念。管理人员应首先确定企业的商业任务,明确本企业应为哪些细分市场服务,应解决顾客的哪些问题。然后,管理人员应根据商业任务,为服务工作确定一系列具体的指导原则。这些指导原则,称为服务概念。

美国哈佛大学教授赫斯凯特提出"战略服务观念"观点。他认为服务性企业管理人员应确定目标细分市场;根据目标细分市场顾客的需要,确定服务概念;制定经营策略,服务概念;设计服务操作体系,支持经营策略。管理人员应根据目标细分市场的需要和市场竞争情况,确定本企业的市场定位。服务概念和经营策略之间的纽带是服务性企业为最大限度地扩大顾客感觉中的服务价值和服务费用之间的差别而采取的各种经营方针和操作程序。经营策略和服务操作体系之间的联系指服务性企业通过经营策略和服务操作体系设计工作,使两者融为一体。所有管理人员,无论他们在企业的组织结构中处于哪一个层次,都应为服务人员树立榜样。服务概念必须是企业内部全体员工普遍同意、普遍接受的。否则,服务人员的行为就不可能一致,管理人员就无法确定工作重点。各个职能部门就不可能加强合作,共同实现企业的目标。

(2) 顾客期望。顾客根据自己的期望与自己感觉中的服务实绩,判断服务质量。优质服务指顾客感觉中的服务实绩符合或超过他们的期望。广告、公关等传统营销活动对顾客的期望会产生极大影响。管理人员必须认真研究本企业是否愿意、是否能够履行自己在市场沟通活动中做出的各种诺言。向顾客做出本企业无法履行的诺言,必然会使顾客不满。因此,在市场沟通活动中管理顾客的期望,是服务性企业质量管理工作的一个不可缺少的环节。

(3) 服务过程和服务结果。面对面服务是服务人员和顾客相互接触、相互交往、相互影响的过程。顾客感觉中的服务质量不仅与服务结果有关,而且与服务过程有关。有些企业采用高新技术,可为顾客提优质服务,但是,服务过程中服务人员的行为和态度往往会对顾客感觉中的整体服务质量产生更大的影响。因此,管理人员不仅应研究本企业应为顾客提供什么服务,更应研究本企业如何为顾客服务。在绝大多数服务性行业中,相互竞争的企业都可使用类似的技术,为顾客提供相同的服务结果。因此,要取得竞争优势,管理人员必须高度重视服务过程质量管理工作。

(4)内部营销。在大多数情况下,顾客感觉中的服务质量是由服务人员和顾客相互交往过程决定的。无论企业的传统营销活动多么有效,如果服务人员不能为顾客提供优质服务,企业的一切营销活动都必然失败。因此,管理人员必须加强内部营销工作,形成以服务文化为核心的企业文化,激励全体员工做好服务工作。

(5)有形环境。管理人员必须根据优质服务的需要,确定服务工作中应使用的设备、技术和服务操作体系,并通过培训工作,使服务人员掌握必要的技能。

(6)顾客参与服务过程业为。在大多数服务性企业中,顾客可以说是"兼职服务人员",服务性企业往往要求顾客完成一部分服务工作任务,要求顾客配合服务人员做好服务工作。可见,服务质量不仅与服务人员有关,而且与顾客的行为和态度有关。要获得优质服务,顾客必须尊重服务人员的劳动,愿意积极参加服务活动,理解自己应完成的工作任务,明确自己在服务工作中的角色要提供优质服务,服务性企业应向顾客提供必要的信息,帮助顾客扮演好"兼职服务人员"角色,并通过一系列鼓励措施(例如较低的售价),激励顾客积极参与服务活动。

在大多数服务性企业里,顾客不仅会与服务人员直接接触,而且会与其他顾客接触。要提高顾客感觉中的服务质量,服务性企业还必须加强顾客消费行为管理,防止某些顾客的行为引起其他顾客的反感。

3.提高服务质量的管理措施

如何使顾客满意是一个永不过时的话题。现在大多数企业领导者已经认识到顾客满意的重要性,并着手实施顾客满意度调研,以探究企业目前的顾客满意状况,找出目前在顾客满意方面存在的问题,以提升本企业的顾客满意水平。

1)确立相关理念

(1)拥有什么样的顾客取决于企业自身。如果顾客总是显得苛刻刁钻,或总是问题不断,又或是抱怨不休,这时企业领导者和员工就需要自我反省。或许有人争辩那是由于顾客本身存在问题,好的顾客必定不会如此吹毛求疵。但是,这实际上并非顾客的错,因为市场营销策略的组合往往是和上门的顾客相对称的。潜在顾客不上门,根源在于市场营销策略的组合对他们来说不合适。

(2)产品与服务应永远超前于顾客预期。产品和服务要永远超前于顾客对它们的预期要求。一方面,应把产品与服务标准提高到顾客预期之上,使顾客不仅仅是满意,而且是由衷地高兴;另一方面,要在顾客预期之前就引入新的服务形式,积极主动地为顾客服务,不仅向顾客提供他们想要的东西,而且要提供连他们自己都没有意识到会喜欢的东西。

(3)鼓励顾客抱怨,并为顾客提供反馈信息的机会。产品与服务的提供者应建立信息反馈机制,并千方百计为顾客提供信息反馈的渠道。通过信息反馈机制,可以解决顾客如何与生产商、销售商进行交流,顾客又用什么途径获取产品及服务信息的问题;可以解决企业内部管理低效、信息传递失真等问题;可以及时了解顾客对企业满意的程度以及对企业的意见;还可以利用这种沟通的方式掌握顾客的相关信息,形成顾客数据库,以针对其特点更好地开展业务。这样就形成一个企业与顾客互动的过程,对提高顾客满意水平促进企业的进步与发展具有重要意义。

企业还应积极鼓励顾客抱怨。没有抱怨并不意味着质量没有问题,也许顾客只是懒得说,或许是没有抱怨的渠道;而更糟糕的可能就是顾客已对企业完全失去了信心。因此,要注意倾听所有顾客的抱怨,在处理顾客抱怨的过程中,尽量从顾客那里了解:为什么产品不能满足顾客的需要,顾客想要什么样的产品。如果能够得到这些信息,就意味着向理解人们的需要和期望迈进了一步。同时,如果处理得当,还可以发展同顾客的关系。曾经抱怨过的顾客,在企业做出努力为其解决问题后,可以转变为一个满意甚至是忠诚的顾客。

2)提高顾客让渡价值

顾客让渡价值是客户与企业交往过程中,客户从企业获得的总价值与客户支付的总成本差值。顾客在购买产品或服务后是否满意,取决于与其期望值相关联的供应品的功效,可以说,满意水平是可感知效果和期望值之间的函数。要提高顾客的满意水平,应从提高产品与服务的可感知效果入手。顾客让渡价值在某种意义上等价于可感知效果。因此顾客在选购商品或服务时,往往从价值与成本两个方面进行考虑,从中选出价值最高、成本最低,即"顾客让渡价值"最大的产品或服务,以之作为优先选购的对象。因此,提高顾客让渡价值是提高顾客满意水平的主要手段。

(1)提高服务价值。产品需要定位,服务同样如此。面对被放大的广告信息淹没的消费者群,服务定位的宗旨是如何使消费者比较容易识别企业的服务产品。定位是一项战略性营销工具。企业可以借此确定自身的市场机会,并且当竞争情况发生变化时能够实行相应的措施。定位可以不经计划自发地随时间而形成,也可以经规划纳入营销战略体系,针对目标市场进行。它的目的是在顾客心目中创造出有别于竞争者的差异化优势。在从注重数量向注重质量转变的消费时代,顾客越来越要求企业提供细致、周到和充满人情味的服务,要求购买与消费的高度满足。所以,高品质的、全方位的服务理所当然地成为企业赢得优势的一大法宝。

(2)提高人员价值。人员价值是指企业员工的经营思想、知识水平、业务能力、工作效益与质量、经营作风、应变能力等所产生的价值。企业员工直接决定着企业为顾客提供的产品与服务的质量,决定着顾客购买总价值的大小。员工的技能、顾客导向和服务精神对于顾客理解企业、购买产品或服务是相当关键的。企业每个员工的态度、精神面貌、服务等都代表着企业的形象,直接或间接地影响着"顾客满意"。

"顾客满意"很大程度上受到一线员工礼节的影响。顾客随时都有可能通过面对面或者电话接触对企业的工作人员提供的服务进行默默地评价。这些一线员工与顾客的真实接触点几乎包含了影响顾客满意度的一切因素。可以说,与顾客的真实接触瞬间是"顾客满意"实现的关键。

(3)提高形象价值。良好的企业形象具有财务价值、市场价值和人力资源价值,因此,必须做好企业形象管理。

①要做好企业形象管理,应当认识到,企业所为和所不为的每一件事都会对其形象产生直接的影响。目前有很多企业领导者认为企业形象就是企业标志系统。事实上,虽然企业标志系统(包括名字、命名体系、象征符号和企业标志色彩)的设计异常重要,但它仅仅是企业的一个映像。企业的真实本质和个性才是企业形象的重点。消费者选择伙伴建立关系时,重视的是质量和本质,而不是华而不实的表面符号。因此,必须创建鲜明的企业个性与

企业文化,依靠实际行动而不是浮艳的文字来展现与竞争对手的差异点。

②企业形象通过服务质量水平、品牌特征和服务交付三个方面表现出来。运用这三个要素营建并保持坚实的顾客关系,关键是在同所有与企业有关的人员的交往过程中表现出一致性。企业行为模式的不一致直接带给顾客对企业形象负面的感受。企业形象绝对无法超过企业最薄弱部分的表现。

③要做好企业形象管理,还需妥善处理危机事件,维护企业形象。良好的企业形象其实是一件脆弱的"物品",容易损坏,且一旦损坏就很难修复。任何企业都难以做到尽善尽美,总会出现这样那样的问题。如果产品质量或服务出现了差错,而企业员工和管理者没有处理好这些问题,就会对企业形象产生不良影响。更严重的是,若被媒体公开,不论孰是孰非、最终结论如何,都有可能对企业的企业形象产生无法弥补的损害。这些损害往往并非来自问题本身,而是源自管理者和员工处理事件的方式。因此,在危及企业形象的事件发生时,一定要妥善处理,尽量缩小影响面,维护企业形象。

(4)降低各种成本。成本应包括货币成本时间成本、精力成本与体力成本。低价高质的产品是赢得顾客的最基本手段。要想赢得市场,就必须严格控制货币成本,对本企业产品或服务的各个环节进行成本控制。设身处地地以顾客的立场来看待成本的高低和价格的可接受度。通过各种有效渠道发布产品信息,减少顾客搜集信息所需的时间,把顾客需求通过网络反馈给企业后,可以在最短的时间内得到企业的答复。尽量缩短维修周期减少配件材料缺货现象,大大减少顾客的时间成本,提高顾客所获得的让渡价值,还可对定点维修单位提供上门接送车服务,以减少顾客的时间成本。建立广泛分布的快修网点,使顾客可以就近报修,为顾客提供"一条龙"服务,最大限度地减少需要顾客完成的工作,减少顾客精力与体力的付出。例如,目前兴起的汽车维修"一站式服务",提供汽车维修、美容、装饰等,让顾客感觉钱花得值得。

第四节　服务蓝图编制及其应用

一、服务蓝图及其构成

1. 服务蓝图释义

顾客希望提供服务的企业全面地了解他们同企业之间的关系,但是服务过程往往是高度分离的,由一系列分散的活动组成。而这些活动又是由无数不同的员工完成的,因此顾客在接受服务过程中很容易"迷失",感到没有人知道他们真正需要的是什么。为了使服务企业了解服务过程的性质,有必要把这个过程的每个部分按步骤地画出流程图来,这就是服务蓝图。但是,由于服务具有无形性,较难进行沟通和说明,这不但使服务质量的评价在很大程度上还依赖于感觉和主观判断,更给服务设计带来了挑战。20世纪80年代,美国学者将工业设计、决策学、后勤学和计算机图形学等学科的有关技术应用到服务设计方面,为服务蓝图法的发展作出了开创性的贡献。

服务蓝图(Service Blueprinting)是详细描画服务系统的图片或地图,服务过程中涉及的不同人员可以理解并客观使用它,而无论他的角色或个人观点如何。服务蓝图直观上同时从几个方面展示服务:描绘服务实施的过程、接待顾客的地点、顾客职员的角色以及服务中的可见要素。它提供了一种把服务合理分块的方法,再逐一描述过程的步骤或任务、执行任务的方法和顾客能够感受到的有形展示。制定蓝图在应用领域和技术上都有广泛的应用，包括后勤工业工程、决策理论和计算机系统分析等。

2. 服务蓝图的构成

服务蓝图包括有形展示、顾客行为、前台员工行为、后台员工行为和支持过程，如图10-3所示。

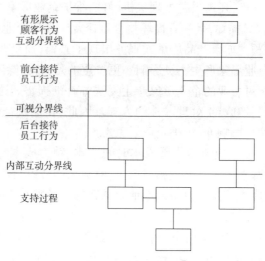

图10-3　服务蓝图构成图

（1）有形展示。由于服务本身是无形的，顾客常在购买之前通过有形线索或者有形展示来对服务进行评价，并在消费过程中以及消费完成后对服务进行评价。

（2）顾客行为。包括顾客在购买、消费和评价服务过程中的步骤、选择、行动和互动。

（3）与顾客行为平行的部分是服务人员行为。顾客能看到的服务人员表现出的行为和步骤是前台员工行为，而有些发生在幕后。支持前台行为的职员行为称作后台员工行为。

（4）支持过程部分。包括内部服务和支持服务人员履行的服务步骤和互动行为。

3. 服务蓝图的要素

服务蓝图包括"结构要素"与"管理要素"两个部分，服务的结构要素，实际上定义了服务传递系统的整体规划，包括服务台的设置、服务能力的规划；服务的管理要素，则明确了服务接触的标准和要求，规定了合理的服务水平、绩效评估指标、服务品质要素等。以此制定符合"顾客导向"的服务传递系统，首先关注识别与理解顾客需求，然后对这种需求做出快速响应。介入服务的每个人、每个环节，都必须把"顾客满意"作为自己"服务到位"的标准。

二、服务蓝图的作用与特点

1. 服务蓝图的作用

服务蓝图的作用主要是：

（1）提供一个全局观点。让职员把服务视为不可分割的整体，并与"我要做什么"关联起来，从而在职员中加强以顾客为导向的重点。

（2）识别职员与顾客之间的互动线阐明了顾客的作用并表示出顾客在何处感受到服务质量的好坏，由此促进被感知服务的设计。

（3）可视线促使有意识地确定出顾客该看到什么及谁与顾客接触，从而促进合理的服务设计。

(4)内部互动线显示出具有互动关系的部门之间的界面,可加强持续不断的质量改进。

(5)通过阐明构成服务的各种要素和关系,促进战略性讨论。若不能从服务整体性的角度提供一个基本立场,参加战略会议的各方就容易过分夸大自己的作用和前景。

(6)为识别并计算成本、收入及向服务各要素的投资提供一个基础。

(7)为外部营销、内部营销构建合理基础。如服务蓝图为广告代理或房地产销售小组提供服务全景,使其易于选择沟通的重要信息。

(8)提供一种由表及里的提高质量的途径。使经理们能够识别出在一线或支持小组中工作的基层职员为提高质量做出的努力,并给以引导和支持。职员工作小组可以设计服务蓝图,从而更明确地应用和交流其对改善服务的经验和建议。

2. 服务蓝图的优缺点

服务蓝图具有直观性强、易于沟通、易于理解的优点,主要表现为以下几个方面:

(1)促使企业全面、深入、准确地了解所提供的服务,有针对性地设计服务过程,更好地满足顾客的需要。

(2)有助于企业建立完善的服务操作程序,明确服务职责,有针对性地开展员工的培训工作。

(3)有助于理解各部门的角色和作用,增进提供服务过程中的协调性。

(4)有利于企业有效地引导顾客参与服务过程并发挥积极作用,明确质量控制活动的重点,使服务提供过程更合理。

(5)有助于识别服务提供过程中的失败点和薄弱环节,改进服务质量。

服务蓝图最大的不足是无法完全描绘服务过程,在细节上不能面面俱到。基于细分市场的变量或特殊服务也不能列出,因此对服务的控制能力有限,主要表现在:

(1)市场细分的一个基本前提是,每个细分部分的需求是不同的,因而对服务或产品的需求也相应变化。假设服务过程因细分市场不同而变化,这时为某位特定的顾客或某类细分顾客开发蓝图将非常有用。在抽象或概念的水平上,各种细分顾客纳入在一幅蓝图中是可能的。但是,在不同的水平层次上,蓝图会很糊不清,无法使蓝图效能最大化。

(2)从顾客角度描绘服务过程,包括描绘顾客在购物、消费和评价服务中执行或经历的选择和行为。如果描绘的过程是内部服务,那么顾客就是参与服务的职员。该步骤要求必须对顾客是谁(有时不是一个小任务)达成共识,如果细分市场以不同方式感受服务,就要为每个不同的细分部分绘制单独的蓝图。通常情况往往是,经理和不在一线工作的人员并不确切了解顾客在经历什么,以及顾客看到的是什么,蓝图所需的服务起点也就无从谈起。

(3)服务蓝图只能在一个静态的场景描绘服务,但对服务的全过程进行系统的跟踪和评估的效果有限。而这需要一个系统的动态的描绘服务的方法,因此蓝图本身无法满足服务设计的所有需要。

(4)服务蓝图只能直观地描绘服务中的可见要素,而对非可见要素,如顾客心理、员工心理、服务手段等无法描绘。

三、服务蓝图绘制及其使用

1. 服务蓝图绘制要求

(1)识别需要制定蓝图的服务过程。蓝图可以在不同水平上进行开发,这需要在出发点上就达成共识。

服务蓝图是在基本的概念水平上建立的,几乎没有什么细节,基于细分市场的变量或特殊服务也没有列出。但也可以开发这样一些蓝图,描述快递业务、互联网辅助服务或储运中心业务。这些蓝图都与概念蓝图具有某些共同的特性,但也各有特色。或者,如果发现"货物分拣"和"装货"部分出现了问题和瓶颈现象,并耽误了顾客收件的时间,针对这两个步骤可以开发更为详细的子过程蓝图。总之,识别需要绘制蓝图的过程,首先要对建立服务蓝图的意图作出分析。

(2)识别顾客(细分顾客)对服务的经历。市场细分的一个基本前提是,每个细分部分的需求是不同的,因而对服务或产品的需求也相应变化。假设服务过程因细分市场不同而变化,这时为某位特定的顾客或某类细分顾客开发蓝图将非常有用。在抽象或概念的水平上,各种细分顾客纳入在一幅蓝图中是可能的。但是,如果需要达到不同水平,开发单独的蓝图就一定要避免含糊不清,并使蓝图效能最大化。

(3)从顾客角度描绘服务过程。该步骤包括描绘顾客在购物、消费和评价服务中执行或经历的选择和行为。如果描绘的过程是内部服务,那么顾客就是参与服务的职员。从顾客的角度识别服务可以避免把注意力集中在对顾客没有影响的过程和步骤上。该步骤要求必须对顾客是谁(有时不是一个小任务)达成共识,有时为确定顾客如何感受服务过程还要进行细致研究。如果细分市场以不同方式感受服务,就要为每个不同的细分部分绘制单独的蓝图。

有时从顾客角度看到的服务起始点并不容易被意识到。在为现有服务开发蓝图时,可以从顾客的视角把服务过程录制或拍摄下来。通常情况往往是,经理和不在一线工作的人并不确切了解顾客在经历什么,以及顾客看到是什么。

(4)描绘前台与后台服务职员的行为。首先画上互动线和可视线,然后从顾客和服务人员的观点出发绘制过程、辨别出前台服务和后台服务。对于现有服务的描绘,可以向一线服务人员询问其行为,以及哪些行为顾客可以看到,哪些行为在幕后发生。

(5)把顾客行为、服务人员行为与支持功能相连。可以画出内部互动线,随后即可识别出服务人员行为与内部支持职能部门的联系。在这一过程中,内部行为对顾客的直接或间接影响方才显现出来。从内部服务过程与顾客关联的角度出发,它会呈现出更大的重要性。

(6)在每个顾客行为步骤加上有形展示。最后在蓝图上添加有形展示,说明顾客看到的东西以及顾客经历中每个步骤所得到的有形物质。包括服务过程的照片、幻灯片或录像在内的形象蓝图在该阶段也非常有用,它能够帮助分析有形物质的影响及其整体战略及服务定位的一致性。

此外,绘制服务蓝图还应注意以下几个问题:

(1)建立服务蓝图不是几个人或某一个职能部门的事,一般需要建立一个开发小组,吸收各方代表的参与,尤其是一线服务人员的积极参与。

(2)对已存在的服务过程,必须按照实际情况建立服务蓝图。

(3)对于不同服务过程需要建立不同的服务蓝图。

(4)在进行服务蓝图设计中,可借助计算机图形技术。

服务蓝图通过对服务流程、顾客行为、服务企业员工行为以及服务接触、服务场景等方面的描述,将复杂、抽象的服务过程简单化、具体化。一个快递的服务蓝图如图10-4所示。

在流程图内加入可视线及互动线,区分出顾客看得到的部分(高度接触)及看不到的部分(低度或未接触)。可视线以上部分是前台,顾客可以得到服务的有形证据;可视线以下部分是后台,顾客却看不到。服务传递过程中高参与和低参与的部分在实体上是自然分开的,但它们通过沟通进行联系。这种划分强调了可视线以上部分的重要性,因为正是在这里顾客形成他们对公司服务效果的感知。

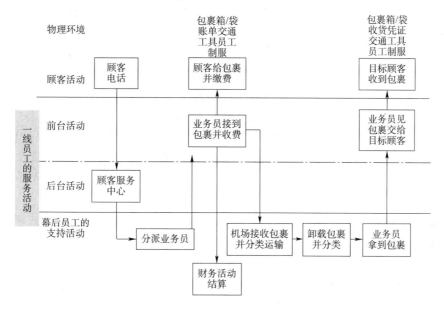

图 10-4　包裹快递服务流程图

由于服务过程是一系列员工与顾客的交互活动组成的,它是生产过程与消费过程的统一体,因此服务过程具有许多有别于生产过程的特殊性。服务的过程需由员工、顾客以及资源的共同配合才得以完成,因此,使员工与顾客了解服务的流程以及自己在此过程中承担的角色是非常重要的。服务企业中的员工可以分为两种类型:一种是直接为顾客服务的员工,称为"一线员工";另一种就是为一线员工服务的员工,称为"幕后员工"。顾客评价服务的质量主要取决于一线员工的服务过程,当然一线员工的服务质量离不开幕后员工的支持。

其次,设计服务流程的一个关键是确认顾客在服务生产中所需扮演的角色及参与服务的程度;同时,在服务的传递过程中,顾客也应该被教导需要扮演什么样的角色。而服务设计的关键成功因素就是要能被使用者认定为是有利于顾客的。因此,不能再以企业的作业管理系统及其限制来设计服务系统,而是要以顾客的需要和期望来设计。

另外,从流程中可见,服务场景也将影响顾客的服务体验和员工的行为。例如,在理发店理发时,椅子是否舒适直接影响顾客的服务感知;服务环境中的灯光、音乐、设施的摆放、桌椅的舒适程度都会对长时间工作于其中的职员的情绪产生影响,而员工的情绪又会直接影响服务的质量。基于以上分析,顾客活动、一线员工的活动,以及服务场景构成可视线以上部分,是服务设计的重要构成因素。

2. 服务蓝图绘制时的问题

绘制服务蓝图时经常遇到的问题是:

(1)绘制什么服务过程。绘制什么过程依赖于组织或团队的目标,如果目标未被准确定义,识别过程将非常艰难。需要提出的问题有:为何要绘制服务蓝图?目标是什么?服务过程的起点和终点在哪里?是关注整个服务、服务的某个组成部分还是服务的一段时间?

(2)能把多个细分市场绘制在一张蓝图上吗?一般来说该问题的答案是"不"。设想各个细分市场具有不同的服务过程或服务特征,则两个不同细分市场的蓝图会大不一样。只有在一个非常高的水平上(有时称为概念蓝图)才可能同时绘出不同细分市场的蓝图。

(3)谁来绘制蓝图。蓝图是团队工作的结果,不能在开发阶段指定个人来做这一工作。所有有关的方面都要参与开发工作或者派出代表,包括组织内各职能部门的职员(营销、运营、人力资源、设备设计部门),有时也有顾客。

(4)描绘现实的服务过程蓝图还是期望的服务过程蓝图。如果正在设计一项新服务,显然从绘制期望的服务过程开始极为重要。但是在进行服务改进或服务再设计时,首先从绘制现实服务过程入手非常重要(至少在一个概念水平上绘制)。一旦小组了解到服务实际如何进行,修改和使用蓝图即可成为改变和改进服务的基础。

(5)蓝图应包括例外或补救过程吗?如果例外事件不多,可以在蓝图上描绘比较简单、经常发生的例外补救过程。但是这样会使蓝图变得复杂、易于混淆或不易阅读。一个经常采用的、更好的战略是在蓝图上显示基本失误点,有必要时,为服务补救过程开发新的子蓝图。

(6)细节的水平应该如何。该问题的答案也依赖于最初开发蓝图的目的或意图。如果目的大体在于表达总服务的性质,那么,概念蓝图不需要太多细节。如果蓝图要用于诊断和改进服务过程,那就要更加详细些。由于有些人比别人更加重视细节,该问题经常被提出,需要蓝图开发团队给予解决。

(7)应使用什么符号。在这一点上,还没有公司通用或认可的蓝图符号词汇。最重要的是符号要有明确定义、使用简便。如果蓝图要在组织内部共同使用,这些符号更应是团队内和组织各部门间常用的才行。

(8)蓝图要包括时间和费用吗?蓝图的用途很广泛。如果蓝图的使用目的是减少服务过程中不同的时间,时间就一定要被包括进来,对费用开销或其他与该目的有关的问题也一样。但是并不提倡把这些东西加入蓝图,除非它们是中心问题。

3.服务蓝图的使用

根据不同的意图,服务蓝图可以用不同的方法阅读。如果意图是了解顾客对过程的观点,可以从左到右阅读,跟踪顾客行为部分的事件。随之而来会提出这样的问题:

顾客是怎样使服务产生的?

顾客有什么选择?

顾客是被高度涉入服务之中,还是只需要其做出少数行为?

从顾客角度看,什么是服务的有形展示?

这与组织的战略和定位始终一致吗?

如果意图在于了解服务员工的角色,也可以水平阅读蓝图,但要集中在可视线上下的行为上。有关问题会是:

过程合理、有效率、有效果吗?

谁与顾客打交道,且何时进行,频率如何?

一位职员对顾客负责到底还是顾客会从一位职员转到下一位职员?

如果意图在于了解服务过程不同因素的结合,或者识别某一员工在大背景下的位置,服务蓝图可以纵向分析。这时就会清楚什么任务、哪些员工在服务中起关键作用,还会看到组织深处的内部行为与一线服务效果之间的关联。有关问题是:

为支持顾客互动的重要环节,在幕后要做什么事?
什么是相关的支持行为?
整个过程从一位职员到另一位职员是如何发生的?

第五节 感知蓝图模型及服务质量控制

一、感知蓝图模型概述

感知蓝图模型是一种改善服务质量的方法和工具,它有助于服务性企业提高自身的服务质量和服务竞争力。

感知蓝图是西方学者在研究英国路边旅馆行业的服务质量时提出的一种方法,能够使服务性企业所有的员工都能参与到对服务质量的诊断和改进中。在感知蓝图的基础上,提出了感知蓝图模型。感知蓝图模型是在整合服务蓝图、服务质量差距模型和系统论的思想的基础上提出的。其中,服务蓝图和服务质量差距模型都是改善服务质量的方法,在服务领域都具有普遍的适用性,能更加针对服务的特征,即无形性、同步性、差异性和易逝性。因而。尽管感知蓝图模型的提出源于路边旅馆行业,但它也适用于其他的服务行业。

二、感知蓝图模型改进

1993年,Randall在研究英国的国家健康服务(NHS)医院周围旅店的全面质量管理时,对感知蓝图模型进行了改进。改进后的感知蓝图模型,把改善服务质量的过程清晰地分成了绘图阶段、调查阶段和分析阶段,如图10-5所示。服务性企业可以通过绘图阶段确认服务,通过调查阶段评估服务,通过分析阶段找出服务的质量问题。

(1)绘图阶段。目的在于产生一个包括顾客体验服务所经历的主要活动和流程的综合视图,并通过描绘服务传递过程、顾客和员工的角色以及服务的有形元素来展示服务。

服务性企业在这一阶段需要通过以个别访谈或焦点小组访谈的方式,分别从顾客和服务人员那里获得他们接受和传递服务的活动信息,通过顾客和服务人员这两个信息源来确认他们从顾客进入服务传递系统开始到消费服务结束后离去之间的所有活动以及他们的感受。由于在很多情况下,对于服务而言,顾客常常是一个合作生产者,顾客和服务人员的活动往往是交互的,这样,就需要将顾客活动图和服务人员活动图合并成一张合并

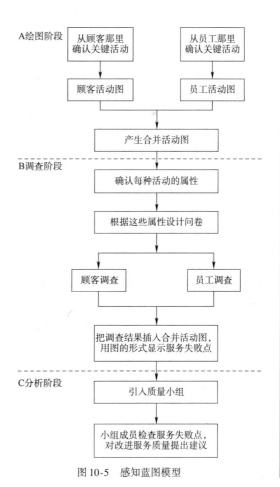

图10-5 感知蓝图模型

活动图(combined activity map),如图10-6所示。

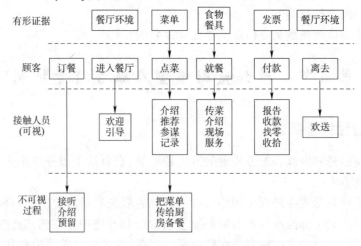

图 10-6　合并活动图

图 10-6 给出的是酒店行业的一张合并活动图。由于不同酒店有着不同的规模、档次和服务流程,因而不同酒店的合并活动图会有所不同。有的很复杂,而有的则相对比较简单。在这一阶段,之所以让服务人员也提供信息是基于两点原因:一是可以确认顾客感知和服务人员感知的相似之处,这些相似之处以后将从顾客和服务人员这两个信息源那里得到证实;二是可以确认顾客感知和服务人员感知的不同之处,这些不同之处显示了服务人员对顾客活动缺乏认知的领域。

(2)调查阶段。一旦绘制出了服务的合并活动图,服务性企业就可以通过分析和顾客以及服务人员的访谈来确定每种服务的属性。这些属性是顾客评价相应服务活动服务质量的考虑因素。例如,表 10-3 列出了酒店行业顾客就餐活动时可能的服务属性。

顾客就餐时服务属性表　　　　　　　　　　　　　　　　　　　表 10-3

活动	就餐							
属性	食物卫生	食物味道	食物营养	食物色泽	食物数量	人员服务	有形环境	就餐氛围

由于绘制服务合并图的过程需要顾客和服务人员对整个有序的服务过程进行全面的回忆与确认,因而,由此确定的关于服务活动的属性可以综合全面地描述服务质量。服务性企业根据这些属性来设计调查问卷,然后分别对顾客和服务人员进行调查。

由于需要调查的内容大多是顾客和服务人员对服务活动相应属性的一种态度,属于主观特性的范围,因而问句可以采用诸如改进的利克特量表、语意差别量表等量表形式。例如,调查顾客就餐时食物的属性时可以采用下面的语意差别量表,见表 10-4。

食物属性的语意差别量表　　　　　　　　　　　　　　　　　　表 10-4

请您给出对本酒店食物的印象			
评价选项	评价结果选择(打√)		评价选项
卫生	√	*	—	不卫生
味道差	—	*	√	味道好
营养丰富	√	*	—	缺乏营养
菜量太少	√	*	—	菜量很足
色泽诱人	√	*	—	色泽不悦

通过对顾客的调查,服务性企业可知道顾客在这些属性上的期望与实际感知,通过对服务人员的调查,服务性企业可以知道服务人员对这些服务活动属性的理解是否和顾客的理解相一致。那些顾客的实际感知没有达到顾客的期望的属性就是服务失败点,服务性企业需要把这些服务失败点绘入服务的合并活动图中,这些服务失败点是服务性企业改进服务质量的关键点,那些和顾客对属性的理解不一致的服务人员也将成为服务性企业重点帮助的对象。

(3)分析阶段。服务性企业需要首先让服务人员参与到分析服务传递系统、确定服务失败点、确定服务质量改进方法的过程中来。这样做的原因有两个:一是由于服务人员直接接触顾客,因而比不直接接触顾客的服务管理人员更容易理解并找到服务失败的真正原因;二是由于服务质量改进的措施和目标需要服务人员去执行和完成,而他们的参与可以使他们更加全面深入地认识服务失败点、服务改进的必要性以及改进的方法和目标,进而在实际的执行过程中更有效地进行服务改进,保证服务质量的优质和一致的传递。

服务性企业需要让服务人员组成质量小组,分析服务的合并活动图和问卷调查结果,找出服务失败点,提出服务改进的建议。为了更好地确定和实施服务改进的方法和目标,服务管理人员还需与质量小组有一个连续互动的过程。质量小组提出的有些建议可能由于技术上无法实现或者成本过高等原因而难以实施,在此情况下,服务管理人员在首先向质量小组成员的努力和付出表示感谢的前提下,应向质量小组解释为什么这些建议无法实施,并可提出一些替代方案,在这种互动的过程中使服务改进的方法和目标更趋合理。

三、基于感知蓝图模型改善服务质量的机理

感知蓝图模型整合了服务蓝图、服务质量差距模型和系统论的思想,因而可以通过感知蓝图模型和服务蓝图以及服务质量差距模型的对比分析深刻认识其改善服务质量的机理,厘清它的优点以及相应的不足之处,明晰在运用感知蓝图模型改善服务质量的过程中如何充分发挥其优势,弥补其缺陷。

1. 感知蓝图模型和服务蓝图的对比分析

服务蓝图是一种把服务过程可视化的一种方法,是一张精确地描绘服务系统的图,它可以使提供服务的不同人员无论他们的角色和个人观点如何都可以客观地理解和对待服务。作为一种改善服务质量的工具,服务蓝图在服务领域得到了广泛的利用和发展,服务蓝图也因具体应用目的的不同而被做了不同的改进,实际上,感知蓝图模型借鉴了服务蓝图的思想。

服务蓝图可以被看成是一张两维的服务过程图,横轴表示顾客和服务人员在服务过程中按照时间顺序排列的活动;纵轴把这些活动划分成了不同的领域,这些不同的领域由不同的线来区隔。传统的服务蓝图把顾客和服务人员的活动分成四种,按照在纵轴上由上至下的排列分别是顾客活动、前台员工活动、后台员工活动和支持活动;这四种活动被三条分界线所区隔,这三条分界线由上至下分别是外部互动分界线、可视分界线和内部互动分界线。当然,完整的服务蓝图还包括服务的有形证据。这些有形证据在顾客活动的上方列出,表示在此时展现在顾客眼中的有形环境和有形物。

传统的服务蓝图由八个构成要素组成,对比服务蓝图和感知蓝图模型可以发现两者的区别和联系。服务蓝图只是一张描绘服务过程的图,尽管它清晰地从整体上描绘了顾客的

经历、前台和后台的服务行为以及后勤的支持活动,但它并没有给出一个服务性企业如何更有效地运用这张图来提高服务质量的方法和机制。而感知蓝图模型则对这种方法和机制进行了描述,这也是感知蓝图模型最大的长处所在。

感知蓝图模型是在服务蓝图的基础上发展起来的一种工具。把合并活动图和服务蓝图进行对比可以发现,感知蓝图模型中的合并活动图是借鉴服务蓝图而来,但在给出的合并活动图中并没有显示服务蓝图中的后勤支持活动。和服务蓝图相比,合并活动图是由传统服务蓝图的八个构成要素中的六个组成的,缺少的两个要素是内部互动分界线和支持活动。显然,从这个角度讲,服务蓝图更全面地描述了整个服务运营系统,而合并活动图则强调了服务的传递过程。

感知蓝图模型注重的是服务传递过程中服务失败点的有效寻找以及新的服务标准的有效制定和执行,它并没有把后勤支持活动纳入自己的视线,这可以说是感知蓝图模型不足的地方。因为,服务系统的服务优质传递依赖于服务系统中所有的构成要素,忽略了其中任何一个部分都会对服务的优质传递产生负面的影响。当然,这并不意味着这点缺陷在运用感知蓝图模型时不可弥补。

服务性企业可以在分析阶段组成质量小组时,把后勤人员也纳入质量小组中,让他们参与到对服务传递过程的分析中来。通过这种参与,后勤人员可以充分了解服务传递的过程以及在服务传递过程中服务失败产生的原因和相应的改善方法。这样就可以充分理解自己如何有效地支持前台和后台的服务活动,通过优质的后勤服务提高整个服务传递系统的质量。服务性企业在运用感知蓝图模型时应有意识地注重这一点,以便使运用感知蓝图模型的效果更好。

2. 感知蓝图模型和服务质量差距模型的对比分析

服务质量差距模型可以用公式表示为:

$$Gap = Gap1 + Gap2 + Gap3 + Gap4 \tag{10-5}$$

式中:Gap——顾客对服务的期望与顾客对服务的感知之间的差距;

Gap1——服务性企业管理人员的认知与顾客的期望之间的差距;

Gap2——服务性企业管理人员对顾客的认知与其制定的服务标准之间的差距;

Gap3——服务标准与服务传递之间的差距;

Gap4——服务传递与服务性企业外部传播之间的差距。

根据芬兰学者格鲁诺斯的观点,服务质量属于顾客的主观范畴,是一种感知质量。而感知服务质量是顾客对服务的感知与其对服务的期望之间的比较。因而,顾客对服务的期望与顾客对服务的感知之间的差距即代表了服务质量。改善服务质量就是要在顾客对服务的期望低于顾客对服务的感知的情况下缩小这个差距。根据服务质量差距模型,代表着服务质量的 Gap 是由四种差距之和组成的,要想改善服务质量,应该缩小这四种差距。

依据服务质量差距模型来改善服务质量的思维逻辑是这样的:要想改善服务质量,应保证服务的优质和一致的传递。服务性企业管理人员应对顾客的期望有一个准确的认知,这是服务质量能否得以改善的决定性条件。服务性企业管理人员根据这个认知,制定出符合顾客期望的服务标准,并保证服务的传递和服务标准的一致性。同时,服务性企业对外宣传也必须和传递的服务相一致。如果服务性企业在这四个方面都有出色的表现,那么顾客对服务的感知将与其对服务的期望相一致,顾客得到的是令其满意的服务。当顾客对服务的感知低于其对服务的期望时,服务性企业可以分别对 Gap1、Gap2、Gap3 和 Gap4 进行分析,找到影响服务质量的原因,并采取相应的策略,缩小这些差距,改善服务质量。对比感知蓝图模型和服务质量差距模型可以发现,感知蓝图模型有两个优点:

第一,和服务质量差距模型相比,感知蓝图模型采取的是一种自下而上的管理模式,而服务质量差距模型采取的则是一种自上而下的管理模式。根据感知蓝图模型,服务性企业在绘图阶段和调查阶段分别从顾客和服务人员那里获得信息,了解他们对服务的认知;在分析阶段,由服务人员组成的质量小组会分析服务中的失败点,提出改进措施,制定新的服务标准。由于新的服务标准由接触顾客、最了解顾客的服务人员提出,因而这些新的服务标准必然更能满足顾客的期望,服务人员也更可能保证这些新的服务标准的优质和一致的传递。即使有时由于技术或成本等原因,服务性企业管理人员对这些服务标准进行了调整,最后的新服务标准仍然是管理人员和服务人员共同探讨的结果。在这种情况下,服务人员同样会对新制定的服务标准有一个非常好的理解,因而服务传递与服务标准更易趋于一致。

第二,感知蓝图模型的另一个优点在于它强调了对服务活动的全面对比分析,而服务质量差距模型中没有涉及服务的整个过程。服务的过程性是服务和实体产品的本质区别之一,服务过程是由许多服务活动组成的,这些服务活动彼此协调整合构成了完整的服务。显然,缺乏对服务活动的整体分析是服务质量差距模型的一个缺陷,感知蓝图模型有效地弥补了这一缺陷。

当然,感知蓝图模型和服务质量差距模型相比也有一个局限性。在服务质量差距模型中,服务传递与服务性企业的外部宣传之间的差距也是造成顾客对服务的感知和顾客对服务的期望不一致的原因之一,过度的宣传和承诺会导致顾客期望的提高,作为顾客感知和顾客期望之差的服务质量此时会降低。因而,企业的外部宣传应与服务传递保持一致,这样才能保证服务质量的优质性。感知蓝图模型中没能反映出这一点,这也是在运用感知蓝图模型改善服务质量时应注意完善的地方。

3. 运用感知蓝图模型提升服务性企业的竞争力

在激烈的市场竞争中获得持续的竞争优势是包括服务性企业在内的所有企业永恒追求的目标,服务性企业通过运用感知蓝图模型不仅可以改善服务质量,而且还可以从其他多个角度提升自己的竞争力。

1) 确定服务定位

服务性企业的服务定位是指服务性企业通过服务创新、服务设计和服务宣传等手段为自己在市场上树立鲜明的个性形象,在顾客心中占据一个独特的位置。服务定位的实质是差异化或特色化战略,在激烈竞争的服务行业中,有效的服务定位是服务性企业最重要的营销战略之一。根据认识导向理论,消费者把每种服务都视为包含着他所寻找的利益或满足的一组属性。服务的属性可能是明显性属性、重要性属性或决定性属性。其中,明显性属性是指消费者马上会想起的那些属性,重要性属性是指消费者在购买过程中认为很重要的属性,而决定性属性则是指使消费者作出购买决策的属性。

由于服务的决定性属性影响着消费者的实际购买行为,因而它常常会成为服务性企业的服务定位。为此,服务性企业必须对之进行有效的确认和管理。决定性属性通常是明显性属性,但在顾客的期望是模糊的情况下,它又不是明显性属性。决定性属性通常也是重要性属性,但并不一定是最重要属性。因为对于消费者认为影响其购买的最重要服务属性,所有的竞争性企业都会十分重视并努力提高其在这种属性方面的服务水平。其结果就是所有的竞争性企业在这一属性上表现相当,消费者在这种情况下难以依据不同服务性企业在这一属性上的表现决定是否购买。

决定性属性常常是那些服务性企业区别于竞争对手,且会直接影响消费者购买行为的属性。这种属性有时很容易识别和确定,而当这种属性具有不明显性时,服务性企业对这属性的识别和确定就不是一件容易的事情,甚至有时服务性企业都没有意识到应该知道顾客为什么购买自己企业的服务。在这种情况下,感知蓝图模型可以帮助服务性企业完成这一使命。在调查阶段,通过有意识地设计问卷并询问顾客,服务性企业可以了解顾客对所有服务活动所有属性的重视程度,以及在这些属性上自己和竞争对手的区别。那些顾客重视的、且自己优于竞争对手的服务属性往往是决定性属性,服务性企业可以在顾客的回忆和仔细辨析的过程中对之加以确认。知道了这些决定性属性,服务性企业就可以有意识地加强自己在这些属性上的表现,在市场上树立自己鲜明的个性形象。同时,判别决定性属性中竞争对手最难模仿或超越的属性,以此作为自己的服务定位,加强宣传,以求在顾客心中牢牢占据相应的位置,保持优势,赢得顾客的忠诚。

2)搞好内部营销

根据 Heskett 的服务利润链的思想和逻辑,服务性企业的竞争优势(即利润率)是由顾客的忠诚性决定。顾客的忠诚源于顾客的满意,顾客的满意源于服务性企业提供的服务价值。这个服务价值源于服务人员的素质和努力程度,而服务人员的素质和努力程度又源于服务人员对服务工作的满意度。由以上逻辑可知,服务性企业服务人员的满意决定了顾客的满意,进而决定了服务性企业的竞争能力。因此,有效地教育和激励服务人员、使服务人员满意是服务性企业能否获得持续竞争优势的关键因素。内部营销的管理哲学思想是将企业的服务人员视为企业的内部顾客,服务性企业应该为服务人员提供良好的内部服务,满足他们的需要。当然,内部顾客的需要也有多方面。其中,一个重要的需要就是服务人员作为人得到尊重和发展的需要。感知蓝图模型建立的机制使得服务人员也能参与企业的管理和决策,这显然增强了服务人员的主人翁意识,体现了"以人为本"的思想。服务人员作为人的自我发展的需要得到了满足和尊重,这有助于调动服务人员的内在动力,激励他们自觉努力地为企业工作。在运用感知蓝图模型的过程中,服务性企业的管理人员应有意识地在与服务人员的互动过程中培育他们的主人翁意识和对企业的感情,帮助他们提高服务技巧,找到一种工作的乐趣,使他们能够热爱自己的企业,热爱自己的服务工作。

3)建立学习机制

研究表明,一个企业的学习能力如何会对这个企业的竞争能力产生重要的影响。如何把企业打造成学习型组织已经成为当前企业界的一个热门话题。服务性企业在运用感知蓝图模型改善服务质量的过程中可以使自己的企业建立起一种学习机制。

通过分析合并活动图,服务性企业管理人员可以清楚地知道顾客和服务人员对服务活动有着怎样的理解,他们的理解是否存在差异;通过设计问卷和对顾客的调查,管理人员可以知道顾客对服务质量的期望和其实际感知的差距,进而找到服务失败点;通过对员工的调查,管理人员可以知道服务人员对服务的理解和顾客的理解是否一致;服务人员组成的质量小组是一种团队学习,对感知服务蓝图的学习过程是每个服务人员对整个服务传递过程的系统思考,可以避免"见树不见林"的错误;在团队学习的过程中,服务管理人员与服务人员的互动则让服务管理人员更好地理解一线服务人员的想法。也让一线服务人员更好地了解服务性企业。显然,运用感知蓝图模型的过程是服务性企业所有人员的一个学习过程。服务性企业可以在运用感知蓝图模型的过程中有意识地打造一种高效的学习机制,造就出一个有竞争力的学习型组织。

4. 建立以顾客为导向的服务文化

文化力是企业核心竞争力的本源,以顾客为导向的服务文化是服务性企业在激烈的市场竞争中赢得持续竞争优势的源泉。企业文化是企业在长期的经营活动中形成的一种价值观、经营哲学、行为准则和习惯,以顾客为导向的服务文化要求服务性企业树立以顾客为中心的思维习惯,并把这种思维习惯贯彻于行动之中。感知蓝图模型中体现的正是这种以顾客为导向的服务文化。

在运用感知蓝图模型的过程中,通过和顾客的交流,服务性企业管理人员可以充分地倾听顾客的声音,了解和认识顾客的活动、对服务的期望以及在服务体验过程中的感受;通过对服务人员的调查、质量小组中服务人员之间的交流以及管理人员和服务人员之间的互动沟通,服务性企业可以让服务人员知道他们对服务的理解和顾客的理解之间的差距,经过交流、分析和讨论,寻找到改进的措施,缩小差距改善服务质量。

感知蓝图模型的应用本身就代表了服务性企业管理人员以顾客为导向的思维取向,一种倒金字塔组织结构思想的体现。而在感知蓝图模型的应用过程中,服务人员以顾客为导向,以顾客价值最大化为最高准则的思维意识得到了良好的培育和强化。在长期的执行和实践中。这种思维意识会逐渐变成思维和行为上的习惯。这就形成了一种以顾客为导向的服务文化。服务企业应深刻洞察以顾客为导向的服务文化的价值和产生机制。在应用感知蓝图模型的过程中让以顾客为导向的服务文化融入企业所有员工的血液.成为一种赢得持续竞争优势的强有力的武器。

四、感知蓝图模型应用案例分析

应用感知蓝图模型对图书馆服务工作进行分析:

(1)确定服务定位。明确服务责任服务接触点是读者对服务感知的基础环节,因此服务接触点的识别对于图书馆发现不足、改进服务流程、提高服务质量有重要的作用。

首先,如果确定了服务接触点,那么可以从读者感知的角度出发,明确读者差距;而对服务过程进行分析,可明确服务过程的缺点和不足。其次,可以将服务过程进行划分,把具体环节落实到具体的人或设备,有利于明确责任。再次,图书馆管理人员根据质量分析结果,优化服务资源配置,改进服务质量。感知蓝图模型使服务接触点可视化,准确有效的合并活动图。来源于读者需求活动调查和馆员服务工作调查,合并活动图清晰地展示了读者和馆员的接触点;调查分析阶段揭示了每种服务活动的服务属性的失败点,图书馆如果对这些服务接触点精心设计,可从细节和全局上看到提高图书馆服务质量的着手点。那么,可以通过这些接触点来提高服务质量,并通过一线馆员来展现图书馆以读者为导向的服务文化。

(2)建立学习机制。服务是没有止境的,没有完美的服务,只有更好的服务,因此服务质量的提高是服务工作永远的主题。服务质量的提高,与服务人员素质的提高是紧密联系在一起的。感知蓝图模型虽然并未将蓝图模型的支持活动纳入合并活动图,但是这并不意味着整个模型与支持活动无关。感知蓝图模型将馆员培训纳入整个体系。在绘图阶段和调查阶段都可以看到图书馆管理人员对读者和馆员进行问卷调查；比较两者的感知差距，从而使馆管理人员能够清晰地了解和更好地理解一线馆员的想法。那么通过学习机制，使一线馆员能更好地理解图书馆对读者的服务。培训体系实际上完善了图书馆服务的支持活动。

五、服务质量控制要点

为了成功地实施服务战略，有效地开展服务营销活动，给顾客提供优质而满意的服务，应对所有的顾客服务活动进行全面系统的安排和有效的管理。为此，必须做好以下几方面的工作。

1. 设计好服务流程和操作规范

1）找准目标顾客，探求顾客期望

为了从顾客角度来安排企业的服务活动，保证在服务的每一环节、每一步骤都能增加顾客享受和体验服务时的价值，企业必须充分识别顾客的需求特征，这是成功进行服务营销的前提。为更好地集中企业的营销资源服务目标市场，首先要进行市场分析，找准顾客，要寻找出对企业有价值、能让企业盈利的顾客；然后要站在顾客的立场上，使用最直接深入顾客内心的方法，找出顾客对企业提供服务的期望，以准确地选择服务的具体内容和重点对象，设计出满足目标市场需求和欲望的服务。

2）站在顾客角度，设计服务流程

与有形产品相比较，服务是一项活动，是一系列的过程。因此，服务产品或顾客服务的全部营销活动集中表现在服务流程和各个环节上。要使各个环节都能有条不紊地进行，不出差错或少出差错，就必须对服务流程进行精心设计。

企业在进行服务流程设计时，可以采用制定服务蓝图的方法。服务蓝图是一种准确地描述服务体系的工具，它借助于流程图，将服务提供过程、员工和顾客的角色以及服务的有形证据直观地展示出来。经过服务蓝图的描述，服务被合理地分解成服务的提供步骤、任务和方法，使服务提供过程中所涉及的人都能客观地理解和处理它。它提供一个全局的观点，让员工把服务视为一个不可分割的系统，并与"我要做什么"关联起来，从而在员工中加强以顾客为导向的意识和团队合作精神。

在服务流程各环节的设计中，企业要站在顾客的角度，考虑顾客的参与程度、需要偏好和特点；为提高服务质量，要制定服务的标准规范。但针对顾客个性化需求，需要服务提供者灵活掌握和变通运用；为提高服务效率，企业要保持精干的组织结构、科学的分权管理，让下属承担更多的职责，相对独立地完成他们的任务，让接近顾客的员工作出决策。

3）把握住关键时刻，提高服务质量

"关键时刻"是一个重要的服务管理学术语，是顾客对于服务投入大量情感投资时与服务提供人员进行的简短互动时刻。顾客服务并不是一个连续不断的真实景象，而是由众多"关键时刻"的真实感觉组成。"关键时刻"存在于顾客购买的时刻、服务台咨询的时刻、顾客抱怨的时刻，存在于任何与顾客打交道的时刻。大多数人凭借这种"关键时刻"的感受来评价一个企业的服务水平和服务质量，企业文化、企业形象、企业信誉也在许许多多的关键时刻中形成和显现。

要把握住关键时刻,企业首先要在服务流程中注意对服务接触点的设计,建立关键时刻的服务标准;其次,在与顾客接触的"关键时刻",把握好一线员工的言行。员工要进行沟通技巧的培训,使员工能通过有效的沟通和互动;了解顾客对于服务的期望,也要进行解决问题技巧的培训,提高员工综合应变和现场处理问题的能力;再次,要对一线员工充分授权,并在企业内部建立跨部门的合作机制,减少顾客与解决顾客问题的员工之间的层级,促使企业对顾客需求和顾客问题作出迅速反应。

4)处理好顾客投诉,变不满意为满意

每个重视服务的企业都愿为顾客满意做出积极努力,但对于任何一个企业来说,服务过程的完美无缺是一种理想的境界。研究表明,大约有25%的顾客会产生不同程度的不满意,这时企业要鼓励不满意的顾客积极向公司投诉,进行服务补救,最终变顾客不满意为满意。如果顾客不满意却又不告诉企业,可能会直接转向企业的竞争对手,并传播对企业不利的信息,严重影响企业的形象和口碑。

企业要采取积极措施,扫除顾客投诉障碍,处理好顾客投诉。第一,要鼓励顾客投诉。企业应该制定明确的产品和服务标准及补救措施,通过顾客能够接触到的各种媒体清楚地告诉顾客如何进行投诉及可能获得什么结果。第二,方便顾客投诉。企业应尽可能降低顾客投诉的成本,建立方便、省时、省力的信息接收渠道,使顾客投诉变得容易。如可以在产品销售地点等能够最大限度接触目标顾客的地方设立意见箱,或通过免费电话接受顾客意见,设立网上投诉等。第三,迅速处理顾客投诉。企业要形成完整专业的处理顾客投诉的工作流程,顾客投诉后,要立即作出富有人情味的明确反应,并将信息及时传递给解决此问题涉及的每一个部门和员工。要尽快认清事实,在第一时间处理,并在处理的过程中及时与顾客进行沟通,回复处理的结果。

2. 有效地管理和教育服务人员

要实现外部顾客的满意,关键还在企业内部的基础管理。提高服务水准的首要条件是:企业要有高素质的员工队伍来负责为顾客提供服务的工作,这些员工必须具备为顾客服务的意识和责任感;同时,应该具备相当水准的专业知识,然后才有可能为终端顾客提供全方位的、满意的服务。为此,企业要做好以下几方面的工作。

1)教育培训员工,提高员工素质

服务过程中员工是使顾客满意和忠诚的关键人员,企业必须将顾客满意的经营理念渗透于员工的头脑中,体现在管理中。要让企业每一个员工都认识到使顾客满意是其工作的最高目标,同时要建立企业与员工共同利益点,使员工对企业目标充分理解。这样员工的责任感就会大大增强,每个部门每个人都会为服务对象提供高质量的服务,为外部顾客满意创造良好的基础。

针对服务的特点,企业还要重视对员工从事各项服务工作技能的培训。企业要将培训看作是一项长期战略投资,要设计与企业特点相适应的合理的培训计划,将培训计划作为系统的一个整体部分。特别要重视员工沟通技巧与解决问题技巧的培训,使员工能够充分了解顾客需求,及时解决顾客问题。最终通过保证工作质量,实现优质服务。

2)重视内部顾客,满足员工需求

企业要想让顾客感到满意,首先必须让自己的员工感到满意。当员工感到满意,就会在与顾客接触中以极大的热情投入自己的智力资本,及时发现顾客需求动向,及时提升产品和服务的附加值。紧紧抓住顾客的心,令其满意。

企业员工同顾客一样也有其生理及心理的需求,管理者要把员工看作是自己的顾客。通过各种渠道与员工沟通,了解员工的需求,充分满足员工需求。管理者要从员工的所思所想做起,实实在在做点儿实事。首先,生活上多关心,解决好员工食宿问题;其次,要维护员工的合法权益,如按时发放工资、保证休假等;第三,为员工创造学习的机会,增长员工的才智。另外,还要特别注意满足员工发挥才能的需要、实现自我价值的需要。通过关心和爱护员工,激发员工的奉献精神。

3)充分激励员工,调动员工积极性

企业还要建立完善的激励体系,通过多种激励方法,充分调动员工的积极性。常用的激励因素有:金钱、荣誉、晋升、休假、被尊重、挑战性的工作、融洽的工作环境等。企业在进行具体激励时,要因人而异,根据员工的不同需要进行激励,要坚持公开、公正、适度的原则,提高员工的满意度。

要建立管理者与员工双向交流的渠道,让员工及时了解企业的最新变化和各方面的信息,并真诚地征求员工的意见和建议,对能提出改善工作进程良好建议的员工给予重奖。同时在服务工作中,管理者要善于将特定的权力授予员工,以激发员工的积极性和主动性,创造性地为顾客服务。

4)培养团队精神,形成合力效应

高质量的服务要求高质量的合作伙伴。一个公司所提供的服务的质量,只有当它的价值链上的伙伴都对质量做出承诺、努力时才有保证。因而企业要注意创造团队合作和团队精神,使员工为共同的目标一起努力。让每人都成为问题的解决者,形成合力效应,赢得顾客满意。

打造团队精神,企业应该做到以下几点:一是营造相互信任的组织氛围,增加员工对组织的情感认可;二是建立有效的沟通机制,使个人目标与团队目标一致,激发团队成员较强的事业心和责任感;三是逐渐形成团队自身的行为习惯和行事规范,形成团队合作良好的风气和氛围;四是进行人性化管理,对员工要有关怀、爱心、耐心、善用、信任和尊重。

3. 制定持续改进服务质量措施

1)顾客满意度调查,完善服务体系

顾客满意度调查是用来测量企业在满足或超过顾客购买产品的期望方面所达到的程度,可以找出与顾客满意或不满意直接有关的关键因素。对企业而言,顾客满意度调查的关键是要让顾客有良好的条件与渠道来提出真实意见,使企业知道在哪些方面急需行动,最终使失望的顾客获得满意。

企业可以自己或委托专业的调查咨询公司进行顾客满意度调查。在调查中要注意以下三个方面:一是根据企业提供服务的特殊性,建立合适的调查指标体系,其对顾客是重要的、具有普遍意义的、企业可以控制改进的;二是为避免信息失真,取样要广泛而有代表性,如有可能,尽量使用随机取样方法,以减少人为因素的影响;三是重点对调研结果进行研究和分析,及时了解顾客满意战略实施过程中的"短木条",以顾客为导向不断改进产品和服务的质量以期得到顾客满意和赢得顾客忠诚。

引起顾客不满的具体原因有两种;一是企业提供的价值确实低于顾客的期望;二是顾客对企业提供的价值认识不足。由于转移成本的存在,顾客不会因为有了不满意而马上离开。这就为企业进行改进产品、服务、与顾客沟通、修复顾客感觉赢得了转机。对于第一种情况,企业要提高为顾客提供的价值;第二种情况是要与顾客进行沟通,让顾客认识到企业所提供价值的份量。

顾客满意是一个动态的过程,这次交易的满意并不意味着下一次的交易也满意,过去的顾客满意并不意味着将来的顾客满意。企业要想达到持续的顾客满意,就要持续、定期地进行顾客满意度调查和分析,以便了解顾客对企业的期望及满意程度,持续改进,培养忠诚顾客。

2) 实施顾客关系管理,打造忠诚顾客群

企业与顾客保持良好的关系是实施顾客满意战略的重要保证。企业可以推行顾客关系管理(CRM)模式,利用先进的顾客数据库系统搜集和积累顾客大量的信息,建立顾客档案。通过数据库提供的资料,统计分析出顾客的类型,找出并留住对企业最为有利的一个顾客群体。企业要在已有业务的基础上,加强与顾客的交流与沟通,针对顾客需求适时动态调整企业行为,进行服务创新,开发多样化的增值服务。最终企业可以通过与每一位顾客进行一对一的沟通,明确把握每一位顾客的需求,以最人性化、个性化的服务达到顾客满意与忠诚。总之,现代企业开展服务营销,必须"始于顾客的需求,终于顾客的满意",形成一个闭环的持续改进与创新体系。只有做到了解顾客的需要,并以最有效的途径满足和超越顾客的期望,才能获得长久的竞争优势。

复习思考题

1. 名词解释:
①服务质量;②服务质量测定;③服务质量差距;④服务满意度;⑤服务蓝图;⑥感知蓝图模型。
2. 服务质量主要包括哪些基本内容?
3. 服务质量具有哪些基本特性?
4. 优质服务必须符合哪些标准?
5. 服务质量有哪些测定方法?
6. 简述服务满意度测量公式及其内涵。
7. 简述服务满意度特性。
8. 对服务满意度进行评价有何意义?
9. 满意度理论模型分为几类?各类模型所包含的理论有哪些?
10. 简述服务满意度测量公式及其含义。
11. 简述服务质量的基本要素。
12. 服务传递系统可分哪两类要素?各包含哪些因素?
13. 采用优质服务竞争策略的企业应从哪些方面制定服务质量管理规划?
14. 简述提高服务质量的管理措施。
15. 简述服务蓝图的基本要素。
16. 简述服务蓝图的作用。
17. 简述服务蓝图绘制要求,并任选某项汽车服务绘制服务蓝图。
18. 简述感知蓝图模型和服务蓝图的异同。
19. 简述服务质量控制要点。

参考文献

[1] 李江帆.第三产业经济学[M].广州:广东人民出版社,1990.

[2] 张国方.汽车服务工程[M].北京:电子工业出版社,2004.

[3] 朱杰.汽车服务企业管理[M].北京:电子工业出版社,2005.

[4] 安贺新.服务营销管理[M].北京:化学工业出版社,2011.

[5] 任滨.服务营销[M].2版.北京:北京理工大学出版社,2017.

[6] 王建东.一汽大众售后服务质量体系优化策略研究[D].哈尔滨:哈尔滨工程大学,2011.

[7] 梁竣崟.我国汽车售后服务业运营模式研究[D].成都:西南交通大学,2012.

[8] 胡嗣光.集群式汽车销售服务新模式研究[D].武汉:武汉理工大学,2013.

[9] 陈银玉.我国汽车服务业在汽车产业链中的地位及其影响因素的研究[D].上海:上海师范大学,2015.

[10] 齐淑楠.面向客户的汽车服务系统设计与实现[D].成都:西南交通大学,2016.

[11] 董斌.一汽大众品牌售后顾客满意度提升策略研究[D].长春:吉林大学,2017.

[12] 田茂七.汽车售后服务O2O商业模式研究[D].成都:电子科技大学,2018.